LA CONVULSIÓN GLOBÓTICA

T0290445

LA CONVULSIÓN GLOBÓTICA

Globalización, robótica y el futuro del trabajo

Richard Baldwin

Traducción de Joan Soler Chic

Antoni Bosch editor

Antoni Bosch editor, S.A.U.
Manacor, 3, 08023, Barcelona
Tel. (+34) 93 206 07 30
info@antonibosch.com
www.antonibosch.com

Título original de la obra:

Copyright © Richard Baldwin, 2019
© de la traducción: Joan Soler Chic, 2019
© de esta edición: Antoni Bosch editor, S.A.U., 2019

ISBN: 978-84-949331-8-9
Depósito legal: B. 20561-2019

Diseño de la cubierta: Compañía
Maquetación: JesMart
Corrección de pruebas: Olga Mairal
Impresión: Prodigitalk

Impreso en España
Printed in Spain

Índice

1
Introducción

El ala delta es el deporte de riesgo supremo, pero no resulta tan peligroso como se piensa –gracias a la Asociación Norteamericana de Ala Delta y Parapente (lema: «La seguridad del piloto no es un accidente»). Para crear una página web de información *online* sobre accidentes, la asociación, con sede en Colorado, firmó un contrato con Hathersage Technologies, empresa de California. El problema era que Hathersage no tenía empleados con las destrezas necesarias.

Francis Potter, presidente de Hathersage, no estaba preocupado. Decidió contratar todo el talento requerido en cuestión de días, y pagar un salario muy inferior al vigente. No se trataba de un optimismo estúpido. Potter guardaba un as en la manga. Mediante una plataforma de internet llamada Upwork, que es algo como eBay para la actividad *free lance*, contrató a ingenieros de Lahore, Pakistán, para que lo ayudaran a hacer el trabajo. Potter es un firme partidario de los trabajadores *free lance* extranjeros.

«Hay personas de gran talento que están buscando la oportunidad idónea para participar en proyectos interesantes. Upwork permite a negocios corrientes sacar partido de la capacidad y energía latentes en todo el mundo, sea en un sótano de Siberia, una casa familiar en Camboya o una pequeña oficina de Pakistán», escribió.[1]

---

[1] Francis Potter, «How the Hathersage Group Built a Global Development Team», Upwork (blog), 21 septiembre 2016, https;//www.upwork.com/blog/2016/09/hathersage-group-global-development-team/.

Si lo pensamos un poco, veremos lo que significa: que los trabajadores se enfrentan a una competencia salarial internacional directa; que en las oficinas de los EE.UU. habrá (virtualmente) trabajadores extranjeros altamente cualificados y de bajo coste. Usar empleados *free lance* extranjeros quizá no sea tan bueno como contar con los de casa, pero, como atestigua Potter, es mucho más barato.

Veámoslo así: el teletrabajo se ha vuelto global; ha llegado la telemigración.

Telemigrantes: nueva fase de la globalización

Estos «telemigrantes» están inaugurando una nueva fase de la globalización. En los años venideros, llevarán los beneficios y los perjuicios de la competencia y las oportunidades internacionales a centenares de millones de norteamericanos y europeos que se ganan la vida con empleos profesionales, de oficina y en el sector servicios. Y esta gente no está preparada para lo que le viene encima.

Hasta hace poco, la mayoría de los empleos profesionales y de servicios estaban a salvo de la globalización debido a la necesidad del contacto directo y personal –así como a los enormes costes y dificultades de tener en la misma habitación a proveedores extranjeros de servicios y a compradores nacionales de servicios. Para las personas que fabricaban cosas, la globalización era un problema: tenían que competir con bienes enviados en contenedores desde China. Pero la realidad era que en los contenedores cabían pocos servicios, por lo que eran pocos los trabajadores de cuello blanco que afrontaban competencia extranjera. La tecnología digital está cambiando rápidamente esta realidad.

En los viejos tiempos –lo que en el calendario digitecnológico significa 2015–, las barreras lingüísticas y las limitaciones de las telecomunicaciones reducían la telemigración a unos cuantos sectores y países de origen. Los trabajadores extranjeros *free lance* tenían que hablar «un inglés lo bastante bueno» y solo realizaban tareas modulares. Los telemigrantes eran habituales en la creación de páginas web y algunas funciones de apoyo, pero poco más. Actualmente las cosas son diferentes en dos aspectos.

La traducción automática y el tsunami de talento

En primer lugar, la traducción automática desencadenó un tsunami de talento. Desde que esta traducción se generalizó en 2017, cualquiera con un ordenador, una conexión a internet y ciertas habilidades es capaz de telecomunicarse con oficinas de los EE.UU. y Europa. Esto se ha visto amplificado por la rápida difusión de excelentes conexiones a internet. Lo cual significa que muchas personas de países donde diez dólares a la hora constituyen unos ingresos decentes propios de clase media, pronto serán nuestros compañeros de trabajo o sustitutos potenciales.

Solo en las universidades chinas se gradúan ocho millones de estudiantes al año, muchos de los cuales están subempleados y mal pagados en su país. Ahora que todos hablan «un inglés lo bastante bueno» gracias al Traductor de Google y herramientas de *software* similares, las personas especiales de los países ricos quizá de repente se sientan menos especiales.

Pensemos en ello. Y luego pensemos en ello otra vez.

Esta marea internacional de talento viene directamente a por los empleos buenos y estables que han constituido los cimientos de la prosperidad de la clase media en los EE.UU. y Europa y otras economías de salarios elevados. Internet funciona en ambos sentidos, desde luego, por lo que los profesionales más competentes de países ricos encontrarán más oportunidades, pero para los menos competitivos supondrá una mayor competencia salarial.

En segundo lugar, gracias a ciertos avances en telecomunicaciones –como la telepresencia y la realidad aumentada– los trabajadores remotos parecen menos remotos. Diversos cambios generalizados en las prácticas laborales (hacia equipos flexibles) y la adopción de innovadoras plataformas de *software* colaborativo (como Slack, Asana o Microsoft 365) nos están ayudando a transformar la telemigración en telemigración masiva. Y hay más.

Esta nueva competencia de la «inteligencia remota» (IR) está dejándose sentir en los trabajadores del sector de los servicios al tiempo que están afrontando otra competencia nueva por parte de la inteligencia artificial (IA). En resumidas cuentas, la IR y la IA vienen a por los mismos empleos, al mismo tiempo e impulsadas por las mismas tecnologías digitales.

Robots de cuello blanco. Nueva fase de automatización

Amelia trabaja en las mesas *online* y de ayuda telefónica del SEB, un banco sueco. Rubia y de ojos azules, como cabía esperar, tiene una actitud que refleja una enorme seguridad en sí misma suavizada por una sonrisa algo tímida. Curiosamente, Amelia también trabaja en Londres para el distrito de Enfield y en Zúrich para UBS. Ah, se me olvidaba, y es capaz de aprenderse un manual de trescientas páginas en treinta segundos, habla veinte idiomas y atiende cientos de llamadas de forma simultánea.

Amelia es un «robot de cuello blanco». El fabricante de Amelia, Chetan Dube, dejó su cátedra en la Universidad de Nueva York convencido de que utilizar telemigrantes de la India no sería ni mucho menos tan eficiente como sustituir a los trabajadores estadounidenses y europeos por inteligencia humana clonada. Con Amelia, cree estar cerca de eso.

Si nos fijamos bien en ello, veremos lo que significa: es la competencia de los ordenadores pensantes que no perciben salario. Amelia y sus semejantes no sirven para aumentar la productividad laboral –como los portátiles más rápidos o los sistemas avanzados de bases de datos. Están concebidos para reemplazar a los trabajadores; este es su modelo de negocio. Amelia y los suyos no son tan eficientes como los trabajadores de verdad, pero sí son mucho más baratos, como el SEB puede certificar.

Estos ordenadores pensantes están inaugurando una nueva fase de la automatización. Están llevando los pros y los contras de esta última a una nueva clase de trabajadores, los que trabajan en oficinas, no en granjas o fábricas. Estas personas no están preparadas.

Hasta hace poco, la mayoría de los empleos profesionales, de cuello blanco y del sector servicios estaban a salvo de la automatización gracias al monopolio cogitativo de los seres humanos. Como los ordenadores no eran capaces de pensar, los trabajos que requerían algún tipo de pensamiento –enseñar física nuclear, crear arreglos florales o cualquier actividad intermedia– requerían asimismo la intervención de un ser humano. La automatización suponía una amenaza para las personas que hacían cosas con las manos, no con la cabeza. La tecnología digital ha cambiado esto.

Una forma de IA llamada «aprendizaje automático» ha procurado a los ordenadores destrezas que no tenían antes: la capacidad, por ejemplo, de leer, escribir, hablar o reconocer patrones sutiles. Y resulta que algunas de estas nuevas habilidades son útiles en las oficinas, con lo cual los robots de cuello blanco como Amelia pasan a ser feroces competidores por determinados empleos administrativos.

La combinación de esta nueva forma de globalización y esta nueva forma de robótica –que denominamos «globótica»– es efectivamente algo nuevo.

La diferencia más evidente es que está afectando a personas que trabajan en el sector de los servicios y no en los sectores agrícola o industrial. Esto es muy importante, pues en la actualidad la mayoría de las personas están empleadas en el sector terciario. Otras diferencias son menos obvias si bien no menos importantes.

¿Por qué esta vez es diferente?

La automatización y la globalización tienen una tradición secular. La globótica es distinta por dos razones de peso: está llegando con una rapidez brutal y parece increíblemente injusta.

La globótica está avanzando a un ritmo explosivo dado que nuestra capacidad para procesar, transmitir y almacenar datos está creciendo exponencialmente. Pero, ¿qué significa «explosivo»? Según los científicos, una explosión es la inyección de energía en un sistema a un ritmo que sobrepasa su capacidad para adaptarse. Esto origina un aumento local de la presión, y –si el sistema no está confinado o el confinamiento se puede romper– se desarrollan ondas de choque que se propagan hacia fuera. Estas ondas pueden recorrer «distancias considerables antes de disiparse», tal como se describía fríamente en una definición científica la devastadora onda expansiva.[2]

La globótica está inyectando presión en nuestro sistema sociopolítico-económico (mediante el desplazamiento del empleo) más deprisa de lo que el sistema puede absorberla (mediante la sustitución del empleo). Esto acaso rompa los confinamientos sociales que refrenan la hostilidad y las reacciones violentas. Y puede que el re-

---

[2] Elain S. Oran y Forman A. Williams, «The Physics, Chemistry, and Dynamics of Explosions», *Phil. Trans. R. Soc. A.* 370, n.º 1960 (2012): 534-543, http://rsta.royalsocietypublishing.org/con-tent/roypta/370/1960/534.full.pdf.

sultado sean ondas expansivas que recorran distancias considerables antes de disiparse.

En el fondo, el potencial explosivo deriva de la discordancia entre la velocidad a la que se inyecta energía perjudicial en el sistema mediante desplazamiento de empleos y la capacidad del sistema para absorberla mediante la creación de empleos. El desplazamiento se produce al ritmo eruptivo de la tecnología digital; la sustitución está regida por el ingenio humano, que se mueve al ritmo pausado de siempre.

El verdadero problema es la discordancia radical entre la velocidad del desplazamiento de los empleos y la velocidad de su sustitución, no la dirección del proceso. A largo plazo, la automatización del sector servicios es inevitable y será aceptada de buen grado.

En todo caso, ¿por qué este impulso tecnológico es mucho más rápido que el que permitió a la economía pasar de agraria a industrial, y de industrial a terciaria? Por extraño que parezca, la respuesta está en la física.

Una física muy diferente

En el pasado, la globalización y la automatización tenían que ver sobre todo con mercancías: fabricarlas y transportarlas. Por tanto, en última instancia estaban limitadas por las leyes de la física aplicables a los bienes y mercancías (materia). En el sector servicios, la globalización y la automatización tienen que ver con la información (electrones y fotones): procesarla y transmitirla. Por consiguiente, la globótica está, en última instancia, vinculada a las leyes de la física aplicables a los electrones y los fotones, no a la materia, lo cual cual modifica sus posibilidades.

Sería físicamente imposible duplicar los flujos del comercio mundial en dieciocho meses. La infraestructura existente no podría gestionarlo, y en construir infraestructura se tarda años, no meses. En cambio, los flujos de información a escala mundial llevan décadas duplicándose cada par de años. Y seguirán haciéndolo en los años venideros.

La disparidad temporal se debe a diferencias en la física relevante. Los electrones pueden infringir muchas de las leyes de la física que ralentizan la globalización y la automatización en la industria y la agricultura. Esta es una razón por la que el impulso tecnológico actual sea tan profundamente distinto de los impulsos tecnológicos que desencadenaron las anteriores oleadas de automatización y globalización. Es por eso por lo que, al aplicar las lecciones aprendidas a la globalización y la robotización actuales, hay que tratar la experiencia histórica con sumo cuidado. Por otro lado, este es precisamente el motivo por el que el trastorno en los empleos del sector servicios llegará más deprisa de lo que muchos creen.

De todos modos, la velocidad es solo el primer gran problema. El segundo es el hecho de que las clases medias de Norteamérica y Europa acabarán considerando a ambos tipos de «globots» –telemigrantes y robots de cuello blanco– como competidores desleales.

Escandalosamente desleal

Nada enoja tanto a la gente y la vuelve más propensa a las reacciones violentas que la competencia desleal. Según los sociólogos, cuando están incrustadas en una matriz social de reglas y restricciones, la gente es capaz de «mantener la locura controlada». Pero si se incumplen algunas reglas, el tapón puede saltar de la botella de la locura, de modo que entonces acaban siendo más las normas violadas.

Analicemos esto a la luz de la parte de los globots correspondiente a la globalización.

A diferencia de la vieja globalización, en que la competencia foránea aparecía en forma de bienes foráneos, esta oleada actual de globalización aparecerá en forma de telemigrantes trabajando en nuestras oficinas. Les veremos la cara y conoceremos su historia. Esto será muy humanizador, pero no cambiará el hecho fundamental de que ellos influyen negativamente en nuestro salario y nuestras prebendas.

Estos competidores nuevos aceptarán un salario inferior en parte porque no pagarán los mismos impuestos ni afrontarán los mismos costes de vivienda, asistencia médica, escolarización o transporte. No estarán sometidos a las mismas leyes laborales ni regulaciones en el lugar de trabajo. No pedirán indemnización por despido, vacaciones pagadas, aportaciones a la pensión ni permisos de maternidad o paternidad. No tributarán para financiar la seguridad social, los seguros médicos ni ninguna otra política de carácter colectivo.

La capacidad de los norteamericanos y los europeos para exigir estos beneficios se verá inevitablemente reducida por el hecho de que los telemigrantes no los solicitarán. La parte de los globots correspondiente a la robotización será desleal en un sentido similar.

Los robots de cuello blanco no perciben ningún sueldo y son incapaces de aceptar prebendas sociales. No es posible obligar a un «ordenador cogitante» a tomarse vacaciones, pausas para almorzar o permisos por enfermedad. No están sujetos a las regulaciones del centro de trabajo y jamás se afiliarán a un sindicato. Si hace falta, pueden trabajar veinticuatro horas al día siete días a la semana y ser clonados de forma ilimitada. La industria los llama «trabajadores digitales», pero en realidad no son más que *software* informático.

Por decirlo sin ambages, la competencia de los robots de *software* y los telemigrantes parece tremendamente desleal. Por eso a los populistas les resultará fácil describir a los globots como trucos sin escrúpulos de las grandes empresas por debilitar el poder de negociación de los trabajadores norteamericanos y europeos del sector servicios.

Debido a la lógica de la competencia en el lugar de trabajo, la propia existencia de telemigrantes y ordenadores cognitivos socavará los logros sociales y los salarios. Quizá ya lo estén haciendo.

La convulsión globótica

En el capitalismo actual centrado en el empleo, la prosperidad se basa en puestos de trabajo buenos y seguros –y en las comunidades estables que se desarrollan a su alrededor. Muchos de estos empleos están en los sectores que los globots desbaratarán. Y estamos hablando de una cifra considerable.

Los cálculos sobre el desplazamiento de empleos oscilan entre elevados –pongamos uno de cada diez, o sea, millones– y enormes –pongamos seis de cada diez, lo cual significa centenares de millones. Si se desplazan millones de puestos de trabajo y las comunidades se ven perturbadas, no vamos a adoptar la actitud de «mantener la calma y continuar».

Compañeros de cama con reacciones violentas

Los votantes de Trump y el Brexit que protagonizaron la involución de 2016 conocen muy bien el impacto de la automatización y la globalización en el desplazamiento de empleos. Ellos, sus familias y sus comunidades llevan décadas compitiendo con robots dentro del país y con China en el extranjero. Y materia, lo cual bajo asedio económico. Su futuro no es nada prometedor. El desastre continúa, sobre todo en los EE.UU. Para estos votantes, las decisiones políticas tomadas en los Estados Unidos y el Reino Unido desde 2016 son el equivalente económico de tratar un tumor cerebral con aspirinas. Muchos votantes populistas también creen que sus comunidades están amenazadas desde el punto de vista cultural. Lo único que han hecho Trump y los promotores del Brexit es dar más «pan y circo» para calmar los ánimos y acicalar el orgullo herido.

En 2020, estos votantes populistas todavía estarán anhelando cambios importantes. Y me parece que pronto tendrán mucha compañía.

Las personas cultas, urbanas, que votaron contra el populismo adoptarán una actitud totalmente distinta cuando la globalización y la automatización sean algo más íntimo y personal. Los trabajadores profesionales, de cuello blanco y del sector servicios intentarán ralentizar o invertir la tendencia. Pedirán a gritos protección contra los globots. Quizá el movimiento acabe denominándose «proteccionismo» –no sería antiprogreso, sino solo un pequeño refugio para capear el temporal.

En este escenario –que es solo uno entre muchos–, las personas que en 2016 estaban en lados opuestos de la «valla de Trump» se encontrarán en el mismo lado de una valla muy distinta cinco años más tarde. Un precedente es el modo en que el movimiento antiglobalización de la década de 1990 juntó grupos muy diferentes antes enfrentados: ecologistas y trabajadores sindicados, por ejemplo. No podemos saber qué «valla» definirá la convulsión globótica; acaso sea una valla antiglobótica, una valla antitecnológica o una valla anticorporativa. O quizá los votantes simplemente estarán enfadados cada uno por su cuenta y esto acabará siendo un tumulto caótico. Debido a la complejidad de la dinámica política, es imposible predecir estas cosas, pero ya podemos detectar pistas de lo que se avecina.

Muchas personas de economías avanzadas comparten una sensación de indignación, urgencia y vulnerabilidad. Cuando los trabajadores de cuello blanco comienzan a notar el mismo dolor, es inevitable cierta reacción de rechazo. Lo único que hace falta es un político populista que capte su atención. De hecho, ya existe un populista que está tratando de aglutinar el enfado de cuello blanco y el enfado de cuello azul: Andrew Yang.

Yang, que ya ha entrado en la carrera presidencial de 2020, sostiene que los EE.UU. precisan políticas radicalmente nuevas para evitar el desempleo masivo y una reacción violenta. «Para desestabilizar la sociedad, solo necesitas coches autónomos… Esta sola innovación bastará para provocar disturbios en las calles. Y estamos a punto de hacer lo mismo con trabajadores del comercio minorista, trabajadores de centros de llamadas, trabajadores de locales de comida rápida, compañías de seguros, oficinas de contabilidad.»[3] Como candidato presidencial, Yang es –en palabras del escritor Kevin Roose, del *New York Times*– «un lanzamiento larguísimo de la bola», pero sus temas son susceptibles de ser absorbidos por candidatos con más probabilidades. «Si no cambiamos las cosas de arriba abajo», dice Yang en su vídeo «Andrew Yang, presidente», los niños crecerán en un país «que ofrecerá cada vez menos oportunidades y habrá un puñado de empresas e individuos que cosecharán los beneficios de las nuevas tecnologías mientras los demás salimos adelante a duras penas y perdemos el empleo».

Es algo de lo que todos deberíamos preocuparnos. No sabemos cómo será la oposición al proceso, pero, como dice acertadamente Ramsay Snow, personaje de *Juego de Tronos*, «si crees que esto tiene un final feliz, es que no has estado atento».

La convulsión y la reacción contraria

La última gran convulsión –el progreso rápido y sin control de la industrialización del siglo XIX– creó un mundo en el que la pérdida del empleo significaba caer en la pobreza y quizá la muerte por inani-

---

[3] Kevin Roose, «His 2020 Campaign Message: The Robots Are Coming», *New York Times*, 10 febrero 2018, https://www.nytimes.com/2018/02/10/technology/his-2020-campaign-message-the-robots-are-coming.html.

ción para los trabajadores sin tierra. Aunque a la larga aprendimos a hacer que la industrialización funcionara para la mayoría, el proceso se extendió a lo largo de dos guerras mundiales y la Gran Depresión. Individuos y países de todo el mundo abrazaron el fascismo y el comunismo como parte de la reacción en contra. Los ciudadanos eligieron a populistas que prometían autoridad, justicia y seguridad económica... igual que en la actualidad.

Cualquier convulsión nueva –la conmoción globótica, si se quiere– es capaz de propagarse con gran rapidez, pues los globots son realmente un asunto de alcance mundial. Para evitar situaciones extremas, nuestros gobiernos necesitan asegurarse de que la globótica parezca más un avance aceptable que una desintegración divisoria. La mayoría de la gente ha de considerar que las nuevas fases de la globalización y la robótica son justas, equitativas e inclusivas. Hemos de prepararnos.

Preparación para la convulsión. Proteger a los trabajadores, no los empleos

La dirección del recorrido de la globótica no tiene nada de malo; los problemas derivan de la velocidad y la injusticia del proceso. Los gobiernos han de ayudar a los trabajadores a adaptarse al desplazamiento de los empleos; y si el ritmo resulta ser demasiado elevado, hay que frenarlo.

El primer paso es potenciar las políticas que facilitan la adaptación de la gente. No hace falta implantar medidas nuevas, sino solo ampliar las estrategias que ya han funcionado en Europa: por ejemplo, programas de reciclaje profesional, ayudas económicas y apoyo a la reubicación.

El segundo paso consiste en encontrar la manera de que el desplazamiento del empleo sea políticamente aceptable para una mayoría de votantes. En cualquier caso, los gobiernos que quieren evitar rechazos explosivos han de hallar el modo de mantener el respaldo político ante los cambios inminentes. La política, una de las bellas artes, conlleva inspiración y liderazgo además de decisiones concretas, pero con independencia de lo que hagan, nuestros líderes políticos deberán encontrar formas de compartir lo bueno y lo malo, o al menos ofrecer la percepción de que todo el mundo tendrá la oportunidad de pelear por salir ganando.

Aunque las políticas fiscales y redistributivas han de formar parte sin duda de este paquete, no son lo único, ni siquiera lo principal: la vida de las personas está demasiado ligada a su trabajo. La cuestión está en que asegurar la flexibilidad laboral no signifique inseguridad económica para los trabajadores. Lo que hace falta son estrategias como las de Dinamarca: el gobierno permite a las empresas contratar y despedir libremente, pero luego las obliga a hacer lo que sea preciso para ayudar a los trabajadores desplazados a encontrar un nuevo empleo.

La buena noticia es que, una vez hayamos superado la convulsión, el mundo será mucho mejor.

Un futuro más local, más humano

En los siglos xix y xx, la automatización y la globalización desplazaron empleos. La creatividad humana –inagotable como es– inventó «necesidades» que ni siquiera sabíamos que teníamos. Por eso muchos de nosotros hoy en día trabajamos en cosas que le habrían sonado muy extrañas a Charles Dickens en el Londres del siglo xix. Imaginemos qué pensaría si le dijéramos que sus tataranietos son desarrolladores de páginas web, psicoterapeutas u operadores de drones.

Los empleos se crearon en sectores de servicios, pues eran los que estaban a salvo de la automatización y la globalización. Hoy volverá a pasar lo mismo, aparecerán empleos en sectores protegidos. Pero, ¿de qué tipo serán?

No sabemos cuáles serán los nuevos empleos, pero si analizamos la ventaja competitiva de la IA y la IR, podemos decir bastante sobre cómo serán los empleos protegidos en el futuro. Si observamos atentamente también lo que hace la IR, queda claro que los puestos de trabajo que sobrevivan a la competencia de los telemigrantes serán los que requieran interacciones cara a cara. Diversos psicólogos han estudiado por qué las reuniones en persona difieren tanto de las que se hacen mediante correo electrónico, teléfono o Skype. La «explicación secreta» de por qué el tiempo de comunicación cara a cara resulta mucho más valioso es compleja y se basa en fuerzas evolutivas que han moldeado nuestro cerebro a lo largo de millones de años.

Aunque la digitecnología está creando incluso mejores sustitutos de «estar presente», parece que durante muchos años el hecho de estar presente todavía será importante en algunos tipos de tareas en un centro de trabajo. Los empleos que sobrevivan y los nuevos que surjan incluirán muchas tareas de este tipo. La consecuencia de todo ello es clara: gracias a estos puestos de trabajo, nuestras comunidades serán más locales y seguramente más urbanas.

Mediante el estudio de las cosas que robots provistos de IA como Amelia ya hacen bien, podemos prever que los empleos que sobrevivirán a la competencia de la IA y los nuevos empleos que se crearán son los que subrayan las grandes ventajas del trato humano. Las máquinas no han tenido mucho éxito a la hora de adquirir inteligencia social, inteligencia emocional, creatividad, espíritu innovador o capacidad para afrontar situaciones imprevistas.

Según los expertos, la IA tardará unos cincuenta años en alcanzar un desempeño humano de máximo nivel en destrezas sociales útiles en el lugar de trabajo, como el razonamiento social y emocional, la coordinación con muchas personas, la actuación de manera emocionalmente adecuada y la percepción emocional y social. Esto da a entender que la mayoría de las habilidades humanas estarán durante muchos años a salvo de la competencia de la IA. La repercusión es tan sencilla como profunda. El espíritu humano será importante en casi todos los empleos del futuro.

Por todo esto, tomado en su conjunto, soy tan optimista con respecto al largo plazo y creo que la economía del futuro será más local y más humana.

Los sectores protegidos del futuro serán aquellos en los que las personas han de estar juntas haciendo cosas en las cuales el espíritu humano suponga una ventaja. Esto significará que en nuestra vida laboral habrá más cariño, contacto, comprensión, creación, empatía, innovación y gestión entre personas que están efectivamente en el mismo espacio.

Se trata de una inevitabilidad lógica: todo lo demás lo harán los globots.

Aunque creo que este final feliz es adonde la tecnología digital nos conducirá en última instancia, no es el lugar adecuado por el que comenzar nuestras reflexiones sobre los cambios que se avecinan. Hemos de empezar por el pasado. La contraseña para comprender el futuro está escondida en las lecciones de la historia.

La transformación globótica como proceso de cuatro pasos

Los enormes cambios que se avecinan conllevarán interacciones sumamente complejas entre fuerzas tecnológicas, económicas, políticas y sociales. Para poner cierto orden en esta complejidad, es útil agrupar los cambios en un proceso de cuatro pasos –transformación, convulsión, reacción contraria y resolución–, todos ellos suscitados por un avance tecnológico.

Aquí «paso» no tiene un sentido secuencial. La transformación, la convulsión y la reacción contraria pueden producirse al mismo tiempo, y la resolución no tiene por qué suponer un punto final. En el pasado sucedió así.

Dos transformaciones e impulsos tecnológicos históricos

La Transformación Globótica será la tercera gran transformación económica que haya moldeado nuestras sociedades en los tres últimos siglos. Gracias a la primera –conocida como la Gran Transformación–, las sociedades pasaron de agrícolas a industriales y de rurales a urbanas. Esto comenzó a principios de la década de 1700. La segunda, iniciada a principios de la década de 1970, trasladó el centro de atención desde la industria a los servicios; la llamo «Transformación de los Servicios» para diferenciarla de la transformación industrial que la precedió. La Transformación Globótica actual se centra sobre todo en el sector servicios: desplazará trabajadores a empleos profesionales y del sector servicios que estarán «protegidos» de los telemigrantes y los robots de cuello blanco.

Los tres impulsos tecnológicos que los originaron son muy diferentes y, en consecuencia, tienen efectos muy distintos.

Simplificando mucho, la Gran Transformación surgió de la Revolución del Vapor y toda la mecanización que la siguió. Esta tecnología eliminó el caballo de los caballos de potencia y creó mejores herramientas para las personas que trabajaban con las manos, tal como señalan Erik Brynjolfsson y Andrew McAfee en su influyente libro de 2014 *The Second Machine Age*.[4] Tenía que ver sobre todo con bienes y mercancías, y gracias a ella la gente pasó de producir bienes agrícolas a producir bienes manufacturados. El trabajo de oficina se volvió más productivo, pero sobre todo debido a los frutos de la industrialización (material de oficina, electricidad, etcétera).

La Transformación de los Servicios comenzó en 1973 gracias al desarrollo de los microprocesadores y a todas las Tecnologías de la Información y la Comunicación (TIC) que la siguieron. Este impulso tecnológico empujó la economía en una dirección radicalmente distinta, toda vez que aquel era radicalmente distinto; Brynjolfsson y McAfee hablan de «Segunda Era de las Máquinas».

Las TIC crearon mejores sustitutos para personas cuyo trabajo incluía tareas manuales y mejores herramientas para personas cuya actividad incluía tareas mentales. El resultado fue un «giro de las aptitudes». La tecnología creaba empleos para personas que trabajaban con la cabeza pero destruía los de quienes trabajaban con las manos. La desindustrialización resultante arrasó comunidades y generó enormes dificultades sociales y económicas a los trabajadores manuales o de cuello azul –especialmente en países que no ayudaron a sus ciudadanos a llevar a cabo la transición (como los Estados Unidos y el Reino Unido).

La Transformación Globótica ha tenido su origen en un tercer impulso tecnológico: la tecnología digital. El impulso digitecnológico es totalmente distinto de la energía de vapor y las TIC, si bien esta diferencia es algo más sutil que la que hay entre las TIC y el vapor.

Cuando en la década de 1970 los ordenadores y los circuitos integrados empezaron a ser útiles, la automatización cruzó una especie de «divisoria continental». Hay muchas maneras de describir este cruce: un paso de las cosas a los pensamientos, de las manos a la cabeza, de lo manual a lo mental, del músculo al cerebro, de lo tangible a lo intangible. Sin embargo, con independencia de lo que pensemos al respecto, los ordenadores podían efectuar solo un tipo de pen-

---

[4] Erik Brynjolfsson y Andrew McAfee, *The Second Machine Age: Work, Progress, and Prosperity in a Time of Brilliant Technologies* (Nueva York, Norton & Company, 2014). Véase también Erik Brynjolfsson y Andrew McAfee, *La Carrera contra la máquina* (Antoni Bosch editor, 2013) (N del E).

samiento muy limitado. De hecho, no cabe decir que pensaran en un sentido estricto; en realidad, solo seguían una serie explícita de instrucciones denominadas «programa informático». Obedecían estrictamente el código del *software*.

La tecnología digital ha llevado a la informática a cruzar una segunda «divisoria continental». Imaginemos esto como el paso del pensamiento consciente al inconsciente. Antes los ordenadores eran capaces de pensar solo de manera analítica, consciente, pues nosotros sabemos crear solo programas informáticos que se ajusten a esta forma de pensar. Los ordenadores no sabían pensar de manera intuitiva, inconsciente, porque nosotros no sabíamos cómo pensaban los seres humanos por intuición (aún no lo sabemos).

Un avance en lo que se conoce como «aprendizaje automático» permitió a los ordenadores superar esta limitación. Desde 2016 y 2017, los ordenadores son tan buenos como los seres humanos –o mejores– en determinadas tareas mentales instintivas, inconscientes; por ejemplo, en el reconocimiento de patrones de habla, la traducción de idiomas o la identificación de enfermedades a partir de radiografías.

El aprendizaje automático está proporcionando a los ordenadores –y a los robots que dirigen– nuevas destrezas de gran valor en las oficinas. Actualmente son capaces de imitar el pensamiento en tareas que conlleven percepción, movilidad y reconocimiento de patrones. En términos generales, el aprendizaje automático está permitiendo a los ordenadores tomar decisiones que vienen «directamente de las tripas», como diría el legendario expresidente de General Electric Jack Welch.[5]

La consecuencia de este nuevo tipo de ordenador pensante es que ahora la automatización va a afectar a los trabajos de oficina, no solo a los de las fábricas del pasado. La misma digitecnología también está facilitando que trabajadores del extranjero realicen tareas en nuestras oficinas. Es casi como si estos extranjeros estuvieran realmente en la misma sala y hablando el mismo idioma.

Otra diferencia clave entre la transformación actual y las otras dos concierne a la cronología. Durante la Gran Transformación, la globalización comenzó un siglo después de que se hubiera iniciado

---

[5] Jack Welch y John Byrne, Jack: *Straight from the Gut* (Warner Business Books, 2001) (hay trad. cast., *Hablando claro*, Barcelona, Ediciones B, 2006).

la automatización. Durante la Transformación de los Servicios, la globalización empezó dos décadas después de la automatización. En la Transformación Globótica actual, la globalización y la automatización han despegado al mismo tiempo, y ambas están avanzando a un ritmo explosivo.

La globalización y la automatización hicieron por nosotros cosas fabulosas en el pasado, pero el progreso conllevó mucho sufrimiento. En el futuro, habrá un poco de todo. Sacar provecho del progreso y aliviar el malestar no será fácil. No obstante, el repaso de convulsiones pasadas debería servir para orientar nuestro planteamiento.

Parte I
Transformación histórica, convulsión, reacción contraria y resolución

2
Hemos estado aquí antes: la gran transformación

Catherine Spence y su hijo pequeño murieron de hambre en los Docklands de Londres. Era el año 1869. En la década de 1850, cierto auge de la construcción había llevado a los Spence a Londres, pero la crisis económica de 1866 llevó los astilleros a la bancarrota. El marido perdió su empleo. Los desempleados tenían que elegir entre las míseras instituciones benéficas locales y los horrores del asilo de pobres. Catherine Spence acudió a la beneficencia. Su inanición duró dos años y medio.

Los Spence se vieron atrapados en la «Gran Transformación», como la llamaba el pensador del siglo XX Karl Polanyi. Debido a esta secuencia de dos siglos de cambios progresivos, Europa pasó de ser un conjunto de economías rurales de base agrícola gobernadas por monarcas a ser un conjunto de economías urbanas de base industrial gobernadas por diversas variantes de democracia.

La Gran Transformación fue enormemente constructiva: creó el mundo en el que vivimos hoy. También fue muy disruptiva. La investigación sobre la muerte de Spence nos permite echar un breve vistazo al lado doloroso del conjunto de aspectos positivos y negativos.

«Habían empeñado toda su ropa para comprar comida, y cierto tiempo atrás parte de sus muebles habían sido embargados por impago del alquiler», señalaba el informe judicial. «La casa en la que vivían estaba ocupada por seis familias. Los agentes que fueron a ver los cadáveres observaron que la cama donde habían muerto la mujer y su hijo estaba hecha de harapos [...] Las ventanas estaban rotas, y a una le habían sujetado una vieja bandeja de hierro y a otra una tabla.»[1]

Las personas como los Spence –y las sociedades en las que vivían– no estaban preparadas para las nuevas realidades económicas provocadas por el «dúo disruptivo» de la automatización y la globalización. El principal problema fue que los cambios fueron tremendos y, teniendo en cuenta la época, muy rápidos, lo cual convierte a dicha época en una excelente fuente de lecciones históricas para las convulsiones actuales, en las que la velocidad trepidante del desplazamiento del empleo es asimismo el problema fundamental. No obstante, las lecciones del período de la Gran Transformación hay que abordarlas con cuidado. En aquel entonces, los cambios supusieron un desarraigo más duro que cualquier cosa que haya sucedido recientemente en Norteamérica o Europa, o vaya a suceder en un futuro inmediato.

Qué significó «Gran» en la Gran Transformación

Durante unos ciento veinte siglos, la civilización se basó en quince centímetros de mantillo y lluvias regulares. Para la gente, la prosperidad estaba ligada al acceso a un poco de tierra; para la élite, el poder estaba ligado a apropiarse de una porción de esa prosperidad. Como consecuencia de ello, la riqueza de los países se cimentó en el control de la tierra agrícola de buena calidad. Había comercio e industria, pero no mucho.

Trasladar algo a algún sitio era carísimo, muy lento y ciertamente peligroso. Por ejemplo, Marco Polo tardó tres años en ir de Italia a China; el viaje de regreso duró dos años, y cientos de sus compañeros murieron en el camino. Trasladar mercancías era menos peligroso, pero no menos difícil y caro. La seda de China costaba a un emperador de Roma diez mil veces más que en el país de origen.[2] Era complicado incluso mover las ideas. El budismo, por ejemplo, surgió

---

[1] Tal como se describe en John Ruskin, *Fors Clavigera: Letters to the Working Men and Laborers of Great Britain*. Vol. IV (Londres, George Allen, 1874).

[2] William Bernstein, *A Splendid Exchange: How Trade Shaped the World* (Nueva York, Atlantic, 2008) (hay trad. cast., *Un intercambio espléndido: cómo el comercio modeló el mundo desde Sumeria hasta hoy*, Barcelona, Editorial Ariel, 2010).

en la India hace dos mil quinientos años y tardó casi mil en llegar a China y Japón.

Estas limitaciones en el transporte de mercancías, ideas o personas impusieron una «dictadura de la distancia» en todos los aspectos de la vida humana. Como las personas estaban atadas a la tierra, casi todo se hacía en un radio corto. El resultado fue el localismo, lo contrario de la globalización. Esta dispersión de la producción por innumerables pueblos dominó la geografía económica del mundo y dictó las realidades de la sociedad preindustrial. Por el lado positivo, esto nos procuró diversidad. Debido a tantos siglos de localismo, por ejemplo, hay en Alemania más de cinco mil marcas de cerveza y en Italia trescientas cincuenta variedades de uva. Es por eso por lo que una lengua, el latín, evolucionó y se transformó en diferentes idiomas, como el español, el italiano, el portugués o el francés. Los aspectos negativos fueron sobre todo económicos.

La consecuencia económica más importante fue el estancamiento. El reducido tamaño de los mercados hacía que la innovación fuera difícil y no especialmente valiosa. Y sin innovación no hay automatización. La productividad se estancó. El nivel de vida también.

Lo que mantenía la condición humana en un estado precario no era solo el localismo. La «ley de Malthus» impuso activamente la miseria. Con una nueva extensión de tierra, una nueva cosecha o un nuevo arado, el nivel de vida aumentaba, pero por poco tiempo. Al cabo de una o dos generaciones, la presión demográfica devolvía las cosas a una situación en la que la mayoría de la gente se encontraba a una o dos cosechas malas de la hambruna.

Esto era crecimiento premoderno. La expansión económica partía del uso de más tierra y mano de obra, no de sacar más provecho de cada metro cuadrado y cada hora. Los ingresos se incrementaban solo hasta que el diabólico ciclo de retroalimentación de Malthus los extinguía.

El crecimiento moderno, que se inició en Gran Bretaña a finales del siglo XVIII, es lo que derogó la perversa ley de Malthus. Ahora el crecimiento permitía a cada trabajador producir un poco más cada año, lo que elevaba los ingresos un año tras otro. En el siglo XX, la mayoría de los norteamericanos y los europeos habían dejado muy atrás el peligro de la inanición.

Esto es lo que indicaba la G mayúscula de la Gran Transformación, si bien la transformación no tuvo lugar de una vez. Como ya se ha mencionado, lo mejor es imaginarla como un proceso de cuatro pasos: la tecnología produce una transformación económica, la transformación económica produce una convulsión económica y social, la convulsión produce una reacción de rechazo, y el rechazo produce una resolución.

Es una historia fabulosa.

Impulso tecnológico

En el siglo XVIII, el vapor fue la bomba. La naturaleza concentrada y controlable de la energía, junto con el hecho de que era fácilmente reproducible y en última instancia móvil, lanzó a la sociedad a una «vorágine de felicidad», una espiral ascendente, autoalimentada, en la que la innovación impulsó la industrialización, la industrialización impulsó la innovación, y ambas elevaron los ingresos, que, a su vez, fomentaron la industrialización y la innovación.

La energía de vapor mostró inicialmente su utilidad cuando en 1712, en Gran Bretaña, la máquina de Newcomen comenzó a bombear agua de las minas de carbón. No era un prodigio de la alta tecnología —ocupaba tanto espacio como un edificio de tres plantas, consumía enormes cantidades de energía y requería una atención constante—, pero sí hizo algo asombroso: eliminó el caballo de los caballos de potencia. La máquina de Newcomer reemplazaba a centenares de caballos y permitía a los mineros cavar más hondo y aumentar la producción al tiempo que reducía los costes. Aquello fue crucial.

El carbón fue la savia de la Gran Transformación, por lo que la mayor productividad en este sector fue un giro clave en el viaje ascendente de la vorágine feliz. El descomunal desplazamiento demográfico desde el campo a la ciudad y el paso de una economía agrícola a otra industrial requerían cantidades astronómicas de energía —cantidades que habría sido imposible obtener con leña, agua o viento.[3]

Durante el siglo y medio siguiente, la energía de vapor y la mecanización bailaron un «vals». Las máquinas de vapor eran cada

---

[3] Según Gregory Clark y David Jacks, «Coal and the Industrial Revolution, 1700-1869», *European Review of Economic History* (2007), solo para satisfacer las necesidades británicas de cocina y calefacción en 1860 con leña, habría hecho falta que todas las tierras de cultivo del país se convirtieran en bosques.

vez más sólidas, más ligeras y más eficientes y gastaban menos combustible a medida que su fabricación se hacía más precisa. A su vez, gracias a las máquinas de vapor mejores era más fácil, y merecía más la pena, desarrollar mejor maquinaria. El proceso era acumulativo, y en el mismo hubo un acontecimiento notable medio siglo después de que Newcomen eliminara el caballo de los caballos de potencia. En 1769, la máquina de vapor de James Watt introdujo el vatio en el vatiaje.

Aunque en su momento este avance fue algo revolucionario –sobre todo si hacemos la comparación con el estancamiento anterior–, con arreglo a los estándares actuales era lento. No tenía nada que ver con el ritmo eruptivo de la tecnología digital que está impulsando la Transformación Globótica. Entre la máquina de Newcomen y los primeros barcos de vapor viables desde el punto de vista comercial transcurrió un siglo.

Las revoluciones nunca son una sola cosa. Al impulso del vapor le correspondió un impulso muy distinto pero complementario en el sector agrícola. Comenzó con una decisión trascendental sobre la propiedad de la tierra que se denominó «cercamiento».

Revolución agrícola británica

La revolución agrícola británica empezó con el cercamiento, en el siglo XVII, que supuso vallar (cercar) la tierra que antes había sido accesible. El vallado de la tierra puso fin al acceso libre de muchas familias rurales a tierras que habían tenido en común (en el sentido de que cualquier miembro de la comunidad podía llevar allí sus animales a pastar). El Común de Boston –un gran parque en medio de la ciudad– es un ejemplo de tierra comunal creada cuando Massachusetts era colonia de la corona británica. Los granjeros de la zona apacentaron allí sus vacas desde 1630 hasta 1830, cuando pasó a ser un parque público.

Cuando se cercaba un terreno comunitario, a menudo su uso pasaba a ser la principal fuente de ingresos de la época, que resultaba ser la cría de ovejas, o más concretamente la lana que producían. Esto sacó de la agricultura a mucha gente, pues criar y esquilar ovejas con fines comerciales requería muchos menos trabajadores que obtener alimentos para la familia. En todo caso, aquello fue una revolución no solo por el cambio relativo a la propiedad.

El cercamiento consagró derechos de propiedad, con lo que alentó la adopción de técnicas agropecuarias más eficientes. Una de las innovaciones agrícolas más memorables fue el sistema de rotación de cuatro cultivos, que incrementó la productividad de la tierra. Diversas mejoras en la maquinaria también aceleraron la productividad. Entre los ejemplos clásicos se incluyen las trilladoras automáticas, las sembradoras y ciertos progresos en las herramientas, como el paso del arado de madera al de hierro.

Gracias a los adelantos en las técnicas y los materiales, la comida era más barata y abundante, hecho que propició un tercer impulso: una explosión demográfica. Entre 1750 y 1850, el número de nacimientos británicos se duplicó.

La lista completa de cosas que fueron decisivas para poner en marcha la Gran Transformación es larga y compleja, pero la simplificación sirve para clarificar. Por eso es conveniente centrarse en cambios en la agricultura y la población británicas y el vapor, especialmente este último.

La tecnología produce transformación

Al principio, la tecnología del vapor fomentó la mecanización y la industrialización, o lo que hoy en día llamaríamos «automatización». La tendencia empezó en las industrias más importantes de la época –textil, hierro y carbón–, pero a lo largo de las décadas fue extendiéndose a los demás sectores.

Muy pronto, la espiral autoalimentada creó una nueva industria clave: las máquinas herramienta. Entre 1770 y 1840, la industria británica de las máquinas herramienta experimentó grandes avances. Esto fue un hecho crítico, pues reducía el coste de fabricación de máquinas que ayudaban a automatizar la producción en general. En aquel entonces, la industria de las máquinas herramienta –como hoy en día el aprendizaje automático– fue una tecnología que aceleró el progreso tecnológico.

Antes de las máquinas herramienta, en realidad la industria era casi artesanal. Por ejemplo, los fusiles los fabricaban uno a uno artesanos muy cualificados que utilizaban herramientas manuales. Cada fusil era único (y, por tanto, caro). Mediante máquinas herramienta, el norteamericano Eli Whitney estandarizó los componentes hasta el punto de que, a partir de 1801, eran intercambiables de un fusil a otro. La producción pasó a ser más rápida y barata, en parte porque podían realizar el trabajo trabajadores menos cualificados que cobraban menos (un ejemplo temprano del impacto descualificador de la tecnología).

Esto supuso para la automatización un punto de inflexión. En vez de artesanos altamente cualificados que fabricaban maquinaria a partir de madera y a mano, las máquinas herramienta producían componentes metálicos de máquinas que se podían fabricar en serie, con mayor precisión y a un coste inferior. Si hablamos de empleos, esta clase de innovación es un arma de doble filo.

Automatización y empleos. *Los efectos de atracción y rechazo*

La mecanización permitía llevar a cabo la misma cantidad de trabajo con menos trabajadores, pero el menor coste también posibilitaba precios más bajos y por tanto más ventas, y en consecuencia una mayor cantidad de trabajo. En cierto modo, había una competición entre el montón de faena y la eficiencia de los trabajadores. Lo denominamos «carrera producción-productividad».

Cuando la carrera la ganaba el bando del montón ascendente –la tecnología actuaba como un «factor de atracción»–, atraía a trabajadores al sector. Si ganaba el bando de la eficiencia, la tecnología era un «factor de rechazo» que expulsaba a la gente de la actividad. Por ejemplo, el cercamiento, la mecanización y las nuevas técnicas agrícolas fueron factores de rechazo significativos en la agricultura. Los cambios provocaron dolorosas alteraciones en medios de vida, familias y pueblos enteros, pero facilitaron a los trabajadores el acceso a empleos en la industria y los servicios.

De la manera en que pasó todo esto podemos extraer importantes lecciones. La tecnología eliminó muchos puestos de trabajo pero pocas ocupaciones. La tecnología no acabó con la ocupación de cultivar la tierra, por ejemplo; solo significaba que, como cada agricultor era capaz de alimentar más bocas, hacían falta menos agricultores.

En cambio, la mecanización de la industria fue un factor de atracción. Mientras el rendimiento por trabajador aumentó bruscamente, el rendimiento industrial creció aún más deprisa, por lo que el número de trabajadores en la industria se disparó.

En el lado de la demanda surgió una serie aparte de factores de atracción/rechazo. Había una dinámica muy evidente: la próspera población generaba más demanda que creaba más empleos. Un factor algo más sutil ligado a la demanda deriva del hecho de que las personas tienden a cambiar sus hábitos de consumo a medida que van teniendo mayor poder adquisitivo. Con el nivel de ingresos general de la época, la gente podía permitirse muy pocas cosas. Algunos niños iban descalzos, y muchos adultos vestían ropa de segunda mano. Cuando los ingresos superaron los niveles de subsistencia, la gente empezó a gastar más en artículos nuevos, y la demanda adicional creó empleos adicionales en las fábricas.

La productividad era en sí misma un factor de la demanda por la clara razón de que si alguien hace una cosa, alguien posee la cosa. Por tanto, la cosa pasa a formar parte de su salario. Aunque entre los bienes ofertados y demandados pudiera haber alguna discordancia temporal, la tendencia general era la de más producción por trabajador, que daba lugar a más ingresos por trabajador y más compras por trabajador. Técnicamente, esto se conoce como «ley de Say», que más o menos expresa la idea de que la oferta crea su propia demanda. O, si utilizamos la fraseología más rotunda de Jean-Baptiste Say del siglo XIX: «Supuesto que ninguno de nosotros puede comprar los productos de los demás sino con los suyos propios, y que el valor que podemos comprar es igual al que podemos producir, tanto más comprarán los hombres cuanto más produzcan».[4]

La globalización magnificó los factores tanto de atracción como de rechazo en sectores que estaban abiertos al comercio. Pero la mitad «comercio» del equipo comercio-tecnología se quedó atrás. La energía de vapor no dio el pistoletazo de salida de la globalización hasta un siglo después de que la máquina de Newcomen desencadenara la automatización. La explicación es sencillamente que hicieron

---

[4] Jean-Baptiste Say, *A Treatise on Political Economy*, Grigg and Elliott, 1834 (hay trad. cast., *Tratado de economía política*, México, Fondo de Cultura Económica, 2001); la traducción en inglés está en Guy Routh, *The Origin of Economic Ideas*, 2.ª edición, Springer, 1 septiembre 1989.

falta décadas de perfeccionamientos a fin de que las máquinas de vapor fueran lo bastante compactas para poder ponerlas sobre ruedas y en barcos.

Comienza la globalización moderna

Las vías férreas redujeron espectacularmente el coste del transporte de mercancías. Por primera vez en la historia, el interior de las grandes masas continentales del mundo estaba conectado con la economía global. Los buques de vapor tuvieron un impacto asimismo radical en el transporte marítimo. En 1819 cruzó el Atlántico el primer barco de vapor. La paz resultante al final de las Guerras Napoleónicas también supuso un fuerte estímulo para la globalización.

Aunque se pueden detectar indicios de comercio ya en la Edad de Piedra, a comienzos del siglo XIX es cuando por primera vez en la historia el volumen del comercio empezó a influir decisivamente en el conjunto de la economía. Por ejemplo, en todo el siglo XVII solo unos tres mil barcos europeos zarparon hacia Asia y regresaron, y esa cifra apenas se duplicó durante todo el siglo XVIII. Cada barco llevaba un cargamento de mil toneladas.[5]

Kevin O'Rourke, economista de Oxford, y Jeff Williamson, economista de Harvard, fechan el inicio de la globalización moderna en 1820. Fue entonces cuando el precio de, pongamos, el trigo en Gran Bretaña empezó a establecerse a partir de las condiciones internacionales de la oferta y la demanda.[6] Anteriormente, los precios de los alimentos dentro de un país variaban sobre todo en función de cambios en la oferta y la demanda internas: por ejemplo, si una cosecha había sido buena o mala. Cuando el volumen del comercio internacional fue ya lo bastante importante, una mala cosecha hacía que llegaran al país montones de productos importados, no que subieran los precios. Esto supuso un enorme cambio en el curso de la historia humana. Por primera vez, la capacidad para comprar y vender mercancías a escala internacional comenzaba a tener efectos revolucionarios en las economías nacionales.

---

[5] Véase Angus Maddison, *Contours of the World Economy 1-2030 AD: Essays in Macro-Economic History* (Oxford, Oxford University Press, 2007).

[6] Kevin H. Rourke y Jeffrey G. Williamson, «When Did Globalization Begin?», *European Review of Economic History* 6 (2002), 2350.

Nada de esto fue repentino. Las vías férreas reestructuraron el transporte terrestre, pero las redes ferroviarias tardaron décadas en desarrollarse. Los barcos de vapor revolucionaron el transporte marítimo, pero los problemas de repostaje impidieron durante décadas la dependencia exclusiva del vapor. Por ejemplo, el primer buque de vapor que cruzó el Atlántico combinaba la energía de vapor y la eólica debido a las dificultades de abastecimiento. El gran cambio se produjo solo después de que se crearan estaciones carboneras en todo el mundo.

La capacidad para vender en todo el mundo tuvo efectos significativos en los empleos. En Gran Bretaña, donde vio la luz la globalización moderna, esta fue un factor negativo para la agricultura, pues los alimentos importados desde los EE.UU. y otras partes eran más baratos. Las importaciones alimentarias aumentaron mucho desde mediados del siglo XIX. De todos modos, la globalización siempre es un tira y afloja.

Los empleos tienden a desaparecer en los sectores que compiten con las importaciones y a aparecer en los que exportan. En el caso del Reino Unido, el aumento de las importaciones de alimentos guardaba correspondencia con un aumento equivalente de las exportaciones de productos textiles y otros bienes manufacturados.

El fundamento rector de este impacto es el famoso principio de ventaja comparativa de David Ricardo, que más o menos dice lo siguiente: «Haz lo que hagas mejor; importa lo demás». En la Gran Bretaña del siglo XIX, lo «mejor» eran las manufacturas. En el siglo XIX, la competitividad británica en las manufacturas mantuvo cierta ventaja con respecto a los demás países, por lo que la globalización permitió a Gran Bretaña convertirse en el taller del mundo. Debido al auge de las exportaciones de productos manufacturados, la cantidad de trabajo crecía más deprisa que la eficiencia de los trabajadores, y eso atraía trabajadores hacia la industria.

No obstante, el impacto más espectacular de la globalización fue el modo en que aceleró el crecimiento económico.

Empieza el crecimiento moderno

El crecimiento moderno —ese progreso regular al que hoy estamos acostumbrados pero que era algo inaudito antes de la Revolución Industrial– depende de la innovación, pues para tener más ingresos hace falta más rendimiento. Para conseguir ingresos superiores cada año hace falta que la mano de obra de un país produzca más cada año. A su vez, esto requiere que los trabajadores tengan cada año más o mejores «herramientas». Aquí «herramientas» significa capital definido en líneas generales, a saber, capital humano (esto es, destrezas, nivel cultural, formación, etcétera), capital físico (esto es, máquinas, edificios, herramientas, etcétera) o capital de conocimientos (esto es, tecnología, conocimiento sobre técnicas de producción, etcétera). De los tres, el de conocimientos es la clave.

El capital de conocimientos es muy diferente porque la innovación aumenta los beneficios derivados de tener más de las otras formas de capital. Sin innovación (o imitación de algunas innovaciones de otros países), las inversiones en educación o capital físico llegan a su límite y la producción por trabajador ya no sube más. O, como lo expresan los economistas, el capital físico y el humano afrontan rendimientos decrecientes, pero el capital de conocimientos no. Esto constituye un hecho empírico.

El motivo no está claro, pero cabe conjeturar que refleja el hecho de que la ignorancia humana es infinita pese a milenios de creación de conocimientos. Al fin y al cabo, la infinidad es un concepto, no un número. Algo así como el número más grande conocido más uno, lo cual significa que la ignorancia infinita, incluso tras añadir un montón de conocimiento, sigue siendo infinita.

Desde el punto de vista económico, la clave es que la innovación crea mejores procesos para fabricar tanto bienes convencionales como bienes nuevos, lo cual hace que el crecimiento económico no se interrumpa. La secuencia centenaria de innovaciones en la Inglaterra victoriana es un ejemplo excelente: a medida que se acumulaban las innovaciones, el capital se volvía más útil y, por tanto, seguía acumulándose, como pasaba con el capital humano. La globalización entró en la ecuación a través de su impacto en la innovación.

A principios del siglo XIX, la globalización incrementó la innovación de una forma tan sencilla como sutil. Las exportaciones superaron las limitaciones impuestas por el tamaño de los mercados interiores, lo cual elevó la demanda de innovación. Vender en el mercado mundial también animó a las industrias a concentrarse desde el punto de vista geográfico, y esto potenció el otro lado de la ecuación. Como había muchas personas en el mismo sitio pensando en los mismos problemas, creció la aportación de ideas innovadoras. En resumen, la innovación era más fácil a medida que vender en el mercado mundial la volvía más rentable. Es así como el dúo dinámico –automatización y globalización– encendió la «hoguera» del crecimiento moderno. La hoguera aún está ardiendo.

En la última parte del siglo XIX, apareció un potenciador de la segunda fase del crecimiento. La aceleración fue tan acusada que ha merecido un nombre: la Segunda Revolución Industrial.

La tecnología produce tecnología. La Segunda Revolución Industrial

La vorágine feliz, que había estado girando hacia arriba desde principios del siglo XVIII, en la segunda mitad del siglo XIX alcanzó un nuevo período de estabilidad. A medida que la maquinaria se volvía más sofisticada, la energía era más barata y la ciencia se aplicaba cada vez más a cuestiones industriales, fue surgiendo un grupo de empresas totalmente nuevas que crearon un sinfín de empleos nuevos para que se fabricaran cosas que no habían existido antes –salvo en las novelas de ciencia ficción de Julio Verne.

Según Robert Gordon, profesor de economía en la Universidad de Northwestern, la Segunda Revolución Industrial –que él denomina «el siglo especial» (1870-1970)– lanzó una bomba de racimo de innovaciones sobre las economías avanzadas. Las «bombitas» económicas explotaron en un área extensa, de modo que cada explosión generó una reacción en cadena de innovación, incremento de la productividad y aumento de los ingresos.[7]

Esto fue un ejemplo de cómo la vorágine feliz de la innovación y la industrialización generó una gran cantidad de empleos modernos en sectores totalmente inéditos. En aquel entonces, como hoy en día, buena parte de la creación de nuevos puestos de trabajo tenía que ver con la fabricación de cosas impensables solo unas décadas atrás. Los empleos nuevos servían para producir cosas relacionadas con el ferrocarril, las telecomunicaciones, la luz eléctrica, los motores de

---

[7] Las analogías militares son mías. A veces, a estas invenciones se las denomina «la Segunda Revolución Industrial», pues la primera tuvo que ver sobre todo con la industria textil, el carbón, el vapor, el hierro y el acero.

combustión interna y toda clase de maquinaria electromecánica y electrónica, en la que se incluían diversos tipos de vehículos, aviones, radios y televisores o productos químicos, desde fertilizantes a herbicidas pasando por tintes del pelo o plásticos.

Estas industrias nuevas poco tenían ya que ver con la industria textil. Los avances, impulsados por la automatización y la globalización, encendieron la hoguera del crecimiento económico sostenido. El crecimiento hizo cosas fabulosas, pero también significó cambio, y el cambio comportó dolor. El resultante paquete de beneficios y perjuicios dio lugar a un segundo aspecto del proceso de cuatro pasos, a saber, la convulsión.

La transformación genera convulsión

Oliver Twist –el memorable personaje de ficción de Charles Dickens– podría ser un «rostro publicitario» de la convulsión. Nacido en un hospicio, Oliver es vendido como aprendiz tras una paliza propiciada por su famosa frase, inspirada por el hambre: «Por favor, señor, quiero un poco más».

La realidad había sido casi tan dura para el propio Charles Dickens. Segundo de ocho hermanos en una familia de clase media, a los doce años Dickens se vio obligado a trabajar en una fábrica cuando su padre acabó en la cárcel por no pagar sus deudas. Cuando estas se hubieron saldado, todo mejoró y Charles regresó a la escuela, pero no por mucho tiempo. A los quince años, tuvo que volver a trabajar para contribuir al sustento de la familia.

El cambio originó sufrimiento –como siempre–, y cuanto más rápido es uno, mayor es el otro. Las principales vías del cambio eran cuádruples: un traslado de trabajadores desde la agricultura a la industria, un desplazamiento de población desde el campo a la ciudad, un aumento de la desigualdad, y un cambio de enfoque en la creación y captura de valor al pasar este de la tierra al capital.

Cada cambio creó su propia pareja beneficios-perjuicios y sus propias relaciones políticas, económicas y sociales centenarias convulsas. Las relaciones tradicionales ya no eran ni mucho menos idílicas, pero era a eso a lo que la gente estaba acostumbrada.

Urbanización: conexión entre la inseguridad salarial y la inseguridad alimentaria

Cuando la gente se trasladó desde el campo a las ciudades, la seguridad salarial y la seguridad alimentaria pasaron a estar mucho más interrelacionadas de lo que habían estado en las comunidades rurales. La ciudad ofrecía más oportunidades que el campo, pero esto tenía un precio. Como los trabajadores industriales de las ciudades debían comprar toda su comida, la pérdida del empleo suponía una amenaza fatal. Incluso en las épocas de prosperidad, los salarios de los trabajadores no cualificados eran bajos con respecto al coste de la vida. Las viviendas estaban congestionadas y eran insalubres; la dieta era mala; y los accidentes, las enfermedades o la vejez solían desembocar en grandes privaciones o incluso en la inanición.

Los desencadenantes del conflicto social en la Gran Transformación derivaron sobre todo del trato recibido por la gente en las épocas difíciles. Entonces, como ahora, en la élite enseguida se culpaba a los desdichados de su propia desdicha. Entonces, la política del gobierno británico empeoró las cosas para las víctimas, pero en Gran Bretaña no siempre había sido así.

Gran Bretaña esquivó la «bala» de la Revolución Francesa, lo cual no fue por casualidad. La geografía es parte de la explicación, aunque también tuvo su importancia el «interés propio bien entendido» de la nobleza terrateniente y las primeras concesiones hechas por la corona británica al parlamento. Desde el siglo XVI, diversas Leyes de Pobres ordenaban a cada comunidad local (parroquia) que se ocupara de sus personas necesitadas. Los sistemas variaban según la región, pero en general las ayudas adoptaban la forma de empleos, aprendizajes o dinero en metálico, todo ello financiado con impuestos sobre los ciudadanos más pudientes y supervisado por funcionarios municipales.

El buen entendimiento de lo que constituía el interés propio se fue debilitando claramente a medida que la Gran Transformación avanzaba y el aumento de población elevaba el coste de la atención a los pobres. Es importante el hecho de que esta carga adicional recayera especialmente en la élite urbana, pues los pobres abandonaban sus parroquias rurales para trasladarse a las ciudades. La decisión tomada por las autoridades fue una reforma que no estaría fuera de lugar en la Norteamérica de Trump. Empobrecieron las Leyes de los Pobres.

Según los críticos contemporáneos de las tradicionales Leyes de los Pobres, la red de seguridad animaba a la gente a tener demasiados hijos y, por regla general, provocaba pereza y dependencia en los trabajadores. También alentaba a los empresarios a pagar demasiado poco, pues los obreros podían conseguir ayudas públicas. Todo esto lo iba a arreglar en 1834 la Ley de Enmienda de la Ley de los Pobres de 1834, que declaraba ilegal ayudar a la gente fuera de los asilos y exigía que las condiciones de estos fueran atroces como una cuestión de principio moral. Y surtió efecto. Había un miedo generalizado a los asilos, un destino terrible escogido solo por los más desesperados.

Para diversos pensadores sociales victorianos, como el reverendo Thomas Malthus, la pobreza era un estado natural en el que acababan determinados trabajadores debido a sus carencias morales personales. Para no estimular la inmoralidad y la pereza, se procuraba que las condiciones de los asilos fueran peores que las de los obreros libres más pobres. Como ilustra el ejemplo de Catherine Spence, estas condiciones oscilaban entre medianamente aceptables en los años de bonanza, y de privación extrema, o directamente inanición, en los años de crisis.

Los receptores de ayudas estaban estigmatizados: llevaban ropas especiales y se veían humillados por reglas estrictas; además se separaba a esposos y esposas para que sus familias no crecieran. El trabajo era obligatorio, y las raciones exiguas.

Desigualdad salarial. Los altibajos

Casi tan perturbador como la propia miseria era el hecho de que la prosperidad se propagara tan deprisa como la pobreza. En el Londres victoriano, los ricos y los pobres vivían unos pegados a otros. Los barrios marginales se crearon en la misma época que los grandes monumentos de Londres. El Big Ben, el Victoria and Albert Museum, el Marble Arch y Trafalgar Square se construyeron en las décadas en las que también murió de hambre Catherine Spence.

Debido a este contraste entre ricos y pobres, mucha gente llegó a la conclusión de que los enormes cambios sociales eran escandalosamente injustos. Imperaba la idea de que los ricos se hacían más ricos porque los pobres eran cada vez más pobres. Pero examinemos los hechos.

El mundo real en el que vivía el Oliver de ficción era muy desigual, y la desigualdad era creciente. Según los historiadores económicos Peter Lindert y Tony Atkinson, la desigualdad aumentó en la primera parte de la Gran Transformación, digamos que hasta el comienzo de la Segunda Revolución Industrial.[8] Después fue disminuyendo hasta el final de la Gran Transformación, en 1970. En otras palabras, la vorágine feliz fue especialmente feliz para los británicos más ricos en el primer siglo, mientras que en el segundo siglo fue especialmente feliz para la clase media.

Como muestra la figura 2.1, la parte de ingresos correspondiente al 5 % más rico de Inglaterra y País de Gales aumentó algo, desde aproximadamente el 35 al 40 %, durante la primera época de la Gran Transformación –la denominada Primera Revolución Industrial, o sea, entre 1759 y 1867.

La tendencia se invirtió a finales del siglo XIX, cuando empezó a hacer efecto la Segunda Revolución Industrial. La desigualdad disminuyó muchísimo en el Reino Unido a medida que el crecimiento industrial recuperaba su vigor gracias al conglomerado de nuevas industrias. En la década de 1970, la cuota de ingresos del 5 % más pudiente descendió desde el 40 % hasta menos del 20. Desde entonces ha estado subiendo, pero esto lo abordaremos en el siguiente capítulo.

No resulta fácil saber qué provoca exactamente estas oleadas de desigualdad. Como señala Thomas Piketty en su superventas *El capital en el siglo XXI*, es un asunto muy controvertido. Por su propia naturaleza, la desigualdad afecta a casi todos los aspectos del sistema económico, desde la educación, la tecnología y la globalización hasta la urbanización, el derecho de voto o el imperialismo, la mayoría de los cuales están interrelacionados.

---

[8] Véase Max Roser y Esteban Ortiz-Ospina, «Income Inequality», publicado *online* en OurWorldData.org, basado en datos de Peter H. Lindert, «When Did Inequality Rise in Britain and America?», *Journal of Income Distribution* 9 (2000), 11-25, y Anthony B. Atkinson, «The Distribution of Top Incomes in the United Kingdom 1980-2000», en *Top Incomes over the Twentieth Century: A Contrast between Continental European and English-Speaking Countries*, ed. Anthony B. Atkinson y Thomas Piketty (Oxford, Oxford University Press, 2007), cap. 4.

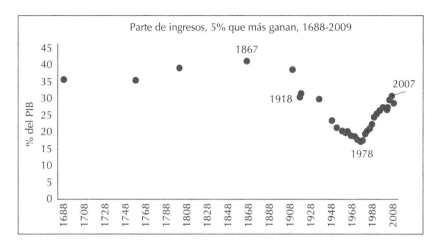

Figura 2.1. Desigualdad en cuanto a ingresos en la Gran Transformación, 1688-2009.
FUENTE: Elaboración del autor a partir de datos proporcionados personalmente por Max Roser (*Our World in Data*). Sus fuentes son Peter Lindert, «Three Centuries of Inequality in Britain and America», en *Handbook of Income Distribution*, ed. A. Atkinson y F. Bourguignon (Ámsterdam, Elsevier, 2000); A. Atkinson, «The Distribution of Top Incomes in the United Kingdom 1908-2000, en *Top Incomes over the Twentieth Century. A Contrast Between Continental European and English-Speaking Countries*, ed. A. Atkinson y T. Piketty (Oxford, Oxford University Press, 2007); y B. Milanovic, P. Lindert y J. Williamson, «Ancient Inequality», *The Economic Journal* 121, n.º 551 (2008), 255-272, marzo 2011.

Justo es decir, sin embargo, que el auge inicial tuvo que ver con el ascenso del capitalismo. En otras épocas, la propiedad de tierras era el principal sistema para hacerse rico. La Revolución Industrial abrió otra ruta importante, a saber, la propiedad de capital. Esto suponía tanto capital físico –fábricas, puertos, barcos– como capital financiero –acciones, bonos, bancos. Toda la propiedad de capital está y siempre ha estado concentrada en manos del 5 % de más arriba. Muy sencillo: como solo los ricos podían permitirse ahorrar, solo los ricos podían aumentar su riqueza, lo que les permitía ahorrar e invertir más, lo cual incrementaba todavía más su riqueza. En cambio, la gente corriente dedicaba todos sus ingresos al consumo inmediato.

La otra parte de la ecuación es que los salarios crecían más despacio que la productividad laboral. Esto se puede considerar un problema de oferta y demanda. La creciente productividad laboral incrementaba la demanda de mano de obra, pero el mayor crecimiento demográfico y la migración de las zonas rurales a las urbanas hacían que la oferta creciera aún más deprisa. En última instancia, para los trabajadores la alternativa era aceptar en la agricultura empleos mal pagados y de baja productividad. Para que hubiera una afluencia continua de trabajadores desde el campo, los salarios urbanos e industriales debían superar los salarios promedio del campo, si bien no tenían por qué aumentar de manera constante.

La disminución de la desigualdad en la segunda fase refleja el hecho de que al final la mano de obra empezó a escasear al tiempo que las innovaciones empezaban a volverla especialmente productiva. Seguramente también es importante que, después de la Primera Guerra Mundial, esta segunda fase coincidiera con un aumento de la capacidad de negociación de los trabajadores y su derecho a voto.

En Gran Bretaña, el poder de los sindicatos creció de una forma desigual desde justo antes de la Primera Guerra Mundial hasta la década de 1970. El abanico de personas con derecho a votar se amplió poco a poco durante el siglo xix, de modo que en 1918 todos los hombres de más de veintiún años y todas las mujeres de más de treinta ya podían elegir a sus representantes (la discriminación terminó en 1928). Antes, para ejercer ese derecho los hombres debían poseer determinada cantidad de dinero, una restricción que solía favorecer al poder político de quienes ya estaban favorecidos desde el punto de vista económico.

La Gran Transformación tuvo que ver con algo más que con personas que cambiaban de empleo. Cambió toda la estructura de creación de valor (ingresos), junto con las diversas formas de capturar y controlar este valor.

Evolución de la creación y captura de valor. De la tierra al capital

Antes de la Gran Transformación, las cosas económicamente valiosas eran creadas sobre todo por mano de obra que trabajaba la tierra. Los peones abundaban, y la oferta variaba según el crecimiento de la población. En cambio, la tierra era un factor más bien fijo. Poseer un trozo de tierra era controlar la creación de valor, y por tanto la captura de valor. Es por eso por lo que los terratenientes controlaban el reparto del valor creado.

Para enriquecerse, los propietarios de tierras solo tenían que dar a los trabajadores una parte del valor suficiente para mantenerlos con vida y en su sitio. A eso se le denominó «feudalismo»: tenía que ver con la tierra; la tierra era el núcleo de la creación de valor. («Feudalismo» deriva de la palabra latina correspondiente a «feudo», porción de tierra.) Sin embargo, con la llegada de la industria, la tierra empezó a perder su carácter central.

Cuando el centro de gravedad pasó del campo a las fábricas, la creación y la captura de valor cambiaron. La tierra pasó a tener mucha menos importancia. El capital llegó a ser el rey. La manufactura acabó siendo el meollo de las economías modernas. Esto, a su vez, significó que el capital que se utilizaba en la fabricación llegara a ser el elemento más importante de la generación de riqueza, es decir, la creación de valor. Al haber más valor creado por mano de obra trabajando con el capital, el eje central de la creación de valor económico pasó de la tierra al capital.

Poseer un poco de capital significaba controlar la creación de valor, y en consecuencia la captura de valor; por eso se habló de «capitalismo». La mano de obra todavía abundaba, y en realidad el capital no era fijo, pero los poseedores de capital eran quienes tenían el poder de decidir el reparto del valor creado. Como es lógico, la competencia entre poseedores de capital limitaba ese poder, pero cuando un hombre –por ejemplo, Henry Ford– empleaba a cien mil trabajadores, el poder lo tenía uno y no muchos (hasta que esos «muchos» se organizaron, pero no adelantemos acontecimientos).

El cambio en la creación y la extracción de valor se ve muy claro en la figura 2.2, en la que aparece la parte de los ingresos británicos correspondiente a la mano de obra, al capital y a la tierra, así como la evolución de esos porcentajes desde 1770 hasta 1910.[9] Tras el inicio de la Gran Transformación, la cuota del capital aumentó durante un siglo. La parte de la tierra disminuyó durante los mismos cien años, pero siguió bajando incluso cuando la parte del capital del «pastel de creación de valor» se hubo estabilizado.

---

[9] Los datos son de Robert C. Allen, «Engel's Pause: A Pessimistic Guide to the British Industrial Revolution», Serie de documentos de debate del Departamento de Economía, n.º 315, Universidad de Oxford, abril 2007.

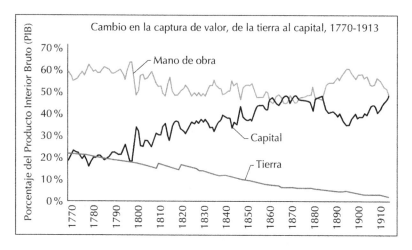

Figura 2.2. Cuotas de valor correspondientes al capital y la tierra, 1770-1913.
FUENTE: Elaboración del autor a partir de datos publicados en Robert C. Allen, «Class Structure and Inequality during the Industrial Revolution; Lessons from England's Social Tables, 1688-1867», *Economic Review* 00, 0 (2018), 1-38.

La convulsión provoca una reacción contraria

Aunque desde nuestra perspectiva actual los cambios fueron lentísimos, resultaron ser demasiado rápidos para que las sociedades del siglo XIX los asimilaran sin contratiempos, sobre todo cuando el ritmo del cambio se aceleró a finales de siglo. La presión social generada por la velocidad se vio sumamente amplificada por una creciente sensación de injusticia. Los cuatro grandes cambios –de la agricultura a la fábrica, del campo a la ciudad, de la tierra al capital, y la creciente desigualdad– hicieron pedazos las viejas reglas y tradiciones que habían definido la justicia durante mucho tiempo. Buena parte de la reacción de rechazo tenía que ver con conflictos sobre cómo debían ser las nuevas normas.

La novedad de las enormes alteraciones llevó a diversos pensadores del siglo XIX a desarrollar una disciplina totalmente nueva cuya finalidad era comprender cómo la convulsión social puede dar lugar a una reacción violenta. Se denominó «sociología». El fundador de la nueva especialidad fue Émile Durkheim, para quien la gente estaba por naturaleza inclinada al egoísmo caótico. La estabilidad social, sostenía, era posible solo si la socialización de la gente y su integración social mantenían controlado el caos subyacente. Esta idea de las normas sociales se podría conocer como «dique de contención de Durkheim»: el orden social contiene el caos individual.

Cuando la convulsión económica y social acabó rompiendo los diques que habían mantenido a raya los disturbios y alborotos, el resultado fue el rechazo violento. Por otro lado, se estaba dando una considerable desintegración social. El paso de la vida rural a las abarrotadas viviendas de las ciudades destruyó la matriz social de las restricciones derivadas de lazos familiares, preceptos religiosos y la jerarquía social a las que la gente estaba acostumbrada. La palabra que inventó Durkheim para este individualismo sin ataduras sociales es «anomia», una falta de patrones sociales y éticos. Además de eso, otros aspectos de la Gran Transformación violaban elementos clave de las reglas de socialización en que las personas habían cimentado su existencia.

Un ejemplo son las Revueltas Luditas.

Pequeñas reacciones violentas en Gran Bretaña

La revuelta estaba en el aire. Las Guerras Napoleónicas habían deprimido la industria textil y las malas cosechas habían provocado un aumento en los precios de los alimentos y los ocasionales disturbios como respuesta. Procedentes de la Revolución Francesa de 1789, habían viajado al norte, a Inglaterra, ideas nuevas e inquietantes que estaban haciéndose oír, cosas como derechos humanos, gobierno por y para el pueblo o posturas antimonárquicas.

La automatización apareció en esta volátil mezcla en forma del telar mecánico de Cartwright, que permitía a un niño no cualificado producir tela tres veces y media más deprisa que un tejedor cualificado con la tecnología tradicional. Los salarios de los tejedores cayeron en picado. Decenas de miles de ellos elevaron al parlamento la petición de un salario mínimo, que fue rechazada. En Nottingham, los soldados dispersaron por la fuerza a los trabajadores que reclamaban un aumento de salario, ante lo cual estos reaccionaron asaltando una fábrica cercana en la que rompieron a martillazos uno de los nuevos telares.

Esto pasaba en 1811, y el asalto se transformó en un movimiento. La destrucción de telares se extendió, las reacciones fueron violentas y a causa de ellas murieron trabajadores, guardias armados, soldados y propietarios de fábricas. De todos modos, en general este movimiento ha sido malinterpretado.

De entrada, los luditas no estaban en contra de la tecnología. Los trabajadores cualificados que lideraban las protestas eran el equivalente, en el siglo xix, de los trabajadores sindicados que tienen un empleo bien pagado y demás ventajas sociales. A lo que se oponían era al hecho de que la automatización posibilitaba que empleos tradicionalmente reservados a artesanos cualificados fueran ahora para trabajadores mal pagados y de baja cualificación, a menudo niños pequeños. Parecía escandalosamente injusto. Transgredía prácticas muy arraigadas. Era algo semejante a la indignación provocada por la deslocalización de empleos de manufacturas norteamericanas y su traslado a México. La reacción instintiva del gobierno fue la represión.

El parlamento aprobó la Ley de Destrucción de Máquinas que permitía a los jueces castigar con la pena de muerte el destrozo de telares. Se envió a más de diez mil soldados para sofocar el levantamiento. Montones de manifestantes acabaron en la horca y muchos más fueron deportados a Australia. Surgió un movimiento similar contra la automatización en las explotaciones agrícolas (las trilladoras automatizadas). Los conocidos como Disturbios de Swing se produjeron en la década de 1830 en el sur de Inglaterra. También fueron reprimidos violentamente por los militares y los magistrados.

La globalización desencadenó un tipo de rechazo muy diferente.

Las Guerras Napoleónicas entorpecieron las importaciones británicas en general y las importaciones continentales de cereales en particular. Esto había incrementado los precios y la producción de trigo en el Reino Unido, un resultado fantástico para los terratenientes. Sin embargo, una vez terminada la guerra, las importaciones de cereales se dispararon y los precios se desplomaron. Esto provocó una dura reacción por parte de los agraviados terratenientes. Pero no tuvieron que convocar manifestaciones ni romper nada; tenían a mano una solución más simple.

Como los hacendados importantes llevaban las riendas del poder en el parlamento, urdieron una respuesta proteccionista llamada «Leyes de los Cereales». Aprobadas en 1815, estas leyes elevaron los precios del cereal al impedir la entrada en Gran Bretaña de grano extranjero más barato. Gracias a esto, el precio del pan se mantuvo alto durante treinta años.

Estos ejemplos británicos ilustran la tendencia general y muy lógica de que los grandes cambios suscitan grandes reacciones. En el continente estaban pasando cosas parecidas, pero con cierto retraso.

Rechazo fallido en el continente (1848)

En los años comprendidos entre la Revolución Francesa (1789) y el final de las Guerras Napoleónicas (1815), la Europa continental no fue un lugar propicio para los negocios, pues se hallaba en un estado de agitación casi permanente. Cuando llegó por fin la paz, las viejas monarquías fueron restauradas gracias a una serie de acuerdos conocidos como el «Congreso de Viena». Esto restableció la estabilidad, y la estabilidad dio frutos económicos: favoreció el avance de la automatización y la globalización. La estabilidad, la industrialización y el crecimiento fueron bien recibidos, aunque no lo suficiente. El Congreso de Viena y el desarrollo resultante no resolvieron las causas profundas del descontento. En concreto, la transformación económica creó entre los trabajadores una inseguridad económica generalizada. La autocracia provocaba asimismo disgusto entre los nobles, los comerciantes y los capitalistas.

En esta placa de Petri del descontento se introdujo el germen típico de las revueltas: la crisis alimentaria. A partir de 1845, hubo malas cosechas de patatas, lo que originó en Europa una hambruna generalizada. Cuando en 1846 las cosechas de trigo y centeno resultaron escasas, el problema se convirtió en crisis.

En 1848, tres días de tumultos en París desembocaron en el derrocamiento del rey Luis Felipe. En aquel entonces, igual que en la actualidad, los problemas subyacentes impulsores de la convulsión eran comunes en la mayoría de los países europeos, por lo que la hoguera francesa enseguida se convirtió en un incendio europeo.

A finales de 1848 se habían producido levantamientos en numerosos países. No obstante, por extraño que parezca, casi no cambió nada. Aunque debido a la dura represión en los disturbios murieron decenas de miles de personas, pocos gobiernos cayeron. Como dijo el historiador inglés Trevelyan, el año fue «la encrucijada en la que la historia moderna fue incapaz de tomar la dirección correcta».[10] O, para ser más precisos, la historia puso el intermitente, pero la sociedad europea tardó otro siglo en encontrar la salida apropiada.

Los verdaderos giros decisivos llegaron en las primeras décadas del siglo XX, pero a través de gobiernos, no de disturbios. Según Karl Polanyi, que acuñó el término «Gran Transformación», el fascismo y el comunismo fueron las reacciones violentas más revolucionarias contra la transformación. A estos habría que añadir la elección del presidente Franklin D. Roosevelt y su economía del New Deal (conocida a grandes rasgos en Europa como «economía social de mercado»).

Las grandes reacciones en contra: fascismo, comunismo y capitalismo del New Deal

En los albores del siglo XX, estaba claro para todos que la automatización y la globalización marcaban el camino del futuro, el camino hacia una mejora constante de la condición humana. Sin embargo, las convulsiones y los rechazos evidenciaron ciertos problemas.

Según numerosos pensadores, el capitalismo del *laissez faire* no era la forma de dirigir el progreso, de completar la Gran Transformación. Dejar las cruciales decisiones sociales y económicas en manos de los poseedores de capital y las iniciativas empresariales individuales –guiadas solo por las fuerzas del mercado– no era la mejor estrategia para aprovechar el prometedor potencial.

Los mercados laborales constituían la cuestión fundamental, pues las personas son lo que constituye la sociedad, y, desde una perspectiva económica, a las personas se las llama «fuerza laboral». El problema radica en tres cosas: los ingresos promedio no se alejaban mucho de los niveles de subsistencia, los ingresos de los trabajadores dependían exclusivamente de su salario, y la mano de obra se compraba y se vendía como si fuera una mercancía.

En estas condiciones, los medios de subsistencia se podían ganar o perder, todo dependía de los caprichos de las anónimas fuerzas del

---

[10] Citado en Carl Wittke, «The German Forty-Eighters in America: A Centennial Appraisal», *The American Historical Review* 53, n.º 4 (1948), 711-725.

mercado. Este tipo de fluctuaciones en la oferta y la demanda exponían permanentemente a grandes sectores de la población a una incertidumbre acaso fatal. De alguna manera, Catherine Spence murió debido a una quiebra financiera.[11] La inseguridad salarial desatada, la fragilidad económica y la pobreza no iban a persistir.

Un día de trabajo no es una mercancía semejante a un saco de trigo, y por una razón muy obvia. El trabajador puede recurrir a las urnas, y si esto no sirve, a las armas. El desafío de reparar el sistema provocó un considerable examen de conciencia intelectual, social y político.

La pregunta crucial era esta: ¿cómo se puede proteger al trabajador de la implacable fuerza de unos mercados sin control? La destrucción, la muerte y la zozobra económica que acompañaron a la Primera Guerra Mundial animaron los enfoques radicalmente nuevos. En la primera parte del siglo xx se probaron tres respuestas: el comunismo, el fascismo y el capitalismo del New Deal.

El Manifiesto Comunista fue publicado en 1848, por lo que formó parte de esa encrucijada histórica en la que no se tomó la dirección adecuada. Pero la historia sí tomó ese camino en 1917 en forma de Revolución Rusa. La solución comunista pasaba por eliminar el mercado por completo del sistema.

Las grandes decisiones de la sociedad no las iban a tomar una serie de individuos a partir de su interés personal y guiados por la mano invisible del mercado, sino que se tomarían pensando en el interés de la gente y estarían guiadas por la muy visible mano del Partido Comunista. Nada de mercado; un plan. Esto protegería a las personas contra los efectos perniciosos del progreso.

El grado de control económico que suponía esto requería a su vez un control político absoluto, por lo que el comunismo pronto se convirtió en una forma de dictadura. El fascismo, otra propuesta radical que apareció más o menos al mismo tiempo, también dio lugar a dictaduras.

---

[11] Según algunos, la inseguridad salarial desenfrenada, la fragilidad económica y la pobreza no parecían ser errores del sistema sino una característica del mismo, característica que los responsables políticos conocían bien. Según pensadores revolucionarios como Karl Marx, los generales económicos de la Revolución Industrial dependían del «ejército industrial de reserva» de trabajadores desempleados y vulnerables para que el motor de la creación de valor funcionara sin complicaciones.

El Manifiesto Fascista se publicó en 1919.[12] En aquella época, para muchos el fascismo era una manera sensata de suavizar los efectos más perniciosos del capitalismo del *laissez faire* al tiempo que se evitaban los cambios radicales del comunismo. De hecho, durante gran parte de los inicios del siglo xix, una justificación clave para apoyar el fascismo era que constituía la única alternativa real al comunismo.

El Manifiesto pedía derecho de voto para todos, incluidas las mujeres; representación proporcional en el parlamento; abolición del senado italiano, dominado por los ricos; implantación de la jornada laboral diaria de ocho horas para todos los trabajadores; y un impuesto progresivo sobre el capital.

Recordemos que el fascismo de la década de 1930 aún no estaba empañado por su actual asociación con los horrores del hitlerismo. Por ejemplo, en 1937, la Universidad de Lausana nombró doctor *honoris causa* al dictador fascista italiano Benito Mussolini.

En un sentido más general, la respuesta fascista al rechazo del capitalismo liberal fue la de seguir con el mercado por muchas razones pero eliminando la incertidumbre al basarse en la cooperación y no en la competencia. Los capitalistas, los trabajadores y el gobierno colaborarían por el bien de todos en lo que se conoció como «modelo corporativista». Nada de conflicto de clases; cooperación interclasista.

Benito Mussolini asumió el poder en 1922 y poco a poco socavó las instituciones democráticas hasta instaurar una dictadura. Pero en el ámbito económico, al principio los oprimidos lo consideraron un héroe.

Instituyó el gasto generalizado en bienestar social y puso en marcha numerosos programas de obras públicas. Se drenaron pantanos para ganar tierras de cultivo, se mejoraron las vías férreas para fomentar los negocios y se construyeron hospitales para atender a los enfermos. En sus inicios, el fascismo fue ampliamente admirado. Pareció incluso mejor después de que la Gran Depresión pusiera de rodillas a las economías europea y norteamericana. Hitler llegó más tarde, y su nacionalsocialismo dio lugar a algunos de los mayores horrores de la humanidad. Pero en sus comienzos, como el fascismo italiano, parecía una buena idea desde el punto de vista económico.

---

[12] En el original italiano era *Il manifesto dei fasci italiani di combattimento*.

La geografía y la política protegieron a los EE.UU. contra buena parte de la agitación resultante del descontento europeo a principios del siglo xx. Esto retrasó la reacción contraria, pero la Gran Depresión golpeó a Norteamérica con fuerza.

Marchas del hambre y la elección de FDR

El hambre –que muchos creían desterrada desde hacía décadas de las economías industrializadas avanzadas– volvió acompañando el desempleo masivo de la Gran Depresión. Pero la gente no iba a quedarse de brazos cruzados. Un ejemplo pequeño pero revelador lo tenemos en la Marcha del Hambre de la Ford, organizada por el Partido Comunista de los Estados Unidos.

El 7 de marzo de 1932, varios miles de personas se manifestaron desde Detroit, Michigan, hasta la mayor empresa de Ford Motor Company, en la cercana Dearborn. El objetivo era entregar una petición en la que se exigía la readmisión de los trabajadores despedidos y el derecho a crear un sindicato. Cuando los manifestantes llegaron a Dearborn, la policía intentó hacerlos retroceder a base de gases lacrimógenos y porrazos. Como esto no surtió efecto, disparó contra la multitud. Hubo cinco muertos.

Las exigencias de los trabajadores jamás llegaron a ser entregadas, pero el episodio asustó a la industria, que al final accedió a la sindicación. Mejor esto, pensó la patronal, que los resultados más extremos que estaban cobrando impulso en Europa. Se organizaron marchas similares en Gran Bretaña. En 1932, por ejemplo, tuvo lugar una Marcha Nacional contra el Hambre, organizada por el Partido Comunista Británico, cuya finalidad era llamar la atención sobre el problema entregando en el parlamento una solicitud que había sido firmada por un millón de personas.

Desfilaron cien mil manifestantes. Conforme al patrón imperante en el siglo xix, la marcha fue reprimida violentamente y la petición, confiscada, no llegó nunca al parlamento. En la década de 1930, hubo protestas a lo largo y ancho de las Islas Británicas, sobre todo en las zonas más afectadas por la crisis económica, como Manchester, Birmingham, Cardiff, Coventry, Nottingham o Belfast. En todas las economías industriales avanzadas hubo manifestaciones similares y huelgas generales. Se trataba de un giro decisivo en el que la historia acabó girando.

La Gran Depresión comenzó en 1929 con un colapso bursátil que determinadas decisiones políticas erróneas aún empeoraron más. Dejar que los bancos quebraran resultó fatal, pero la verdadera culpa estaba mucho más arriba. El presidente de entonces, Herbert Hoover, se ciñó a su creencia filosófica en el gobierno mínimo. Valiéndose de una lógica de asilo que habría hecho las delicias de Thomas Malthus, sostenía que si se ayudaba a los pobres, estos se volverían perezosos y dependientes. Cuando la recesión de 1929 se convirtió en la Gran Depresión, la reacción contraria fue inevitable.

En los Estados Unidos, esto adoptó la forma de victoria electoral aplastante de un nuevo tipo de político, uno que prometiera acabar con esa idea de la pobreza como fracaso moral y considerase que el gobierno tenía la obligación de atender a los necesitados y ser intervencionista. Franklin D. Roosevelt, conocido como FDR, venció en las elecciones de 1932 con una ventaja del 17 % en el voto popular. En el colegio electoral, obtuvo 472 votos de 531.

Toda reacción de rechazo termina de algún modo, por lo general tras cierta combinación de represión y reformas. La cuestión de si la represión y las reformas suponen una solución es algo que solo la historia podrá dilucidar. Por lo visto, tanto el comunismo como las políticas de FDR fueron soluciones duraderas para las deficiencias esenciales del capitalismo del siglo XIX.

Las reacciones violentas dan lugar a soluciones

Los cambios radicales de Roosevelt, conocidos como el New Deal, se apoyaban en «las tres erres»: «reparación» para los pobres y desempleados; «restablecimiento» de la actividad económica en los niveles previos a la crisis; y «reforma» de la economía para eliminar las causas del colapso y la desesperación social.

Entre las reformas clave se incluían leyes sindicales favorables a los trabajadores, más impuestos para los ricos y una regulación rigurosa de los bancos y las prácticas anticompetitivas. La vulnerabilidad económica de los trabajadores se redujo muchísimo, pues ahora las grandes empresas tenían que negociar con sindicatos fuertes. Los programas del New Deal también respaldaban directamente a grupos de desfavorecidos, que iban desde campesinos y parados hasta jóvenes y ancianos. Como los cambios llegaban tras unas elecciones democráticas, las soluciones radicales que arraigaban por entonces en Europa no consiguieron captar la atención de la clase trabajadora norteamericana.

Bajo el mandato de Roosevelt, el gasto público del gobierno de los Estados Unidos pasó de aproximadamente el 5 % del PIB hasta más o menos el 20 %, donde ha permanecido desde entonces. El gasto militar de la Segunda Guerra Mundial disminuyó una vez finalizada ésta y fue sustituido por el del New Deal, sobre todo en pensiones y asistencia sanitaria.

FDR fue presidente durante doce años críticos, desde 1933 hasta 1945. Sus sucesores cambiaron pocas cosas. Incluso republicanos como Eisenhower o Nixon aceptaron los fundamentos de FDR; por otro lado, en la década de 1960 el presidente Lyndon Johnson expandió el New Deal mediante su programa de la Gran Sociedad.

Los gobiernos de todos los países industriales occidentales pusieron en marcha programas económicos parecidos. El cambio clave fue un reajuste tectónico de responsabilidades. En todo el mundo, los gobiernos asumieron la responsabilidad de la justicia social y el sufrimiento de los más débiles. En lo sucesivo, se consideró que los mercados estarían al cargo de la eficiencia económica, y que los gobiernos se encargarían de la justicia social.

El fascismo fue derrotado por la fuerza de las armas en la década de 1940. El comunismo y el capitalismo del New Deal prosperaron, lo cual originó entre ellos una contienda que duró cincuenta años. Incluso después de que el comunismo ortodoxo estuviera ampliamente desprestigiado tras el desmoronamiento de la URSS, siguió progresando en una forma muy reformada. En la actualidad, una versión considerablemente modificada del comunismo, favorable al mercado, gobierna en China y algunos otros países, como Vietnam o Cuba. En esencia, el comunismo solo ha sobrevivido en la medida en que se ha vuelto algo capitalista, mientras el capitalismo ha sobrevivido tras volverse algo comunista.

Las diversas soluciones a las reacciones de rechazo en los años veinte y treinta dieron al mundo moderno un rumbo fijo durante décadas. Los frutos de la calma social, la innovación pujante y los avances de la globalización generaron lo que los franceses denominan *les trente glorieuses*.

Treinta años gloriosos

Tan pronto las reformas del New Deal de Roosevelt volvieron políticamente sostenible el conjunto del sistema socioeconómico, y reformas similares lograron el mismo resultado en otros países industriales, el crecimiento económico vivió un período de auge en Occidente (como se suele llamar al mundo capitalista, pese a incluir a Japón, Australia y Nueva Zelanda).

Durante décadas, la innovación, la automatización y la globalización de la posguerra originaron el crecimiento de las rentas más rápido que se había visto nunca –el doble que en la Gran Transición. En todo caso, las innovaciones hicieron mucho más que aumentar deprisa la riqueza. Las nuevas innovaciones produjeron una enorme reducción de la desigualdad salarial y generalizaron la prosperidad y la seguridad económica.

Estas innovaciones tenían que ver sobre todo con la fabricación de cosas, incluyendo muchas cosas nuevas. En resumen, las innovaciones eran un enorme factor de atracción hacia la industria. Desde la perspectiva de la estabilidad social, era mejor aún el hecho de que el creciente número de empleos bien pagados en la industria era para personas de cualificación media. Se trataba de ocupaciones que requerían ciertas destrezas mentales y de percepción –algo que no tenían las máquinas–, pero no una educación superior ni habilidades excepcionales.

El resultado fue la aparición de una inmensa clase media formada por personas que tenían casa, coche y buenos trabajos y constituían comunidades estables. La distribución de la renta estaba enormemente compactada, hasta el punto de que pocos tenían la sensación de que los ricos se hacían más ricos porque los pobres se volvieran más pobres. En 1963, el presidente Kennedy afirmó que «una marea alta levanta todos los barcos», y tenía razón. Los treinta años posteriores a la guerra fueron simplemente un milagro económico. En aquellos treinta gloriosos años, lo único que tenía uno que hacer era sacarse un título académico y estar dispuesto a trabajar, o al menos esto creían muchos.

La «zona cero» de esas innovaciones fue la industria. Los inventos del siglo especial favorecieron claramente más a las personas que trabajaban en las fábricas, aunque las innovaciones ayudaron también a los trabajadores del sector servicios. Las invenciones –al marcar el inicio de la era moderna– aumentaron la productividad y mejoraron el nivel de vida de casi todo el mundo.

A los trabajadores de los servicios públicos, el transporte, la limpieza o la venta al por mayor y al por menor les resultaba más fácil realizar su cometido con vehículos a motor y herramientas eléctricas. Gracias al progreso, profesionales como los abogados, los médicos, los arquitectos o los ingenieros eran más eficaces gracias a la iluminación eléctrica, el aire acondicionado, las máquinas de rayos X, los electrodomésticos, los bolígrafos, las máquinas de escribir o el papel carbón.

La creación y la captura de valor todavía estaban en manos de los propietarios de las empresas –o sea, los capitalistas–, pero las reformas del New Deal mejoraron el resultado social. Una fuerza laboral bien organizada lograba que la industria compartiera con los trabajadores los frutos del aumento de la productividad. Los monopolios estaban sometidos a un escrutinio minucioso, y las empresas debían cumplir las normas relativas a la salud, la seguridad y el medio ambiente. El estado subvencionaba la educación y creó excelentes universidades públicas donde la gente podía sacarse títulos superiores a unos precios asequibles.

Lecciones, mecanismos y la próxima transformación

La Gran Transformación empezó con un potente impulso tecnológico que dio inicio a un proceso de cuatro pasos: transformación, convulsión, reacción contraria y resolución. El impulso tecnológico desencadenó la transformación económica al dar rienda suelta al dúo disruptivo de la automatización y la globalización, pero no a ambas a la vez. Primero provocó la mecanización, o lo que actualmente conocemos como «automatización». El resultado fue un impecable ciclo autoalimentado de innovación, industrialización e ingresos crecientes.

Un siglo después, el impulso tecnológico desencadenó la globalización. En cuanto el equipo comercio-tecnología se incorporó al proceso, la vorágine feliz impulsora de la transformación económica se vio acelerada por el crecimiento dirigido por la innovación.

Aunque en general era algo bueno, el dúo dinámico de la automatización y la globalización transformó la economía de tal modo que tuvimos maravillas pero también calamidades. La transformación trastornó la vida de la gente y la arquitectura económica tradicional de la creación y captura de valor. Los cambios trastocaron comunidades, alteraron la vida de muchos, dieron pie a triunfos y tragedias. En resumidas cuentas, el paquete de beneficios y perjuicios generó convulsión económica, social y política. La convulsión añadió una tensión tremenda a la estructura política y económica de la época. Los cambios llegaron antes de que las sociedades pudieran adaptarse a los mismos. Como dice el viejo refrán, si las cosas no pueden salir bien, no salen bien; y eso es lo que pasó. El último de los cuatro pasos era la resolución. Dos de las tres soluciones –comunismo y capitalismo del New Deal– todavía están entre nosotros. Con la tercera, el fascismo, acabaron los principales partidarios de las otras dos.

Otra lección de la Gran Transformación concierne al desplazamiento de los empleos y su sustitución, temas que están en el centro de las discusiones actuales sobre «el futuro del trabajo».

La automatización y la globalización impulsaron una reorientación sensacional de la economía. Según uno de los grandes expertos de la historia económica, Nicholas Crafts,[13] si tomamos Gran Bretaña como ejemplo, la cuota de trabajadores en la industria aumentó gradualmente desde el 19 % en 1700 hasta el 49 % en 1870. Durante este período, el país también dejó de ser sobre todo rural y pasó a ser una sociedad en la que casi dos terceras partes de las personas vivían en áreas urbanas. Si hacemos un análisis más detenido del cambio en los empleos, podemos adquirir una mejor perspectiva.

---

[13] Nicholas Crafts, «British Industrialization in an International Context», *Journal of Interdisciplinary History* 19 (1989), 415-428.

Sectores abiertos frente a sectores protegidos

Durante la Gran Transformación, igual que hoy en día, el dúo disruptivo –automatización y globalización– no afectó por igual a todos los sectores de la economía. Unos estaban abiertos a la influencia del dúo disruptivo, mientras otros se hallaban a salvo de la misma. Este impacto desigual de la automatización y la globalización en un sector u otro va muy bien para explicar los cambios históricos en los empleos al producirse el paso de la granja a la fábrica. Y nos ayuda a entender el efecto de la automatización y la globalización pasadas, presentes y futuras. La idea básica es muy simple.

Los sectores protegidos tendían a aumentar el número de empleos, pues a algún sitio debían ir los trabajadores desplazados, de los que había muchos. Para ser más exactos, a medio plazo los salarios se ajustaron hasta el punto de que acabó mereciendo la pena crear puestos de trabajo para la mayoría de la gente. En la Gran Transformación, los servicios estaban protegidos de la globalización porque casi todos requieren interacción personal. Es muy sencillo: no podemos cargar los servicios en el mismo buque de vapor donde cargamos los cereales y los productos textiles. En su mayor parte, los empleos de los servicios también estaban protegidos contra la automatización, pues el impulso tecnológico se centraba en ayudar a la gente a hacer cosas, no a pensar en cosas.

Los nuevos empleos del sector servicios eran muy diversos y solían estar asociados a salarios superiores. El ascenso de la clase media significaba que había muchas personas a quienes les sobraba dinero después de haber pagado la comida, la vivienda y la ropa, y que gastaban parte del mismo en servicios que volvían su vida mejor y más fácil. Para los sectores abiertos, las cosas eran más sutiles.

En los sectores más directamente abiertos a la automatización, el empleo aumentaba o disminuía en función de determinadas magnitudes –por ejemplo, de qué equipo ganaba la carrera productividad-producción.

Transformación estructural

Tomando Gran Bretaña como ejemplo, el gráfico izquierdo de la figura 2.3 muestra el número de empleos en las tres áreas principales:

servicios, industria y agricultura. En el derecho aparecen los porcentajes correspondientes a cada ámbito.[14]

Figura 2.3. Transformación estructural: patrón de empleo
en el Reino Unido, 1880-2008.
FUENTE: Elaboración del autor a partir de datos publicados en Berthold Herrendorf, Richard Rogerson y Ákos Valentinyi, *Handbook of Economic Growth*, vol. 2B, cap. 6, «Growth and Structural Transformation», http://dx.doi.org/10.106/B978-0-444-53540-53540-5.00006-9.

Si comparamos los dos paneles, llama la atención el hecho de que el número absoluto de empleos aumentó en todos los sectores hasta mediados del siglo XIX, si bien en la industria crecieron más deprisa. La explicación está en el floreciente crecimiento demográfico y en que a la larga los mercados y la iniciativa empresarial encontraron para todo el mundo algo que hacer. El declive absoluto en el empleo agrícola llegó más adelante.

Una segunda característica a señalar es que, hasta la década de 1970, el protegido sector servicios está en consonancia con el abierto sector industrial. El protegido sector servicios absorbía de forma natural a muchos de los trabajadores que se incorporaban a la población activa en rápido crecimiento.

En los EE.UU. el patrón de la Gran Transformación es similar, si bien comienza con un porcentaje muy superior de trabajadores agrícolas y otro muy inferior en la industria −debido al menos en par-

---

[14] Para datos y detalles, véase Berthold Herrendorf, Richard Rogerson y Ákos Valentinyi, «Growth and Structural Transformation», capítulo 6, en Philippe Aghion y Steven Durlauf (eds.), *Handbook of Economic Growth*, vol. 2B (Ámsterdam y Nueva York, North Holland, 2014).

te a que el Imperio británico suprimió la industria en sus colonias. Aunque en las dos Grandes Transformaciones se aprecian diferencias sustanciales, estas se deben en gran medida a circunstancias iniciales y al carácter ciertamente especial de los EE.UU., ante todo su masa continental en expansión.

En Norteamérica, el empleo en los tres sectores aumentó con rapidez hasta principios del siglo XX. Como en Inglaterra, el dúo dinámico del comercio y la mecanización estaba creando millones de empleos nuevos en la industria, y los crecientes ingresos estaban creando millones de empleos en el sector servicios. La introducción del ferrocarril, la adquisición de nuevas tierras y la construcción de vías fluviales interiores tuvieron el efecto de ampliar muchísimo la tierra cultivable. Esto, sumado a la masiva migración desde Europa, se tradujo en un gran incremento del empleo en el sector agrícola.

Los porcentajes del panel derecho de la figura 2.4 muestran la clásica transformación estructural de una economía agraria/rural en otra de carácter industrial/urbana. La cuota de la agricultura cayó en picado, mientras que las de los servicios y la industria se dispararon. En los EE.UU., el número de empleos industriales creció durante mucho más tiempo que en el Reino Unido, aunque desde aproximadamente 1965 los porcentajes de ambos países bajaron. Las fuerzas motrices subyacentes a las diferencias eran sobre todo el crecimiento demográfico y el hecho de que casi todo lo fabricado se

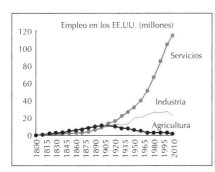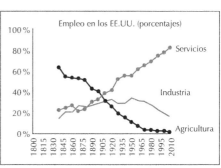

Figura 2.4. Transformación estructural: patrón de empleo en los EE.UU., 1880-2008.
Fuente: Elaboración del autor a partir de datos publicados en Berthold Herrendorf, Richard Rogerson y Ákos Valentinyi, *Handbook of Economic Growth*, vol. 2B, Cap. 6, «Growth and Structural Transformation», http://dx.doi.org/10.1016/B978-0-444-53540-5.00006-9.

vendía en el mercado interior, por lo que una población numerosa significaba una clientela numerosa. La población estadounidense aumentó en unos ciento veinticinco millones entre 1850 y 1950 por solo veintisiete millones la británica. Además, la rápida expansión de los EE.UU. continuó. En las dos décadas posteriores a 1950, el número de norteamericanos se incrementó en 20 millones, mientras que los británicos solo fueron 5 millones más.

Como ilustran ambas parejas de gráficos, algo histórico cambió al final de *les trente glorieuses*. El cambio continuo en el porcentaje de trabajadores en la industria se invirtió.

La transformación de los servicios

Nuestra descripción de la Gran Transformación comenzó con la muerte de Catherine Spence en los Docklands de Londres. La muerte de los propios Docklands pone el punto final. Durante siglos, los Docklands pasaron por períodos de auge, de crisis y de bombardeos –en el proceso llegaron a ser los Royal Docks. El golpe de gracia se produjo cuando la tecnología del transporte marítimo volvió los muelles poco competitivos con los puertos de aguas profundas más abajo del Támesis. A finales de la década de 1970, los muelles se cerraron y la zona quedó a merced de hierbajos, animales y borrachos.

La transformación de los Docklands es un símbolo adecuado de la Segunda Gran Transformación económica que se inició en la década de 1970. Debido a esta gran transformación, las economías industriales avanzadas pasaron a ser postindustriales, en las que la mayoría de la gente trabajaba en oficinas, no en granjas ni fábricas.
Pero, ¿por qué se produjo el cambio?

3
La segunda gran transformación: de las cosas a las ideas

«La actual administración [...] se ha olvidado o no quiere acordarse de la infantería de nuestro ejército económico [...] hombre olvidado en la base de la pirámide económica.» Franklin D. Roosevelt pronunció estas palabras en lo más profundo de la Gran Depresión.

En 2017, un político populista dijo: «Las mujeres y los hombres olvidados de nuestro país ya no serán olvidados nunca más». Se trataba del presidente Trump, elegido en una reacción contra una economía que, durante décadas, había proporcionado más riqueza a los ricos pero más angustia a la gente corriente. Desde la década de 1970, la clase trabajadora norteamericana ha sufrido congelaciones salariales, aumento de la inseguridad económica y agravamiento de la desesperación. En Europa y Japón, la situación no es tan grave, pero las tendencias son las mismas.

Las reformas de FDR repararon el capitalismo norteamericano y sentaron las bases de los treinta gloriosos años de prosperidad económica. Entonces, ¿cómo es que volvemos a estar aquí? ¿Cómo es que el dúo disruptivo de la automatización y la globalización no está levantando todos los barcos? ¿Cómo es que el equipo comercio-tecnología pasó de ser una fuerza creadora de empleos en las fábricas tras la Segunda Guerra Mundial a ser la fuerza destructora de empleos que es en la actualidad?

La respuesta es tan simple como extraña.

Un impulso tecnológico muy diferente. Ayudar al cerebro, sustituir el músculo

Empezó a surtir efecto un impulso tecnológico nuevo cuando los ordenadores y la tecnología de la información (TI) fueron viables. A principios de la década de 1970, la nueva tecnología generó un nuevo tipo de automatización y –veinte años después– un nuevo tipo de globalización. Este nuevo «equipo comercio-tecnología» sigue unas reglas muy distintas de las anteriores.

La nueva tecnología procura mejores herramientas a quienes trabajan con la cabeza, pero mejores sustitutos a quienes trabajan con las manos. La nueva tecnología –Tecnologías de la Información y la Comunicación (TIC)– se centra en elementos intangibles, elementos que no son tangibles. Tiene que ver con procesamiento, transmisión y almacenamiento de información. Esta diferencia es importante.

La prosperidad posterior a la Segunda Guerra Mundial se vio estimulada por una tecnología que favorecía la fabricación de cosas. El resultante dúo automatización-globalización incrementó directamente la productividad de la gente que trabajaba con las manos. También ayudó a las personas que trabajaban con la cabeza pero solo indirectamente, pues era una tecnología de cosas, no de ideas. Creó las masas de los nuevos empleos industriales. Mejor aún: como en aquel entonces la mayoría de los individuos trabajaban con las manos, el aspecto más manual que mental del equipo comercio-tecnología obró milagros en la cohesión social.

El impulso tecnológico de la década de 1970 hizo justo lo contrario.

La creación de mejores sustitutos para los obreros fabriles –robots y cosas así– fue un tremendo factor de rechazo que vació las fábricas con una rapidez mayor que la de la Gran Transformación con las granjas. En cambio, la aparición de mejores herramientas para los trabajadores mentales constituyó un tremendo factor de atracción para los profesionales y empleados de oficina. Creó millones de nuevos empleos profesionales y en el sector servicios, muchos de ellos en actividades antes inimaginables.

Desde el punto de vista de la cohesión social, la nueva tecnología causaba división. Como los «trabajadores intelectuales» ya eran más prósperos que los «trabajadores manuales», la tecnología que favorecía al cerebro más que al músculo ayudó también más a los pocos que ya estaban en buenas condiciones mientras perjudicaba a los otros.

Los Docklands de Londres vuelven a brindarnos una ilustración perfecta.

Canary en los Docklands

Desde el año en que Catherine Spence murió de hambre hasta la década de 1970, los Docklands de Londres fueron la puerta por la que entraban y salían mercancías de Gran Bretaña. Los muelles tenían que ver con cosas, no con ideas. Por otro lado, ofrecían a la clase trabajadora miles de empleos directos y decenas de miles de indirectos.

Esto terminó cuando, el 7 de diciembre de 1981, fue descargado el último barco comercial. El cierre de los Docklands provocó diversos problemas económicos y sociales. Aunque no murió nadie de inanición como en 1869, se disparó el desempleo, aumentaron los índices de criminalidad y se multiplicaron los problemas sociales. En la actualidad, no obstante, la zona está en auge, sobre todo gracias a la creación del Canary Wharf.

La economía basada en las mercancías ha sido totalmente sustituida por una economía basada en la información. Canary Wharf es hoy uno de los distritos financieros más importantes del mundo. En los años de bonanza previos al crac económico, un solo edificio se vendió por mil millones de dólares. No está mal para una zona que unas décadas atrás estaba llena de hierbajos, animales y borrachos. En todo caso, aunque los Docklands son actualmente un barrio elegante que bulle de actividad, desde luego no está levantando todos los barcos.

El lugar está dominado por trabajadores con una excelente formación que perciben sueldos astronómicos. En la zona hay un gran número de asalariados que sirven cafés con leche, manejan escobas o abrillantan zapatos, pero hay pocos empleos valiosos para mantener a una clase media próspera. Ahora los Docklands son una industria de pensamientos, no de cosas.

Esta nueva fase de transformación estructural se denomina «transformación postindustrial», aunque en realidad es una Segunda Gran Transformación, que podemos llamar Transformación de los Servicios.[1]

Nuevo impulso tecnológico. Nuevo proceso de cuatro fases

El nuevo impulso de las TIC originó una nueva gran transformación y un segundo proceso de cuatro pasos (transformación económica, convulsión, reacción contraria y resolución). Este nuevo cambio no fue tan grande como la Gran Transformación, aunque alteró la vida de millones de personas y reestructuró las realidades sociales y económicas y las convirtió en lo que el sociólogo Alain Touraine denominó «sociedad postindustrial».[2] Los empleos se desplazaron desde las fábricas a las oficinas, prosiguió la urbanización, muchas comunidades rurales decayeron o desaparecieron, y el eje de la creación de valor pasó del capital al conocimiento. La naturaleza de la globalización cambió, y el incuestionable dominio económico de Occidente dejó de serlo.

La transformación económica provocó convulsión, igual que en el siglo XIX. Pero la convulsión del siglo XXI no fue ni mucho menos tan importante como las de los siglos XIX y XX; en todo caso, sí fue traumática –sobre todo en los EE.UU., donde las redes de la seguridad social habían sido eliminadas o ni siquiera habían sido creadas, a diferencia de Europa y Japón.

La convulsión social y económica originó una reacción de rechazo en 2016 a través del referéndum del Brexit y las elecciones ganadas por Trump. Esto fue muchísimo más moderado que lo ocurrido a principios del siglo XX, pero cuando pasó, hizo añicos muchas realidades. Y sigue zarandeando el orden global, y su resolución aún está por llegar.

---

[1] Algunos la conocen como «la tercera revolución industrial», aunque tiene que ver sobre todo con la desindustrialización y el aumento de los servicios. Véase Jeremy Rifkin, *Third Industrial Revolution: How Lateral Power Is transforming Energy, the Economy, and the World* (Nueva York, St. Martin's Griffin, 2011) (hay trad. cast., *La tercera revolución industrial: cómo el poder lateral está transformando la energía, la economía y el mundo*, Barcelona, Ed. Paidós, 2011).

[2] Alain Touraine, *The Post-Industrial Society, Tomorrow's Social History; Classes, Conflicts and Culture in the Programmed Society* (Nueva York, Random House, 1971) (hay trad. cast, *La sociedad post-industrial*, Barcelona, Ed. Ariel, 1971).

¿Fue 2016, como 1848, el momento de un giro decisivo en el que la historia no giró? ¿Fue 2016 solo una pequeña reacción contraria, como la de los luditas, que acabará dando lugar a una reacción importante similar al fascismo, al comunismo o al capitalismo del New Deal?

Estas preguntas críticas no tienen respuestas claras, toda vez que el futuro es incognoscible. No obstante, como el futuro también es inevitable, es mejor empezar por el principio e identificar las tendencias que puedan protegernos de los avances futuros.

Comencemos con la tecnología. Como pasó con el vapor, tardó un tiempo en resolver todos sus defectos.

Nuevo impulso tecnológico

Según Roger Smith, director de General Motors (GM), la fábrica de coches Hamtramck de Detroit, Michigan, era supuestamente «la planta de fabricación de automóviles más moderna del mundo». Sin embargo, no fue eso lo que dijo cuando en 1985 se dispuso a aumentar la producción.

Lo que en principio iba a ser un escaparate de las ventajas de los robots industriales debido a la reducción de gastos y al aumento de calidad, acabó siendo un caos tremendo. Los robots pintores fundían las luces traseras de plástico y alguna que otra vez se volvían locos y se pintaban unos a otros, o pintaban las paredes además de los vehículos. Los robots que instalaban los parabrisas solían confundirse y estrellaban el cristal contra el coche en vez de colocarlo con cuidado. A veces la imprecisión los llevaba a encajar guardabarros de Buick en Cadillacs. De vez en cuando, los vehículos controlados por ordenador que suministraban componentes a la cadena de montaje se paraban en seco.

Como dice Thomas Bonsall en su libro *The Cadillac Story: The Postwar Years*, «muchos de los carísimos artilugios no funcionaban en absoluto [...] lo cual acaso fuera una suerte teniendo en cuenta el desbarajuste causado por los que sí funcionaban». Quizá fuera sabotaje, o solo un ejemplo del viejo dicho: «Errar es humano; para meter la pata de veras hace falta un ordenador». Hicieron falta años para resolver las meteduras de pata, pero al final se consiguió.

Hamtramck fue un simple bache en el camino de la sustitución de trabajadores por autómatas. Desde entonces, la automatización ha estado reemplazando a trabajadores de fábricas norteamericanas y europeas. Resulta que los ordenadores estaban impulsando una clase de automatización muy diferente de la llevada a cabo por las tecnologías del siglo especial durante los treinta años gloriosos.

Una «divisoria continental» tecnológica

Cuando en la década de 1970 los ordenadores y los circuitos integrados empezaron a ser útiles, la automatización cruzó, como ya se ha mencionado, una «divisoria continental». Antes, la mayoría de las máquinas o bien estaban estrictamente dedicadas a una sola tarea, o bien necesitaban a un ser humano que las dirigiera. La famosa sembradora de Jethro Tull (el inventor del siglo XVIII, no la banda de rock del siglo XX), por ejemplo, era un aparato complicado que solo hacía una cosa: abría tres hileras en el campo, echaba en ellas semillas a intervalos exactos y las cubría con la cantidad adecuada de tierra. Otras máquinas –pongamos, un taladro– hacían montones de cosas distintas, pero para ser útiles requerían un cerebro humano. Las TIC desbarataron este patrón al construir maquinaria más flexible que no precisaba cerebros.

Una primera versión fueron las «máquinas de control numérico». Se trataba de máquinas genéricas –tornos, taladros y cosas así– controladas por un programa que se podía cambiar en función de la tarea que se quisiera realizar. Al principio, las instrucciones de control eran introducidas mediante una cinta perforada de unos dos centímetros de ancho. Una «unidad controladora» –una especie de ordenador– leía e interpretaba las instrucciones y las convertía en movimientos mecánicos de la máquina herramienta.

La recién descubierta flexibilidad de las máquinas herramienta acabó con una parte de la ventaja comparativa de los seres humanos en las fábricas, a saber, su capacidad para aprender tareas nuevas, adaptarse a situaciones cambiantes y reaccionar con flexibilidad.

El hito de 1973

Es difícil fechar con exactitud el momento en que se cruzó la divisoria continental, pues el progreso es un proceso, no un episodio puntual. No obstante, 1973 es una fecha de inicio oportuna, pues es el año en que Gary Boone y Michael Cochran, empleados de Texas Instruments, patentaron el primer «ordenador en un chip», o microprocesador. Fue algo revolucionario.

La colocación de un ordenador en un chip volvió obsoletas las primeras estrategias en la fabricación de ordenadores; antes de 1973, los ordenadores se construían a partir de hileras de circuitos impresos. Al combinar en un dispositivo del tamaño de una uña el «cerebro» (unidad central de procesamiento, o CPU), la memoria digital y los circuitos para manejar *inputs* y *outputs*, el ordenador en un chip reducía el coste y aumentaba la fiabilidad –a la vez que reducía el consumo de potencia y, por tanto, resolvía problemas de sobrecalentamiento. La industria enseguida puso chips en todo.

Al incorporar un microprocesador a un brazo robótico, se podían automatizar muchas tareas mecánicas repetitivas, y el mismo robot era capaz de reprogramarse con rapidez para llevar a cabo otros cometidos cuando llegara el momento.

En términos de globalización, el desplome de los costes de comunicación tuvo en la economía mundial un efecto semejante al de la energía de vapor. En concreto, el ahorro de costes revolucionó la producción industrial. Antes de las TIC, casi todas las fases de producción debían situarse a corta distancia para coordinar mejor los complejos procesos. Igual que la energía de vapor volvió económico separar por largas distancias la producción y el consumo, el elemento «comunicación» de las TIC permitió a las empresas ubicar en el extranjero determinadas fases de la producción.

El nuevo impulso de las TIC originó una nueva transformación económica, como señalo con detalle en mi libro de 2016 *La gran convergencia: migración, tecnología y la nueva globalización*.[3] Los cambios sociales no fueron ni mucho menos tan épicos como los de la Gran

---

[3] Richard Baldwin, *The Great Convergence: Information Technology and the New Globalization* (Cambridge, MA, Harvard University Press, 2016) (hay trad. cast., *La gran convergencia: migración, tecnología y la nueva globalización*, Barcelona, Antoni Bosch Editor, 2017).

Transformación, pero aun así supusieron una buena sacudida. La industrialización –que llevaba un par de siglos siendo la contraseña del progreso– se convirtió en desindustrialización. Los resultados fueron dramáticos.

La nueva tecnología provoca una nueva transformación económica

El impacto del impulso de las TIC se hizo notar de entrada mediante la automatización de los empleos industriales. Las máquinas controladas por ordenador desplazaron enseguida a muchos trabajadores, sobre todo en la industria automovilística, y en especial a los que soldaban, pintaban o realizaban tareas específicas de «coger y colocar». A medida que las TIC fueron avanzando, aumentaron las tareas manuales y repetitivas que los robots industriales podían asumir, eliminando puestos de trabajo en el proceso.

A partir de la década de 1990, muchas fábricas de economías avanzadas se transformaron en sistemas informatizados donde los periféricos eran robots industriales, máquinas herramienta computarizadas, vehículos autónomos, etcétera. El sueño de Roger Smith de sustituir a los trabajadores de empresas como Hamtramck se hacía realidad, o al menos en buena medida. Las fábricas acabaron siendo lugares donde los trabajadores ayudaban a las máquinas a hacer cosas, no al revés.

El impacto en el empleo fue tremendo.

El nuevo impulso tecnológico ha sido un importantísimo y sostenido factor de rechazo: en las economías avanzadas, ha expulsado a trabajadores de la industria. En todas estas economías, el porcentaje de empleos en las fábricas ha estado en una «estrategia misión cero» desde la década de 1970, tal como se aprecia en la figura 3.1. En los Estados Unidos, los porcentajes de empleos en la industria disminuyeron desde el 30 % en los setenta hasta aproximadamente el 10 % en la década de 2010. El sector industrial del Reino Unido, que había llegado a absorber a la tercera parte del conjunto de los trabajadores, en la actualidad solo da cuenta de un empleo de cada diez. En Alemania, la cuota se redujo a la mitad –pasó del 40 al 20 %–, y en Japón descendió desde el 27 al 17 %.

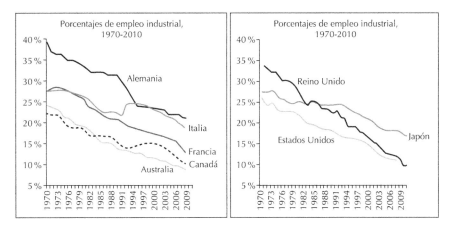

Figura 3.1. Porcentajes de empleos industriales de economías avanzadas,
1970-2010.
FUENTE: Elaboración del autor a partir de datos *online* de UNSTAT
(División de Estadística de las Naciones Unidas).

En cambio, la nueva tecnología era un factor de atracción para profesionales y trabajadores de oficina. En las ocupaciones en las que se trabajaba más con la cabeza que con las manos, las TIC hacían que la gente fuera más productiva. Esto creó procesos radicalmente más eficientes para llevar a cabo toda clase de tareas en el sector de los servicios. Cuando en el verano de 1979 yo era becario del Comité Económico Mixto del Senado en Washington, escribí a mano (quien no lo haya hecho, que lo haga un día y verá lo largo que se hace) un informe de investigación. Una mecanógrafa lo pasó a máquina. En 1991, mientras trabajaba como economista en el Consejo de Asesores Económicos de Bush (padre), en la Casa Blanca, lo escribí todo en un PC y lo imprimí. Todo fue mucho más rápido pese a que a la gente se le tuvo que enviar el informe por correo o entregárselo en mano (en aquel entonces la administración de Estados Unidos no tenía correo electrónico).

La facilidad para recoger y manejar datos bajó el precio de muchos servicios, como el diseño o la edición, lo que aumentó considerablemente su consumo. También dio origen a muchos productos inéditos en el sector terciario. El *software* pasó a constituir un sector económico. Las telecomunicaciones introdujeron toda clase de servicios nuevos, y surgió el comercio electrónico. Se crearon millones de empleos en el sector servicios a medida que la expansión de dicho sector reflejaba el continuado descenso de los empleos en el campo y las fábricas.

Mientras las dos primeras décadas de las TIC tuvieron un impacto tremendo en la automatización, desde más o menos 1990 también influyeron muchísimo en la globalización. Sin embargo, esta globalización no era como la que comenzara en el siglo XIX y dominara durante los treinta años gloriosos. Un nuevo tipo de impulso tecnológico se tradujo en un nuevo tipo de globalización.

¿Qué significa «nueva» en nueva globalización?

Desde los albores de la civilización, el elevado coste del traslado de mercancías, ideas y personas constituyó un «pegamento» que vinculaba la producción al consumo desde el punto de vista geográfico. Las personas estaban ligadas a la tierra en la que cultivaban sus alimentos, y la producción estaba ligada a las personas. Cada pueblo era en gran parte autosuficiente en todo, desde la comida hasta el calzado pasando por las herramientas o los tejidos. Esto fue antes de la Gran Transformación.

A medida que avanzaba la tecnología, todos los costes fueron bajando, aunque no a la vez. El primer impulso tecnológico –energía de vapor– redujo drásticamente los costes de transporte. Esto terminó con la necesidad de fabricar mercancías cerca de donde se iban a consumir. Tan pronto este cambio hizo factible el comercio a larga distancia, las grandes diferencias de precios en todo el mundo hicieron que este comercio fuera rentable. El comercio de mercancías aumentó mucho a principios del siglo XIX, cuando el vapor cobró impulso gracias nuevos avances como los cascos de acero de los barcos, los motores diésel, los cargueros contenedorizados, las aerolíneas de carga o la liberalización del comercio a escala mundial. Estos adelantos también redujeron el coste del traslado tanto de ideas como de personas, si bien no de una forma revolucionaria.

Por extraño que parezca, a medida que en esta primera fase de la globalización la producción se dispersaba por los países, se agrupaba dentro de cada uno en distritos industriales y fabriles. Estas microagrupaciones se hacían para ahorrar no en costes comerciales sino en costes de comunicación, esto es, en el transporte de ideas. La cuestión es que ser capaz de vender en todo el mundo favorecía los procesos de producción muy complejos, a gran escala. Para gestionar la complejidad, las empresas trasladaban toda la producción a un sitio. En otras palabras, todas las fases de producción se agrupaban en una fábrica.

Las TIC redujeron el coste del traslado de ideas con una rapidez incluso superior a la del vapor a la hora de abaratar el transporte de mercancías. A su vez, esto puso punto final a la necesidad de llevar a cabo la mayoría de las fases de la producción dentro de la misma fábrica o del mismo barrio industrial. La mejora de las comunicaciones que acompañó a la revolución de las TIC tuvo repercusiones descomunales en la organización espacial de la fabricación –lo que ha venido a llamarse «deslocalización». Las microagrupaciones –fábricas y distritos industriales–, tan importantes hasta la década de 1980, se habían mantenido en estos reducidos entornos debido al elevado coste de las comunicaciones a larga distancia, no al del transporte.

Las empresas norteamericanas ya habían entendido hacía tiempo que podían llevar a cabo ciertas partes del proceso de fabricación a un precio inferior en el extranjero. Por ejemplo, el carácter sumamente modular del proceso de producción de los semiconductores permitió a los fabricantes norteamericanos, ya a principios de la década de 1970, desplazar algunas fases a Asia.[4] El obstáculo para hacerlo en la mayoría de los sectores industriales era lo mucho que costaba coordinar la producción. Es por eso por lo que la deslocalización solo comenzó de veras después de que, gracias a las TIC, la coordinación internacional fuera barata y fiable. Solo entonces pudieron las empresas de los Estados Unidos, Alemania y Japón separar geográficamente los complejos procesos de producción sin que ello afectara demasiado a la calidad, la puntualidad o la fiabilidad.

Esta nueva posibilidad creó la nueva globalización. Permitió a las empresas industriales de las economías avanzadas sacar provecho de las inmensas diferencias salariales a escala internacional entre, por ejemplo, los Estados Unidos, Alemania y Japón, por un lado, y países cercanos en vías de desarrollo, como México, Polonia o China, por el otro. El resultado fue una tremenda y repentina desindustrialización de las economías modernas.

---

[4] Jeffrey W. Henderson, *The Globalization of High Technology Production* (Nueva York, Routledge, 1989).

En 1970, las economías industriales avanzadas conocidas como G7 (Estados Unidos, Japón, Alemania, Gran Bretaña, Francia, Italia y Canadá) producían más del 70 % de los bienes manufacturados de todo el mundo. Esto disminuyó algo durante las décadas de 1970 y 1980, y a partir de 1990 bajó en picado. Como se aprecia en la figura 3.2, el porcentaje del G7 descendió de dos tercios a menos de la mitad en solo veinte años.

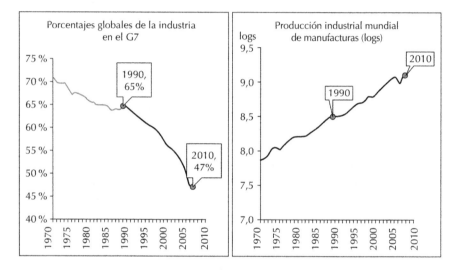

Figura 3.2. Porcentajes globales de la industria en el G7 y crecimiento global de la industria, 1970-2010.
FUENTE: Elaboración del autor a partir de datos *online* de BLS (Bureau of Labor Statistics, Oficina de Estadísticas Laborales).

El gráfico también revela que al crecimiento global de la producción industrial mundial no le ha pasado nada radical. Si juntamos estas dos piezas del puzle, observamos que las fábricas del G7 se fueron a algún otro sitio. Este «algún otro sitio» fueron las economías emergentes, en especial China.

Este fue uno de los aspectos más espectaculares de la Transformación de los Servicios: la desindustrialización históricamente rápida de los antiguos gigantes industriales, y la industrialización históricamente rápida de un puñado de economías antes no industrializadas –las denominamos «los seis en vías de industrialización» (China, India, Indonesia, Corea, Polonia, Tailandia y Turquía). La mayoría de los economistas interpretan mal este enorme cambio en el mundo de la manufactura al centrarse en el tema de la deslocalización de la fabricación. En realidad, tenía que ver con ideas, no cosas.

Como explico con detalle en mi libro de 2016 *La gran convergencia: migración, tecnología y la nueva globalización*, el conocimiento es la clave para comprender esta desindustrialización rápida. La cuestión es que las empresas norteamericanas, alemanas y japonesas que se deslocalizan envían también, junto a las fases de la producción y los empleos desplazados, su *know-how*, es decir, transfieren su tecnología. Algo inevitable, por otra parte.

Cuando Toyota fabrica en China componentes para los coches que se montan en Japón, la empresa no puede basarse en la tecnología china. Así pues, Toyota envía su *know-how* a China para asegurarse de que los trabajadores chinos vayan a hacer lo correcto y de la forma correcta. Como consecuencia de ello, los flujos de conocimiento que solían ocurrir solo dentro de las fábricas chinas acabaron formando parte del comercio internacional.

Fueron precisamente estos flujos de tecnología los que desencadenaron la rápida industrialización de China y algunos países en vías de desarrollo. Todo comenzó con la producción dirigida por multinacionales, pero la producción interna aumentó muchísimo al tiempo que la tecnología transferida se propagaba de manera más generalizada.

En la nueva globalización, «nueva» se refiere a la tecnología que empezó a cruzar fronteras a partir de 1990 o así. La deslocalización originó efectivamente más comercio de recambios y componentes, pero esa no fue la parte revolucionaria. Lo que cambió el mundo fue el flujo colosal, unidireccional, de tecnología desde las economías maduras a las emergentes. Como se trata realmente de un aspecto clave, conviene ampliarlo un poco.

Una analogía futbolística ayudará a aclarar las cosas. «Imagina dos equipos de fútbol que negocian sobre un intercambio de jugadores. Si llegan a un acuerdo, ambos salen ganando. Cada equipo se desprende de un tipo de jugadores de los que tiene demasiados a cambio de otro tipo de los que anda escaso. Ahora pensemos en una clase de intercambio algo diferente. Supongamos que en los fines de semana el entrenador del mejor equipo va al campo del peor y se pone a entrenar a sus jugadores.»[5] El intercambio de jugadores es como la vieja globalización: las mercancías que cruzan fronteras. Los entrenadores equivalen a la nueva globalización: el *know-how* que se desplaza en una dirección.

Estos nuevos flujos de conocimiento engendraron una realidad nueva en las manufacturas a nivel global.

Antes de esta deslocalización generalizada de los empleos industriales, la competencia internacional con respecto a las mercancías se basaba en una de estas dos opciones: por un lado, las empresas de los países en vías de desarrollo partían de que su precaria tecnología y sus bajos salarios compensarían de sobra su ineficiencia técnica; en cambio, las de las economías avanzadas utilizaban la alta tecnología y esperaban que esto compensaría de sobra los elevados salarios que debían abonar a sus trabajadores.

Desde más o menos 1990 surgió una tercera vía: los bienes manufacturados se podían fabricar con alta tecnología que hubiera sido deslocalizada en países con salarios bajos. Esto transformó el mundo de las manufacturas. Así se explica por qué los seis en vías de industrialización se industrializaron tan deprisa: no tuvieron que desarrollar la tecnología por su cuenta. Las empresas deslocalizadoras llevaron todo lo necesario menos la mano de obra. Podríamos denominarlo «industrialización "añade mano de obra y agita"», lo cual en principio no supone un resultado en el que todo el mundo gana, como pasaba con la vieja globalización.

La industrialización rápida de «los seis» seguramente fue buena para ellos. No es tan seguro ni mucho menos que los trabajadores fabriles de las economías avanzadas también sacaran provecho de la misma. Los trabajadores norteamericanos, europeos y japoneses ya no tenían un acceso privilegiado al *know-how* desarrollado por sus empresas nacionales. Se había acabado el monopolio que los trabajadores de las economías avanzadas tenían sobre la tecnología. Las empresas estadounidenses, alemanas y japonesas enseñaban a los trabajadores extranjeros a fabricar repuestos y componentes que antes fabricaban en su país; esta enseñanza aceleró la pérdida de empleos en los países del G7.

---

[5] Esto pertenece a la introducción de Richard Baldwin, *La gran convergencia: migración, tecnología y la nueva globalización* (Barcelona, Antoni Bosch, 2017).

En resumidas cuentas, fue el conocimiento lo que cambió la globalización y fueron las TIC las que permitieron que aquel fluyera. Los nuevos flujos de *know-how* también explican el muy distinto impacto de la nueva globalización.

El muy distinto impacto económico de la nueva globalización

Entre la globalización vieja y la nueva destacan sobre todo cuatro diferencias: el impacto de la globalización acabó siendo más individual, más súbito, más incontrolable y más imprevisible.

Era más individual al no producirse solo dentro de sectores o familias profesionales. Durante la Gran Transformación, la globalización se hizo sentir al nivel de sectores, pongamos, semiconductores o maquinaria para movimiento de tierras. Esto fue así porque la competencia foránea apareció en forma de productos fabricados en sectores determinados. Además, como algunos tipos de mano de obra –digamos, la no cualificada– eran más importantes en unos sectores que en otros, el impacto de la globalización tendió a ser desigual en esas familias profesionales. En el período de posguerra, por ejemplo, la globalización tendió a beneficiar a los trabajadores cualificados y a perjudicar a los no cualificados.

Con la nueva globalización, la competencia y las oportunidades adicionales pueden beneficiar o perjudicar a los trabajadores en una fase de la producción mientras ayudan a otros en otras fases en la misma empresa. Dicho de otra manera, la nueva globalización funcionaba con un grado de resolución más fino. Generaba ganadores y perdedores como antes, pero estos no se alineaban tan claramente con sectores ganadores y perdedores, o con familias profesionales ganadoras y perdedoras. La competencia y las nuevas oportunidades eran más individuales. Y además estaba la velocidad.

Antes de la revolución de las TIC, la globalización transformaba sociedades pero despacio. El «reloj del cambio» hacía tictac década a década. Ahora, desde la revolución de las TIC, el reloj marca la hora cada año. En las economías avanzadas, la industrialización tardó un siglo en consolidarse; la desindustrialización y el traslado de las manufacturas a los países emergentes solo tardaron dos décadas. La explicación de esta velocidad sin precedentes está en la naturaleza sin precedentes de la globalización. Los mercados emergentes no se estaban industrializando como lo habían hecho los países del G7 en el siglo xx. Buena parte del despegue de las manufacturas en los mercados emergentes, sobre todo al principio, estuvo coordinada por empresas del G7.

Otro rasgo definitorio de esta nueva globalización es que era menos controlable. Los gobiernos contaban con numerosos instrumentos para supervisar el paso de mercancías y personas por las fronteras, pero muy pocos para controlar el paso de conocimientos. Y como era el avance de las TIC lo que impulsaba esta globalización nueva, los gobiernos disponían de pocas herramientas viables para controlar ese ritmo.

Por último, la nueva globalización era más imprevisible. Desde la década de 1990, ha sido difícil saber qué fases del proceso manufacturero serán las próximas en ser objeto de deslocalización. Estos cambios en el carácter de la globalización crearon una sensación generalizada de vulnerabilidad en las economías avanzadas. En el sector de las manufacturas, nadie podía estar realmente seguro de que su empleo no sería el siguiente en verse afectado.

Como si estas conmociones no bastaran, la fase de la desindustrialización en su conjunto coincidió con una ralentización enorme, y a escala mundial, del crecimiento.

La ralentización del crecimiento posterior a 1973

Al principio de la Segunda Gran Transformación, la mayoría de los países ricos experimentaron un ritmo de crecimiento de la renta más lento. Desde los años sesenta, en cada década ha habido incrementos menores de la renta per cápita. La disminución fue leve pero significativa en las últimas tres décadas del siglo xx. El descenso ha sido mucho más acusado en el siglo xxi. Por término medio, en los EE.UU. la renta aumentó un 3,3 % al año en la década de 1960, pero menos de la mitad de eso en el nuevo siglo; las cifras para el Reino Unido son muy parecidas. En Alemania, la década de 1960 fue un milagro, con un crecimiento del 4 % anual, pero desde 2000 el promedio ha sido aproximadamente del 1 %.

Todo cambio siempre es más fácil cuando, en promedio, la renta aumenta deprisa. También se puede expresar de otro modo: el conjunto del proceso de ajuste se hacía más difícil cuando el crecimiento económico llevaba una marcha corta.

Los profesionales de la economía aún no tienen una explicación cabal para esto, si bien una noción que encaja muy bien en la Transformación de los Servicios es la historia contada por Robert Gordon, cuyas ideas vimos en el capítulo 2. Según Gordon, el crecimiento y la innovación no se ralentizaron desde la década de 1970 sino que más bien regresaron a sus pautas históricas.

El cúmulo de nuevos inventos surgidos en torno a 1870 aceleró la innovación y, por tanto, elevó la renta, pero no de manera indefinida. El conjunto de invenciones –desde los motores eléctricos hasta el plástico– resultó ser una magnífica paleta con la que ingeniosos inventores «pintaban» productos nuevos y formas novedosas de fabricar productos viejos. Los elementos se combinaban y recombinaban, lo que desembocó en décadas de índices de creatividad por encima de lo normal y, en consecuencia, un crecimiento también superior al normal.

Según esta teoría, en la década de 1970 el mundo ya había desarrollado el grueso de todos los productos y procesos nuevos que habían sido posibles gracias a las técnicas del siglo especial. Después de eso, el crecimiento per cápita volvió a su ritmo acostumbrado de aproximadamente el 1 o 2 % anual.

Los beneficios y los perjuicios que acompañaron a la ralentización del crecimiento y a las nuevas formas de automatización y globalización trastocaron muchas actitudes tradicionales. El enlentecimiento lo volvía todo más difícil. En conjunto, estos aspectos de la transformación económica provocaron enormes trastornos a los trabajadores fabriles y en sus comunidades. El resultado fue la convulsión.

Para entender la convulsión, hay un hecho crucial. La nueva globalización afectó a los mismos trabajadores cuyos medios de vida se habían visto perjudicados por la nueva automatización. Los trabajadores de los Estados Unidos, Canadá, Europa y Japón acabaron compitiendo con robots dentro de su país y con China en el extranjero. Esta transformación económica provocó una convulsión. Uno de los aspectos más impresionantes de la convulsión derivó hacia lo que se ha venido a llamar «giro de las aptitudes».

La nueva transformación provoca una nueva convulsión

El avance de los microprocesadores –chips, circuitos integrados– inició una fase en la que la tecnología volvía más sustituibles a los trabajadores no cualificados al tiempo que volvía más productivos a los profesionales muy cualificados. Recientemente, los economistas han llamado a esto «cambio técnico favorable a las destrezas». En un estudio de 1983 sobre las repercusiones de la automatización en el empleo se utilizaba un término menos recargado: «giro de las aptitudes».

El informe de 1983 lo expresaba así: «Si se produce un aumento del desempleo como consecuencia de la difusión de tecnología robótica, tememos que los efectos recaigan en la parte menos experimentada, menos formada, de nuestra población activa [...] Los empleos eliminados son semicualificados o no cualificados, mientras que los creados requieren un bagaje técnico significativo».[6]

Este es precisamente el aspecto que resultó más devastador para la clase obrera industrial en las economías avanzadas. Quedaba atrás la época en que un título superior y un carné de sindicato te permitían tener una casa en una zona residencial, un coche en el garaje y un plan de pensiones. Los problemas sociales fueron en aumento a medida que en los EE.UU. el poder de los sindicatos y la afiliación sindical se desplomaban y el gobierno se mostraba incapaz de poner en marcha programas de readaptación profesional lo bastante sólidos.

Las fábricas seguían necesitando trabajadores, pero el giro de las aptitudes significaba que estos tendían a estar en los extremos de la gama de aptitudes. Hacían falta trabajadores muy cualificados para ocuparse de los robots y los ordenadores. Por otro lado, hacían falta trabajadores no cualificados para limpiar las instalaciones y realizar tareas manuales ocasionales; pero para los que estaban en medio, escaseaban los empleos. Las masas de trabajadores de la producción en cadena tenían cada vez peor suerte.

El resultado acabó conociéndose como el «vaciamiento» de los mercados laborales norteamericano, europeo y japonés. A los trabajadores de los extremos del espectro de destrezas les fue bien; a los de en medio, no.

---

[6] H. Allen Hunt y Timothy L. Hunt, *Human Resource Implications of Robotics* (Kalamazoo, MI, WE. Upjohn Institute for Employment Research, 1983).

Entretanto, la misma tecnología eliminaba franjas de trabajadores de cualificación media que habían sido contratados para facilitar la recogida, el procesamiento y la transmisión de información. Fueron suprimidos gradualmente mecanógrafos, telefonistas y administrativos. Por contraste, los avances de las TIC aumentaban la productividad de los empleados con título superior que trabajaban con ideas e información.

Como en la Gran Transformación, los cambios no tenían que ver solo con personas que cambiaban de empleo; también se producían movimientos profundos en quienes capturaban el valor creado. Durante la Gran Transformación, el elemento clave de la producción pasó de la tierra al capital. En la Segunda Gran Transformación, pasó del capital al conocimiento.

Un cambio sustancial en la creación y captura de valor

El capital no está muerto, pero anda renqueante –una cuestión planteada de manera convincente en el libro de 2017 *Capitalism without Capital: The Rise of the Intangible Economy*.[7] El capital ha perdido la carrera por la supremacía. Según los autores del libro, esto no es ni más ni menos que una «revolución tranquila». En la actualidad, las empresas invierten más en activos intangibles –cosas como diseño, desarrollo de marcas, patentes, I+D o *software*– que en activos tradicionales, tangibles –cosas como maquinaria, edificios u ordenadores. Ideas, no cosas, se podría decir.

El cambio sustancial comenzó en la década de 1970. La inversión en bienes tangibles –llamémoslos solo «capital»– como proporción de la economía alcanzó su punto álgido en torno a 1979 y desde entonces ha estado bajando. En cambio, la inversión en valores intangibles –llamémoslos «conocimiento»– ha aumentado de manera continua. Hacia 1990, el conocimiento superó al capital.

El valor es creado cada vez más por personas que poseen conocimientos –sean agrupaciones de conocimiento controladas por empresas como Google y Apple, o conocimiento introducido en la ca-

---

[7] Jonathan Haskel y Stian Westlake, *Capitalism without Capital: The Rise of the Intangible Economy* (Princeton, NJ, Princeton University Press, 2017).

beza de la gente en forma de educación y experiencia. Controlar el conocimiento equivale cada vez más a controlar la creación de valor y, por tanto, la captura de valor. Quizá deberíamos dejar de hablar de capitalismo y empezar a hablar de «conocimientismo». Sea como fuere, el cambio ha transformado nuestras economías.

Abunda la mano de obra carente de conocimientos, y aunque en realidad el capital de conocimiento no es algo fijo y establecido, sus poseedores van adquiriendo gradualmente más poder para decidir sobre el reparto del valor creado. El trabajador medio no saca ningún provecho.

Desde 1973 hasta hoy, la producción por hora trabajada en Norteamérica ha aumentado más del 70%. No obstante, los frutos de esta creación de valor más rápida no se han repartido. La retribución por hora del estadounidense medio ha subido en torno al 10%, pero se ha abierto una brecha gigantesca entre salarios y productividad: el valor creado por hora trabajada se ha incrementado de forma continua, pero el salario promedio de los trabajadores no ha subido. Como el valor creado tenía que ir a algún sitio –los porcentajes de capturas de valor han de sumar cien–, la pregunta es la siguiente: ¿quién se ha quedado el valor? Y la respuesta es: los poseedores de conocimiento.

Las décadas posteriores a la de 1970 han sido una verdadera tierra de promisión para los que tienen muchos conocimientos en su cabeza. Los ingresos de los norteamericanos con título superior se han disparado. Como ha observado el economista del MIT David Autor, los salarios ajustados a la inflación de los hombres norteamericanos con un grado universitario aumentaron alrededor del 50% desde 1970 hasta 2010.[8] A lo largo de estos años, los salarios de los hombres con ciertos estudios pero sin título se estancaron. Los norteamericanos solo con la enseñanza secundaria perdieron terreno; hoy en día ganan menos (tras aplicar el factor corrector de la inflación) que en 1973. En los EE.UU., los ingresos semanales de los graduados de secundaria disminuyeron aproximadamente un 10%, y los de los que no terminaron el bachillerato, un 25%.

---

[8] David Autor, «Skills, Education, and the Rise of Earnings Inequality among the 'Other 99 Percent'», *Science* 344, n.º 6186 (2014), 843-851.

Las grandes empresas tecnológicas constituyen otra clase de poseedores de conocimiento, y el aumento de su valor refleja el cambio sustancial desde las cosas a las ideas. El cambio ha creado una riqueza antes inimaginable para aquellos. En 2017, las cinco empresas más importantes del mundo estaban impulsadas por el conocimiento: Apple, Alphabet (padre de Google), Microsoft, Amazon y Facebook. En 2011, Apple era la única entre las cinco primeras, y en 2006 entre esas cinco solo estaba Microsoft; entre 2006 y 2011, la primera fue Exxon Mobil (tabla 3.1).[9]

Tabla 3.1. Las diez primeras empresas por capitalización bursátil: dominio reciente de las empresas impulsadas por el conocimiento

Puesto en la Bolsa	2017	2011	2006
1	*Apple*	Exxon Mobil	Exxon Mobil
2	*Alphabet (Google)*	*Apple*	General Electric
3	*Microsoft*	PetroChina	*Microsoft*
4	*Amazon*	Royal Dutch Shell	Citigroup
5	*Facebook*	ICBC	Gazprom
6	Berkshire Hathaway	*Microsoft*	ICBC
7	Exxon Mobil	*IBM*	Toyota
8	Johnson & Johnson	Chevron	Bank of America
9	JPMorgan	ChaseWalmart	Royal Dutch Shell
10	*Alibaba Group*	*China Mobile*	BP

*Empresas impulsadas por datos.
FUENTE: Elaboración del autor a partir de datos publicados en
BCG Perspectives, 2017.

Una fuente adicional de combustible para la convulsión fue el tremendo aumento de las desigualdades de renta. La transformación de

---

[9] Antoine Gourévitch, Lars Fæste, Elias Baltassis y Julien Marx, «Data-Driven Transformation: Accelerate at Scale Now», blog de Boston Consulting Group, 23 mayo 2017.

las economías avanzadas al pasar de sociedades industriales a postindustriales no ha sido nada apacible para «las mujeres y los hombres olvidados».

Desigualdad económica

En los Estados Unidos, el patrón es muy claro y definido: a los ricos les iba bien, a los pobres mal, y a los de en medio fatal. El hombre norteamericano corriente con un trabajo de jornada completa ganaba 53.000 dólares en 1973 pero solo 50.000 en 2014 (tras ajustar por la inflación).[10] La familia norteamericana típica está retrocediendo en cuanto a capacidad adquisitiva, y lleva así desde principios de los años setenta. En las tres últimas décadas, la renta ha subido solo para la mitad de la población; para la otra mitad ha disminuido. Además, incluso entre los afortunados las ganancias se han concentrado asombrosamente en los bolsillos de los más ricos. El 90 % de abajo del pastel económico norteamericano, que equivalía aproximadamente a dos terceras partes durante los treinta años gloriosos, se desplomó hasta la mitad hacia la década de 2000.

En Gran Bretaña, la porción de ingresos nacionales que va a la franja del 1 % de más arriba se duplicó con creces, pasando del 6 al 14 %. Curiosamente, no pasó lo mismo en el resto de Europa y Japón. En estos países, la desigualdad tendió a disminuir desde la década de 1970 hasta la de 1980, para luego aumentar. Ahora está de nuevo en su punto de partida de los setenta y parece estabilizada.

Las causas de estos cambios diversos relativos a la igualdad de ingresos son múltiples y complejas. Aunque durante muchos años ha sido un tema importante en las aulas y seminarios, estalló con el movimiento del 99 por Ciento, el movimiento Occupy Wall Street y el importantísimo libro de 2013 de Thomas Piketty *El capital en el siglo XXI*. Las explicaciones van desde la desregulación hasta el crecimiento del capitalismo monopolista pasando por el declive de los sindicatos y el progreso de la tecnología favorable al conocimiento.

---

[10] Aquí «corriente» significa «mediano», es decir, el perceptor que está exactamente a mitad de camino en la escala salarial.

La tecnología desempeñó un papel, sin duda. Muchos elementos del impulso de las TIC tendían a aumentar la desigualdad en bienestar y renta. El giro de las aptitudes, por ejemplo, significaba que los salarios de quienes ya tenían ingresos superiores se veían más favorecidos que los de la clase trabajadora. Las personas con niveles de educación superiores empezaban con salarios mayores, que aumentaban con rapidez. Esta dinámica funcionó al revés con las personas que solo habían hecho la secundaria: sus ingresos empezaron siendo bajos y siguieron bajando. El cambio en la creación y captura de valor desde el capital al conocimiento creó una clase nueva de personas muy ricas.

Como en la categoría de la formación escasa hay mucha gente, el enorme abismo entre el crecimiento de la producción y el de los salarios se ha tragado a cientos de millones de personas en Europa y especialmente en Norteamérica, donde la combinación de congelación salarial, destrucción de buenos empleos industriales y prolongado desmoronamiento de comunidades que antes prosperaron en torno a centros manufactureros ha dado origen a algunos problemas sociales de cierta gravedad.

La colosal transformación económica que acompañó a la automatización y la globalización encabezadas por las TIC provocó reacciones de rechazo en Norteamérica y Europa. La de 2016 no ha sido ni mucho menos tan importante como las de principios del siglo xx. Se parece más a las de principios del siglo xix –los luditas y las Leyes de los Cereales–, aunque todavía no sabemos adónde se dirige. La sorprendente elección del intruso populista Donald Trump como presidente ha sido hasta ahora la reacción contraria más relevante.

Una convulsión nueva produce una reacción contraria nueva

Donald Trump obtuvo el voto de rechazo de Jeff Fox, pero no por las razones que cabría imaginar dadas las adversidades económicas que el hombre está afrontando. A sus cincuenta años, es un superviviente de cáncer con una enorme deuda por cuidados médicos y vive de una pensión de la seguridad social por discapacidad. Mientras su padre era contable en Bethlehem Steel –centro neurálgico económico de la región hasta su quiebra en 2001–, Fox fue vendedor de muebles hasta su jubilación anticipada. Su hija trabajaba en Walmart. «Durante todos estos años hemos votado conforme a nuestros principios y nuestra conciencia, ¿y adónde nos ha llevado esto?», decía Fox.

Otros votaron a Trump solo para agitar un poco las cosas. Duane Miller, dueño de una droguería y antiguo alcalde demócrata de Bangor, pequeña ciudad de Pensilvania, decía: «Es la decepción del hombre corriente con el gobierno, porque el gobierno no ha hecho nada para ayudar a los trabajadores en general. Desde mi punto de vista», proseguía, «aquí en la pequeña ciudad de Bangor, la actitud del norteamericano medio ante el cambio climático es de incredulidad. Los norteamericanos ya no se creen nada. Y es aquí donde la apatía es abrumadora».[11]

En cierto modo, es fácil entender la elección, en 2016, de un intruso autócrata que prometía restablecer fortaleza y estabilidad.

Interpretación de la reacción contraria en los EE.UU.

Como en las décadas de 1920 y 1930, en 2016 los estadounidenses se quedaron rezagados. La rápida automatización de la industria se combinó con la deslocalización de empleos industriales y administrativos provocando una amenaza sistemática y muy persistente a los trabajadores situados hacia la mitad de la gama de aptitudes. Muchos de los desplazados han encontrado empleo, pero más precario y peor pagado.

La desindustrialización ha destruido comunidades, y la gente está reaccionando como integrantes de comunidades amenazadas, no solo como individuos cuyo empleo está en peligro. La gente se da cuenta de que no puede permitirse comprar una casa como aquella en la que crecieron. Muchos *millennials* se ven lastrados por la deuda contraída para poder estudiar justo cuando la nueva economía está revelando que un título universitario ya no garantiza un nivel de vida de clase media. Además, todo está evolucionando muy deprisa.

Como los cambios son más súbitos, más individualizados, más imprevisibles y más incontrolables que antes, ha vuelto la precariedad

---

[11] Tom McCarthy, «Trump Voters See His Flaws but Stand by President Who 'Shakes Things Up'», *The Guardian*, 24 diciembre 2017.

económica. De nuevo, la pérdida del puesto de trabajo puede tener consecuencias nefastas; los parados estadounidenses se arriesgan a perder la casa y la asistencia médica. Tras haber concedido ocho años a los republicanos y otros ocho a los demócratas para que resolvieran el problema, sus mentes eran receptivas a soluciones menos convencionales. De todos modos, la estrecha victoria de Trump presenta muchas facetas complejas.

Aunque varias décadas de pérdida de poder adquisitivo prepararon a gente como Fox para apoyar a alguien como Trump, el suyo no fue un voto por el bienestar social al estilo europeo. «Estaría bien que yo pudiera decir que tengo facturas médicas que ascienden a 40.000 dólares y que sería estupendo que alguien las pagara por mí», decía Fox, y proseguía: «Pero no es responsabilidad del gobierno pagar las facturas».

La victoria de Trump es un asunto delicado que cuesta un poco de entender. Trump no es FDR. Roosevelt tenía un plan para ayudar a la gente y antecedentes comprobados de haberlo conseguido (como gobernador del estado de Nueva York). Las medidas políticas puestas en práctica por FDR en Nueva York fueron el modelo del New Deal.

Trump, en cambio, no tenía ningún plan para mejorar la situación de los oprimidos, y desde luego ningún historial al respecto. Lo que sí tenía eran consignas y una actitud intimidatoria. Su programa era inconcreto e incoherente en muchos aspectos, pero esto se compensaba con una retórica combativa y patriótica. Por lo demás, ganó por los pelos.

Perdió en el voto popular por una diferencia de 2,9 millones (dos puntos porcentuales). Sus votos en el colegio electoral no pasaron de 67.000 en tres estados (un buen revés para la Transformación de los Servicios). Si 23.000 ciudadanos en Pensilvania, 12.000 en Wisconsin y 6.000 en Michigan se lo hubieran pensado mejor, la victoria habría sido para Hillary Clinton.[12]

Esto no fue un estallido de descontento como el de FDR. Menos del 60 % de los ciudadanos con derecho a voto se tomaron la molestia de ir a votar. Las calamidades sociales y económicas llevaban tiempo haciendo estragos. La sociedad postindustrial se había olvi-

---

[12] Business Insider, encuestas a pie de urna en las elecciones de 2016, uk.businessinsider.com.

dado de muchos hombres blancos poco cualificados de las grandes áreas urbanas, y este grupo votó mayoritariamente a Trump. Quienes decían que la situación económica de su familia era peor en 2016 que en 2012 también votaron en gran número a Trump (78 %), mientras que lo hicieron solo el 39 % de quienes decían que todo estaba más o menos igual.[13] Los que creían que la economía del país estaba peor votaron a Trump, lo mismo que el 65 % de quienes pensaban que el comercio se lleva empleos fuera. No obstante, la renta personal no fue fiable a la hora de predecir el resultado de las elecciones. Más de la mitad de las personas que tenían cuarenta y cinco años o más le votaron, mientras por debajo de cuarenta y cinco hicieron lo propio menos de la mitad. Le votaron más de la mitad de los que no tenían formación universitaria y menos de la mitad de los que sí la tenían.

En cualquier caso, seguramente era algo más que una cuestión de economía. De hecho, muchos científicos sociales tienen opiniones discrepantes sobre el triunfo de Trump.

Según la politóloga Karen Stenner, Trump está intentando crear una ola de votantes en busca de autócrata, votantes que quieren fuerza y orden para contrarrestar la deriva de desesperanza que ellos y sus padres llevan experimentando desde la década de 1970. Quieren «que América vuelva a ser grande». Stenner distribuye los votantes de Trump en tres grupos: los «conservadores económicos», que ven con buenos ojos el espíritu empresarial, las grandes empresas, los mercados libres y el libre comercio; los «partidarios del *statu quo*», que no quieren cambios de ninguna clase; y los «autoritarios», que solo se irritan cuando creen que sus comunidades se encuentran amenazadas y sus líderes no están dispuestos a resolver la situación o no son capaces de ello.[14]

John Jost, profesor de psicología en la Universidad de Nueva York, señala que el estilo personal de Trump –aunque para muchos sea aborrecible– es de lo más atractivo para los votantes en busca de autoridad, entre ellos muchos –como Duane Miller– que antes habían votado demócrata. Cuando Trump intimida a sus rivales políticos y

---

[13] «Election 2016: Exit Polls», *New York Times*, 11 agosto 2016.

[14] Antoine Gourévitch, Lars Fæste, Elias Baltassis y Julien Marx, «Data-Driven Transformation: Accelerate at Scale Now», blog de Boston Consulting Group, 23 mayo 2017.

a la prensa, está dando rienda suelta a un profundo resentimiento hacia el sistema que ha gobernado Norteamérica tan mal durante tanto tiempo. Para este tipo de votante, la arrogancia de Trump, su negativa a respetar las reglas, su nula disposición a disculparse y su absoluta confianza en sí mismo son un auténtico bálsamo.[15]

Brexit

La decisión británica de junio de 2016 de abandonar la Unión Europea (UE) fue, si acaso, más impactante que la victoria de Trump. Para empezar, era la primera señal concreta de que en 2016 había en marcha una reacción de rechazo. Y fue inesperada.

Pocas personas «enteradas» esperaban que los prudentes y sensatos británicos dieran un salto tan increíble a lo desconocido. Las reglas y prácticas de la UE estaban entretejidas –tras cuatro décadas de paciente labor– en toda la estructura económica y reguladora de Gran Bretaña.

El verdadero problema del referéndum es que unificó el descontento de los votantes sin precisar su intención. El referéndum preguntaba a los ciudadanos si querían que el país emprendiera un largo viaje sin especificar el destino. El texto completo de la pregunta era: «¿Debería el Reino Unido seguir perteneciendo a la Unión Europea o abandonar la Unión Europea?». Y las posibles respuestas eran simplemente: «Seguir perteneciendo a la Unión Europea» o «Abandonar la Unión Europea».

Mientras las consecuencias de «seguir perteneciendo» estaban clarísimas –era lo que la gente había conocido durante más de cuarenta años–, el significado de «abandonar» no estaba claro ni mucho menos. La campaña a favor de «abandonar» no se puso de acuerdo en qué clase de relación económica, política y de seguridad debía tener el Reino Unido con la UE fuera de la misma. Distintos partidarios de la «salida» prometían cosas diferentes.

El Partido Tory en el gobierno estaba tan dividido con respecto al Brexit que la cuestión crítica de la relación comercial de Gran Breta-

---

[15] Véase entrevista con Jesse Graham, profesor de psicología en la Universidad del Sur de California, en Edsall, «Purity, disgust and Donald Trump», *New York Times*, 1 junio 2016.

ña con la UE tras el Brexit no se planteó en el gabinete hasta transcurridos dieciocho meses desde la votación, y ello pese al hecho de que más de la mitad del comercio del Reino Unido es con la UE. Cuando este libro llegó a la imprenta, diversos miembros del Partido Tory coincidían categóricamente en que debían salir de la UE pero aún no estaban de acuerdo en la dirección que debería tomar esa salida. Varias divisiones internas impedían a los Tory ponerse de acuerdo sobre qué tipo de relación comercial a largo plazo querían tener con la UE. Debido a eso, el rechazo da la impresión de ser más un grito angustiado que un aviso claro sobre la manera en que, en esencia, estaba siendo dirigida la economía del país.

El carácter de la reacción del Brexit era muy distinto del de las elecciones ganadas por Trump –no se trataba ni mucho menos de elegir a un líder fuerte y autocrático en una época de peligro. Aunque durante la campaña sonaron bastantes tambores nacionalistas y hubo un trasfondo sutilmente racista, no cabía considerar a ninguno de los promotores del Brexit como un líder fuerte y carismático. Y en cualquier caso, una vez hubo ganado el bando de la salida, todos sus dirigentes dieron un paso al lado y abandonaron el escenario.

La ingrata tarea de hacer realidad la voluntad de la gente quedó en manos de una política peculiarmente torpe que de hecho había votado contra el Brexit: Theresa May.

Aunque es muy difícil saber qué querían exactamente los votantes, es bastante fácil entender el descontento en que se basó su voto.[16] El resultado contenía, sin duda, cierto voto de castigo, acaso una especie de grito de angustia. Según una encuesta a pie de urna, el 70 % de los votantes creían que ganaría la opción de permanecer en la UE, incluido el 54 % de los que habían votado por la salida. Los patrones de voto reflejaban con cierta claridad las regiones y grupos demográficos más perjudicados por la Transformación de los Servicios. La gente que había sufrido adversidades prolongadas quería irse de Europa; los que miraban al futuro querían quedarse.

La misma encuesta a pie de urna revelaba que los votantes favorables a la salida eran más mayores, tenían menos cultura y era más probable que vivieran fuera de las grandes áreas urbanas que quienes

---

[16] Lord Ashcroft, «How the United Kingdom Vote don Thursday... and Why», lordashcroftpolls.com, 24 junio 2016.

habían votado a favor de seguir en la UE. Casi tres cuartas partes de los que tenían entre dieciocho y veinte años votaron a favor de permanecer en la Unión europea, el 60 % de los que contaban entre veinticinco y treinta y cuatro años querían quedarse, pero una mayoría de los que superaban los cuarenta y cinco años votaron por la salida. Muchos votantes con empleo preferían quedarse, pero muchísimos desempleados apoyaron la opción de salir. También votó por la salida un número significativo de personas que solo habían hecho, como máximo, la secundaria.

Cabe señalar que no fue un voto definido por la filiación partidista. Mientras el 40 % de los favorables a la salida estaban vinculados al Partido Conservador, la mitad se identificaban con el Partido Laborista. De hecho, ambos partidos mayoristas estaban divididos internamente con respecto a la decisión. Solo el Partido de la Independencia del Reino Unido, de extrema derecha y favorable a la salida, estaba cohesionado; pero tras el referéndum se desintegró como fuerza política.

Aunque el Brexit y la inesperada victoria de Trump prepararon el año 2016 para que fuera un punto de inflexión, los otros electorados europeos no siguieron su ejemplo.

Los continentales europeos que no contraatacaron

Aparte del Reino Unido, en Europa siempre han existido partidos populistas y ultraderechistas junto a la clásica división política entre derecha e izquierda. Se trata de partidos marginales, característica reivindicada por ellos mismos, cuyos porcentajes de voto oscilan entre el 5 y el 20 %. En la década de 2010 esto cambió. En las elecciones de 2014 al parlamento europeo hubo un incremento de votos de los partidos euroescépticos en la mayoría de los países de la UE, entre ellos los cuatro grandes: Francia, Italia, Alemania y Gran Bretaña. En conjunto, en las elecciones celebradas entre 2009 y 2014, el apoyo electoral a estos partidos populistas de extrema derecha pasó del 20 a más del 30 %.

A escala nacional, una candidata inquietantemente ultraderechista parecía en condiciones de conseguir la presidencia de Francia, y en otros países crecieron las expectativas de los populistas. Al final, los franceses rechazaron enérgicamente la versión francesa de Trump. El Partido de la Libertad, del populista holandés Geert Wilders, sacó buenos resultados, pero no ganó. Alternativa por Alemania, el advenedizo partido populista y contrario a la inmigración, obtuvo el 13 % de los escaños del parlamento, pero no alcanzó el poder. En Austria, en 2017 el ultraderechista Partido de la Libertad llegó a un acuerdo en virtud del cual forma hoy parte del gobierno. En todo caso, esto no fue una convulsión populista. Los austríacos rechazaron de plano a la extrema derecha en las elecciones presidenciales de diciembre de 2016. Prefirieron a un antiguo dirigente del Partido Verde, Alexander Van der Bellen, que se definía a sí mismo como «abierto, liberal y sobre todo proeuropeo».[17]

La clave para entender lo sucedido en Europa está en diferenciar claramente entre las posturas contrarias a la globalización y las contrarias a la inmigración.

Los aumentos de 2016 y 2017 en el voto a la extrema derecha tenían muy poco que ver con el persistente malestar de la clase media que tan importante era en los EE.UU. y el Reino Unido. En gran medida estaban directamente ligados a la crisis europea de refugiados que comenzó en 2015 y debido a la cual llegaron aproximadamente un millón y medio de inmigrantes desde Siria y el norte de África. Por otro lado, la confianza era un factor determinante.

Según un reciente estudio llevado a cabo por destacados economistas, la «falta de confianza en las instituciones políticas nacionales y europeas» era el denominador común en el populismo europeo. Y se observó que eran los más viejos y los menos instruidos quienes impulsaban la tendencia, lo cual da a entender que algunas de las cosas que provocaron la reacción contraria en los EE.UU. y el Reino Unido eran también importantes en Europa, si bien en ningún caso tan extremas. En el informe de 2017 *Europe's Trust Deficit: Causes and Remedies* [Déficit de confianza en Europa: causas y remedios], se señala que los resultados de las investigaciones «no sugieren que exista un peligro real y presente de desintegración de la UE. El Reino Unido es un caso atípico. La crisis ha provocado daños, pero los efectos de los impactos macroeconómicos negativos en las actitudes hacia la UE no

---

[17] Philip Oltermann, «Austria Rejects Far-Right Candidate Norbert Hofer in Presidential Election», *The Guardian*, 4 diciembre 2016.

son muy importantes. Y, si la historia ha de servirnos de guía, como ahora las circunstancias económicas están mejorando, las actitudes y los resultados electorales deberían ser más favorables a la UE».[18]

Cuando este libro entró en imprenta a mediados de 2018, el citado criterio parecía mantenerse, lo cual indica que 2016 fue, como 1848, un giro decisivo en el que la historia no giró.

Algunas de las piezas más reveladoras del puzle del rechazo de 2016 vienen de lo sucedido en Japón. O, para ser más exactos, de lo que no sucedió en Japón.

Rechazo ausente en Japón

La Transformación de los Servicios afectó a Japón más que a ningún otro país del planeta, quizás a causa de que su economía dependía mucho de las manufacturas. A los treinta años gloriosos de Japón, que fueron más gloriosos que en Europa y Norteamérica, les siguieron las «décadas perdidas». De hecho, Japón ha padecido una de las crisis económicas más largas de la historia. En realidad, su economía se contrajo una quinta parte entre 1995 y 2007. Parte de eso se debió a la caída de los precios y a una fuerza laboral menguante, aunque los salarios reales disminuyeron un 5 %.

Pese a las dificultades económicas, los japoneses son favorables a la globalización. Según una encuesta del Centro de Investigaciones Pew, el 58 % de los japoneses aceptaban que la implicación en la economía global «es algo bueno porque procura a Japón nuevos mercados y oportunidades para crecer». Solo el 32 % decía que «es algo malo porque reduce los salarios y elimina empleos».[19]

A mi juicio, la diferencia clave entre los Estados Unidos y Japón es la cohesión de la sociedad. Los japoneses comprenden que los beneficios y los perjuicios van en un mismo paquete, y esperan compartir tanto los unos como los otros. Y creen que sus dirigentes trabajan en interés de todos.

---

[18] Véase Christian Dustmann, Barry Eichengreen, Sebastian Otten, André Sapir, Guido Tabellini y Gylfi Zoega, «Europe's Trust Deficit: Causes and Remedies», VoxEU.org, 23 agosto 2017.

[19] Bruce Stokes, «Japanese Back Global Engagement Despite Concern about Domestic Economy», Centro de Investigaciones Pew, 31 octubre 2016.

Un ejemplo revelador es el rechazo populista al que le salió el tiro por la culata.

En los alocados días de finales de 2016 y principios de 2017, cuando la política de las economías avanzadas de los EE.UU. y Europa parecía estar patas arriba, un político populista japonés dio un paso adelante con la esperanza de trastocar el sistema. El primer ministro en ejercicio, Shinzo Abe, anunció elecciones por sorpresa, y una vieja aliada suya, Yuriko Koike, anunció una sorpresa propia: la muy popular gobernadora de Tokio abandonó el partido gobernante, fundó el «Partido de la Esperanza» y comunicó su intención de desbancar al primer ministro titular.

Sus discursos de campaña estaban sacados directamente del manual del populista, según el cual «el pueblo es puro, la élite es corrupta, así que votadme para que pueda llenar los espacios en blanco». La parte de «llenar los espacios en blanco» no es muy importante. Koike se describía a sí misma como populista conservadora y decía: «Si ahora mismo no reiniciamos Japón, no seremos capaces de proteger lo suficiente nuestra competitividad internacional y nuestra seguridad nacional».[20]

El nuevo partido hizo estallar el viejo partido alternativo, el Partido Demócrata, y atrajo a diversos políticos conservadores destacados. Los medios de comunicación establecieron paralelismos claros con el Brexit, Trump y populistas europeos como Marine Le Pen. Era como si la reacción de rechazo iniciada en 2016 prosiguiera en 2017 en Japón. Al final, de este intento salió poca cosa.

Koike solo obtuvo la mitad de votos que Abe. El partido tradicional de Abe, el Partido Democrático Liberal, no solo fue el más votado sino que además consiguió dos tercios de los escaños del parlamento, lo que proporcionó a Abe la mayoría cualificada necesaria para reformar la constitución. En otras palabras, la tentativa populista tuvo el efecto de dar todavía más poder a la clase dirigente tradicional. Koiko regresó a su puesto de gobernadora de la región de Tokio.

---

[20] Elaine Lies, «Tokyo Governor Launches New Party, Won't Run for Election Herself», Reuters.com, 27 septiembre 2017.

La resolución ausente y la siguiente transformación

El capitalismo del New Deal dio lugar a satisfacción económica y a prosperidad generalizada. Los ingresos se dispararon gracias al progreso tecnológico y a la expansión del comercio, sobre todo entre la clase media. Las mujeres y los hombres olvidados de FDR ya no fueron olvidados nunca más. Experimentaron mejoras en su nivel de vida y en su seguridad y sus perspectivas económicas.

Esta situación venturosa empezó a deteriorarse en la década de 1970, cuando cambió al carácter del progreso tecnológico. En los EE.UU., el empleo fabril llegó a su valor máximo en 1979. Desde entonces ha ido descendiendo debido a la automatización. Después, en torno a 1990, se produjo la nueva globalización, que originó una fuerte caída del porcentaje de los países ricos en las manufacturas mundiales, que persiste en la actualidad.

La enorme transformación económica que acompañó a la automatización y la globalización lideradas por las TIC –ante todo la desindustrialización y el crecimiento lento– dio lugar a una reacción en contra y a imprecisas peticiones de protección contra esos impactos. Esta reacción de rechazo no es ni mucho menos tan importante como los grandes rechazos de principios del siglo XX, pero aún no sabemos adónde nos lleva toda esta indignación. Una cuestión clave a tener presente es que la reacción de 2016 no ha generado ninguna resolución. No se ha hecho nada sustancial para remediar la miseria y la inseguridad subyacentes ni la generalizada sensación de fragilidad que impregna muchas capas de la sociedad. Esto es especialmente cierto en los EE.UU. y, en menor medida, el Reino Unido, pero hay elementos del malestar en todos los países avanzados.

Ha llegado al mundo un nuevo impulso tecnológico –la tecnología digital– que ha puesto en marcha una transformación económica. Esto es algo realmente nuevo debido al ritmo explosivo del progreso tecnológico. Cosas que el año pasado parecían inverosímiles –como la traducción libre e instantánea– hoy son omnipresentes. Esto no es evolución con el botón de avance rápido apretado; es algo realmente distinto: se trata de una especie de revolución tecnológica, un hecho que muchos no han entendido.

Parte II
La transformación globótica

4
El impulso digitecnológico promotor
de la globótica

Mike Duke se negaba a reconocer el ritmo explosivo de la digitecnología, pero ya no. «Ojalá nos hubiéramos movido más rápido», dijo el antiguo presidente de Walmart. «Hemos demostrado tener éxito en muchos ámbitos, y simplemente me pregunto por qué no hemos avanzado más deprisa.» Mickey Drexler, presidente del minorista de ropa J. Crew, manifestaba una opinión parecida un mes antes de que se añadiera la palabra «ex» a su cargo: «Nunca he visto la velocidad de cambio de la actualidad. Si pudiera volver atrás diez años, quizás habría hecho algunas cosas antes».[1]

La velocidad del cambio es difícil de entender, sin duda. Muchas personas o bien no son conscientes del ritmo con que se producen los cambios, o bien se niegan a reconocerlo. El secretario del Tesoro de los EE.UU., Steven Mnuchin, está en el bando de los no conscientes.

En marzo de 2017 se preguntó a Mnuchin si la IA sustituiría trabajadores, y respondió: «Creo que esto queda muy lejos en el futuro. Sobre si la inteligencia artificial destruirá empleos, me parece que para esto falta mucho, que, esto [...] ni siquiera aparece en mi pantalla de radar. Para ello aún quedan cincuenta o cien años». Esta cita es reveladora, pues Mnuchin no es un alma desventurada que ve demasiados programas sobre la Segunda Guerra Mundial en History Channel. En el pasado, su capacidad para prever el futuro le ha resultado muy rentable.

---

[1] Khadeeja Safdar, «J. Crew's Mickey Drexler Confesses: I Underestimated How Tech Would Upend Retail», *Wall Street Journal*, 24 mayo 2017.

En 2009, en plena crisis global, Mnuchin compró un banco fallido dedicado a préstamos hipotecarios y se embolsó mil millones de dólares en beneficios cuando lo vendió en 2015. Este hombre es tan rico que en las declaraciones financieras que tuvo que rellenar para llegar a ser secretario del Tesoro, no incluyó más de cien millones de dólares por error. Cuando se le pidieron explicaciones en la sesión del Congreso, dijo: «Como todos ustedes saben, llenar estos formularios oficiales es bastante complicado».[2]

Hay buenas y arraigadas razones por las que personas tan inteligentes como Duke, Drexler o Mnuchin tengan dificultades para comprender el inhumano ritmo de lo digitecnológico. El crecimiento explosivo es algo que a nuestro cerebro –preparado para las distancias cortas– le cuesta asimilar. Veámoslo como la consecuencia no deseada de una resaca evolutiva.

Error cerebral frente a crecimiento exponencial

Si hablamos del futuro de la tecnología digital, nuestro cerebro es la pieza clave, si bien evolucionó para hacer algo muy diferente. Todos los cerebros animales, incluido el nuestro, evolucionaron para localizar movimiento. Las cosas que se mueven tienen capacidad cerebral; las que no se mueven, no. Incluso existe un animal –la ascidia– que tiene cerebro cuando está en su fase de vida móvil, pero lo pierde en cuanto se halla fijado permanentemente a algo.

Esto es importante, pues la evolución tuvo lugar en un mundo muy diferente, un mundo de distancias cortas. Por tanto, tenemos una tendencia muy clara a suponer que las cosas que cambiaron entre ayer y hoy cambiarán entre hoy y mañana más o menos a la misma velocidad. La evolución nos ha preparado para hacer extrapolaciones lineales cuando pensamos en el futuro.

Muchos nos consideramos totalmente modernos cuando en realidad no hace tanto tiempo que las armas de alta tecnología eran los arcos y las flechas. La gente comenzó a vivir en ciudades hace solo

---

[2] Alan Rappoport, «Issues or Riches Trip Up Steven Mnuchin and Other Nominees», 19 enero 2017, *New York Times*. Para esta cita sobre IA, véase Shannon Vavra, «Mnuchin: Losing Human Jobs to AI "Not Even on Our Radar System"», *www.axios.com*, 24 marzo 2017.

unos seis mil años. Seis mil años parece mucho tiempo en un mundo en el que los primeros cinco segundos de un anuncio en YouTube parecen una imposición inaceptable. Sin embargo, no es tanto, al menos no en la escala evolutiva. Mejor enfocarlo así.

Imagina que juntas a todos tus antepasados, o sea, tu madre, tu abuela, la madre de tu abuela, etcétera, hasta la época en que los primeros seres humanos empezaron a vivir en ciudades. ¿Cuánto vino habría que encargar para esta gran reunión? Pues curiosamente no mucho. Se podría celebrar la cena en una sala de cine y sobraría sitio. Solo seríais unos trescientos. Y si los presentes fueran bebedores moderados, lo que significa un cuarto de botella cada uno, tendrías que comprar solo una docena de cajas, setenta y cinco botellas en total. La cuestión está clara.

En términos evolutivos, trescientas generaciones no son mucho más que un anuncio de cinco segundos en YouTube. Es por eso por lo que en realidad el cerebro no está preparado para afrontar la convulsión globótica. Nuestro cerebro ha evolucionado para entender el crecimiento lineal en un mundo donde «rápido» está efectivamente asociado a una lanza desplazándose en el aire. Pero la tecnología digital no se desplaza así.

Cómo lo digitotecnológico tiende una emboscada a nuestra mente de distancia corta

Al principio, la tecnología digital avanzó a base de pequeños incrementos, pues partía de cero. Durante años, el progreso fue casi imperceptible, pero de pronto esos incrementos fueron enormes, un patrón que ilustramos con un ejemplo de la banca.

Si una cuenta bancaria pagara un altísimo tipo de interés del 58 %, tu dinero se duplicaría cada dieciocho meses, lo cual significa que un centavo depositado hoy valdría un dólar dentro de diez años. Esto equivale a multiplicar por cien, pero un dólar a partir de un centavo no es algo trascendental. Es la fase del «progreso imperceptible» del crecimiento.

Las cosas se animarían en la segunda y la tercera décadas, aunque sería en la cuarta cuando los incrementos empezarían a ser impresionantes; y en la quinta, diez mil dólares se convertirían en un millón.

A partir de ahí, los aumentos se vuelven inverosímilmente inmensos. En la sexta década, tu millón ya son cien millones; y en la séptima, diez mil millones. Es la fase del «progreso explosivo».

Este tipo de crecimiento parece extraño: un centavo convertido en diez mil millones de dólares progresando por debajo de la pantalla de radar durante treinta años. Esto no parece normal, pues no resulta de prever el futuro de forma lineal. Sin embargo, es así precisamente como funciona el crecimiento exponencial, es así precisamente como avanza la digitecnología. Por otro lado, es esta característica, «imperceptible durante décadas y luego explosiva», lo que dificulta tanto pensar intuitivamente en el crecimiento exponencial digitecnológico.

Veamos, por ejemplo, las velocidades de procesamiento de los ordenadores: más o menos cada dieciocho meses se duplican. El iPhone 6s, que salió al mercado en 2015, procesa información ciento veinte millones de veces más deprisa que el ordenador central que guio el Apolo 11 a la luna en 1969. Es asombroso. Pero hay más: el iPhone X, que salió al mercado en 2017, es unas tres veces más veloz que el iPhone 6s, lo cual significa que el incremento de la velocidad de procesamiento entre 2015 y 2017 fue doscientos cuarenta millones de veces mayor que la velocidad del ordenador del Apolo 11.

Pensemos en ello. El aumento de potencia en los dos años posteriores a 2015 fue el doble del acaecido entre 1969 y 2015: en dos años, un crecimiento que duplica el de los cuarenta y seis anteriores. A nuestro cerebro preparado para las distancias cortas esto no le parece normal. Este rasgo de «imperceptibilidad durante décadas y luego explosividad» es la razón por la que muchos o bien no son conscientes de la rapidez de los cambios, o bien se resisten a admitirlos.

Podemos dibujar un gráfico de esta discordancia entre nuestra tendencia natural a pensar en el futuro de forma lineal y la realidad del desarrollo exponencial. Lo denomino diagrama de la «vaca sagrada».[3]

---

[3] Para dibujar esto me inspiré en una entrada de blog de Ro Gupta, «Why We Overestimate the Short Term and Underestimate the Long Term in One Graph», www.rocrastination.com.

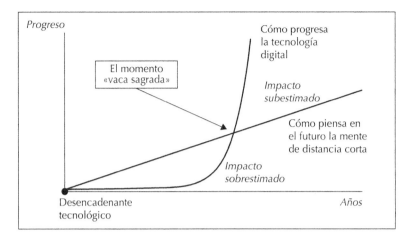

Figura 4.1. El diagrama de la vaca sagrada.
Fuente: Dibujo del autor.

El diagrama de la «vaca sagrada»

Nuestra tendencia intrínseca a hacer extrapolaciones lineales al pensar en el futuro se ilustra mediante la línea recta que asciende continuamente de izquierda a derecha (figura 4.1). La manera en que avanza realmente la tecnología digital se aprecia en la curva con forma de palo de *hockey*. Durante la fase de progreso imperceptible, va avanzando a saltitos a lo largo de la línea inferior; cuando llega a la fase de progreso explosivo, se dispara hacia arriba.

Cuando el crecimiento explosivo del progreso digital cruza la predicción humana del progreso, tenemos lo que imagino como un momento «vaca sagrada». Es entonces cuando lo digitecnológico es «disruptivo». La gente sabía que llegaría; lo que no esperaba es que llegara tan deprisa. En definitiva, la gente no entiende por qué las cosas están cambiando tan rápido cuando en el pasado todo ocurría más despacio.

Habida cuenta de la experiencia pasada, durante la fase de crecimiento explosivo, el progreso no parece razonable ni factible. Por otro lado, en un mundo de distancias cortas, no parece lógico. En un mundo con crecimiento exponencial, en cambio, es inevitable, tal como comprendieron finalmente los expresidentes Duke y Drexler.

Con respecto a la tecnología digital, hay otra manera de resaltar la desconexión entre intuición y realidad: la ley de Amara. Según el futurista Roy Amara, a corto plazo (antes de lo que yo llamo momento «vaca sagrada») tendemos a sobrevalorar el efecto de una tecnología y lo infravaloramos a largo plazo. Este error de cálculo más bien sistémico no es algo nuevo.

Pierre Nanterme, presidente de Accenture, escribió en 2016 lo siguiente: «Lo digital es la principal razón por la que desde el año 2000 han desaparecido más de la mitad de las empresas de la lista Fortune 500». Y la digitecnología no está afectando solo a empresas, sino que además está transformando el mundo del trabajo.

¿Cuándo comenzó el nuevo impulso? Poner fecha a una revolución así es imposible, pues las revoluciones son procesos, no acontecimientos. Dicho esto, 2016 o 2017 son buenas conjeturas. Pongamos 2017 por haber sido «el año de la IA», según el Consejo Tecnológico de *Forbes* y la revista *Fortune*.

Pero, ¿qué es la tecnología digital?

Cuatro leyes digitecnológicas

En realidad, la tecnología digital es bastante peculiar. Su manera de avanzar es tan sorprendente que tiene nombres especiales. Según la ley de Moore –uno de estos nombres especiales–, la velocidad de procesamiento de los ordenadores crece de forma exponencial, duplicándose cada dieciocho meses o así. Hay otras tres «leyes» que explican la naturaleza singular de la tecnología digital: la ley de Gilder, del crecimiento en la transmisión de datos; la ley de Metcalf, del crecimiento en la utilidad de las redes digitales; y la ley de Varian, que explica el ritmo descabellado de la innovación. Las personas que hay detrás de las leyes son tan interesantes como las leyes propiamente dichas.

Ley de Moore

La carrera de Gordon Moore es, de una manera un tanto extraña, una analogía del funcionamiento de su ley. Empezó lento, pero enseguida pasó a hacer cosas asombrosas. Estudiante abúlico en la secundaria, estuvo dos años en la mediocre Universidad Estatal de San José antes de dar el salto a la primera división. En la Universidad de California, en Berkeley, fue el primer miembro de su familia en sacarse un título superior. Comenzó su trabajo con los semiconductores bajo la guía de William Shockley, el inventor del transistor. Pero en Shockley Semiconductor las cosas no fueron bien.

Shockley era un personaje raro. Resultaba complicado trabajar con él en el mejor de los casos, pero tras ganar el Premio Nobel de Física en 1956, su comportamiento se volvió cada vez más errático y autocrático. Poco después, Moore y otros siete investigadores jóvenes se marcharon y crearon su propia empresa. Con un capital inicial de quinientos dólares cada uno de los ocho –y el respaldo de Fairchild Camera and Instrument–, en 1957 nació Fairchild Semiconductor Corporation. Como director de I+D, en 1965 Moore publicó su famosa ley. Tras una década en Fairchild, en 1968 Moore se marchó para fundar Intel Corporation. Gracias a esto se hizo multimillonario y le fue concedida la Medalla Presidencial de la Libertad.

Moore se jubiló en 1997, pero su ley siguió vigente. El número de transistores por pulgada cuadrada se ha duplicado aproximadamente cada dieciocho meses desde que Richard Nixon accedió a la presidencia. Una de las razones es que enseguida dejó de ser la crónica del progreso para pasar a impulsarlo.

Un aspecto clave de la ley de Moore es que no es como la de la gravedad; ni siquiera es una norma general. Hay que entenderla más bien como un grito de guerra o el himno oficial de las industrias electrónica y de *software*. Reguló el progreso durante cinco décadas.

Como las empresas que fabrican los circuitos integrados no diseñan el *software* ni los ordenadores que utilizan la capacidad de procesamiento, es necesario coordinar el mundo de las TIC. Se parece un poco a la relación entre fabricantes de motores de reacción, como Pratt & Whitney o Rolls Royce, y los fabricantes de aviones, como Boeing o Airbus. Los primeros dedican años y millones de dólares a desarrollar motores para aviones que aún no existen, mientras los segundos dedican años y millones a desarrollar aviones que no volarán sin los motores que no existen todavía. Esta coordinación no es difícil porque hay muy pocas empresas implicadas, pero la industria de las TIC es global y siempre cambiante.

Las empresas de TIC invierten millones de dólares durante años para crear servicios innovadores de *software* y telecomunicaciones que solo pueden funcionar con chips informáticos que aún no existen. Asimismo, los fabricantes de chips –microprocesadores, circuitos integrados– invierten centenares de millones durante años para diseñar mejores chips en previsión de la voluble demanda procedente de los innovadores servicios de *software* y telecomunicaciones que cada año entran en funcionamiento. Dicho de otro modo, la ley de Moore es una profecía autocumplida, o quizá incluso un esquema de Ponzi.

Durante décadas, el hábitat de la ley de Moore, así como el mecanismo coordinador de los fabricantes y usuarios de microprocesadores, fue el *International Technology Roadmap for Semiconductors*. El informe de 2015, el último, pronosticaba que la ley de Moore continuaría a buen ritmo hasta al menos 2020. En todo caso, nadie piensa que esto vaya a ser fácil ni automático.

Según recientes estudios, ahora hacen falta un número de horas de investigación diecisiete veces superior al de 1971 para duplicar las velocidades de procesamiento, lo cual significa que las cantidades en juego son enormes. Por ejemplo, Nvidia, fabricante de chips, gastó 2.000 millones de dólares en la creación de un microprocesador que acelera el aprendizaje automático. Un montón de dinero. Equivale a la mitad del precio del portaaviones nuclear clase Nimitz de la Armada de los EE.UU. Y todo por un chip gracias al cual el aprendizaje automático es unas doce veces más rápido.

Estas sumas se justifican por el hecho de que la demanda de chips más rápidos está aumentando igual de rápido. Esta es, en última instancia, la razón por la que la ley de Moore sigue vigente: la gente sigue ganando dinero con la venta de chips más rápidos.

Ley de Gilder

Como pasaba con Gordon Moore, existe un extraño paralelismo entre la persona de George Gilder y la ley que lleva su nombre. En 1989, Gilder pronosticó que los ritmos de transmisión de datos crecerían tres veces más deprisa que la potencia de los ordenadores. Esta predicción pasaba por un larguísimo ciclo de sobreexpectación –un poco como el propio Gilder. Las dos historias están sorprendentemente entrelazadas.

El avance tecnológico que desencadenó el ciclo de sobreexpectación fue la viabilidad comercial de los cables de fibra óptica, que prometían velocidades de transmisión muchísimo mayores. Al principio se alabó en exceso la innovación, en gran medida por parte del propio Gilder. Esto fomentó unas expectativas exageradas que acabaron formando parte de la burbuja de las «punto com» de finales de la década de 1990. La transmisión de datos creció efectivamente mucho más deprisa que las velocidades de procesamiento durante unos años, pero después se ralentizó hasta adoptar más o menos el mismo ritmo que la ley de Moore.

Gilder entendió muy mal la parte de inversión en tecnología, hasta el punto de que esto lo llevó personalmente a la bancarrota cuando en 2001 el valor de la mayoría de las acciones de alta tecnología se desplomó. No obstante, sus predicciones sobre el crecimiento explosivo en la transmisión han resultado acertadas, aunque no tanto como había pensado él, tal como se aprecia en la figura 4.2. Hasta mediados de los noventa, en los Estados Unidos internet estaba controlada por el gobierno. A pesar de una política explícita para desincentivar las actividades comerciales, creció por encima del 100 % anual –aproximadamente tres veces más rápido de lo que aumentaba la capacidad de procesamiento. Cuando en 1995 internet se privatizó, explotó, y creció casi al 1.000 % anual en 1995 y 1996. Después de esto, el ritmo de crecimiento disminuyó ligeramente y ahora se halla en una sólida franja de dos dígitos, pongamos del 20 al 30 % al año. El resultado es que en la actualidad se transmite a diario una cantidad de información absolutamente demencial.

En un solo minuto típico de 2017, se enviaron medio millón de tuits, se visualizaron más de cuatro millones de vídeos en YouTube, en Instagram se publicaron cuarenta y siete millones de *posts*, en Facebook se consignaron cuatro millones de «me gusta» y se mandaron quince millones de mensajes de texto. Para hablar del número total de datos transmitidos en 2016 necesitaríamos palabras que probablemente nunca hemos oído antes. Según Cisco, el tráfico global en internet fue en 2016 de 1,2 *zettabytes*, una cifra ciertamente elevada.

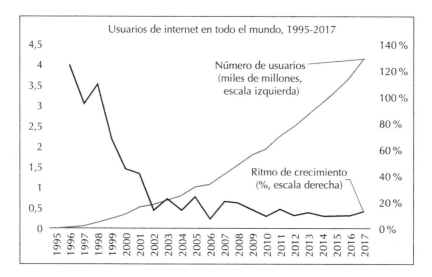

Figura 4.2. Usuarios de internet en todo el mundo, 1995-2017.
Fuente: Elaboración del autor a partir de datos publicados en World Internet Stats.com, https://www.internetworldstats.com/emarketing.htm.

Hacen falta ocho *bytes* para almacenar la letra «a» o en realidad cualquier otro carácter. Para almacenar todos los libros del mundo en todas las lenguas (más una copia de seguridad) se necesitarían unos cuatrocientos ochenta millones de millones de *bytes*, o sea, 480 seguido de doce ceros, que ocuparían fácilmente unos veinte mil deuvedés que, puestos unos encima de otros, alcanzarían una altura de veinticuatro metros. Un *zettabyte* es un billón de veces más. Guardar en deuvedés el tráfico en internet requeriría un montón de veinticuatro mil millones de kilómetros de altura. Como el sol está solo a ciento cincuenta millones de kilómetros, el montón iría y volvería de la Tierra al Sol ochenta veces.

Por otro lado, las cifras están aumentando con rapidez. Según Cisco, la cantidad de información que pasa por internet se duplicará cada par de años hasta 2021. Además de la mayor velocidad de las conexiones individuales, su número se ha incrementado rápidamente a escala mundial. En su primera época, el número de usuarios de internet se disparó –alcanzó ritmos de crecimiento de tres dígitos. A partir de 2000, se estabilizó en la franja del 10 al 20 %, donde ha permanecido desde entonces. Actualmente hay más de cuatro mil millones de usuarios. La cobertura es casi absoluta en Norteamérica y Europa. En Asia y África, sin embargo, hay mucho margen de crecimiento, pues tiene conexión a internet menos de la mitad de la población. En el mundo en su conjunto, la conexión gira en torno al 55 %. Con el ritmo de crecimiento actual del 10 % al año, más de mil millones de personas estarán conectadas cuando vayan a celebrarse las elecciones norteamericanas hacia 2020. En las de 2024, casi todos los seres humanos estarán *online*.

La combinación de procesamiento rápido de datos y de transmisión rápida ha dado origen a algunas redes digitales de proporciones inmensas, como Facebook, con sus dos mil millones de usuarios. Esto tiene una explicación convincente: la ley de Metcalf.

Ley de Metcalf

Robert Metcalf –el tercero y menos pintoresco de los legisladores digitales– observó que estar conectado a una red se vuelve más valioso a medida que la red crece, incluso cuando baja el coste de la conexión. Esto ayuda a explicar no solo por qué las redes digitales crecen tan deprisa, sino también los resultados de «todo para el ganador» que vemos en la competencia *online* entre redes. En realidad, la ley es puro sentido común.

Es muy evidente que las redes son más útiles, y útiles más a menudo, cuando conectan a más personas, más ordenadores y más información. Sin embargo, no es en la simple tendencia –más enlaces equivalen a más utilidad– donde está la clave. Según la ley de Metcalf, el valor de una red aumenta más deprisa que el número de personas conectadas a la misma. Y no solo un poco, sino el doble.

Cuando el número de usuarios de la red es, pongamos, cien mil, el número de posibles conexiones nuevas creadas al añadir a un usuario más es cien mil. Si hay doscientos mil usuarios, añadir uno significa generar doscientas mil conexiones nuevas. En otras palabras, el incremento gradual en el número de conexiones nuevas no se produce de forma lineal. La magnitud de cada aumento crece con cada incremento nuevo, por lo que el crecimiento se alimenta del crecimiento y pronto llega a ser transformador.

El resultado a veces se conoce como «economía del punto crítico». Cuando el tamaño de algo supera su punto crítico, puede aumentar progresivamente hasta convertirse en algo muy grande y muy rápido. WhatsApp es un buen ejemplo. La gente se incorporó de forma masiva desde que empezó a mandar montones de mensajes y, a su vez, una audiencia mayor alentó a más gente a enviar más mensajes. En los dieciséis meses anteriores a julio de 2017, quinientos millones más de personas comenzaron a utilizar WhatsApp. El efecto bola de nieve también contiene un elemento social: por lo general, la gente no hace algo porque otros no lo hacen; pero si los demás empiezan a hacerlo, todos se apuntan. La cuestión esencial es que las redes se vuelven más valiosas mucho más rápido de lo que crecen. En la era de la robótica, esto tiene unas cuantas repercusiones importantes.

La primera es que ayuda a explicar por qué la economía parece funcionar en el ciberespacio de una manera distinta a la del espacio real. Ayuda a explicar por qué empresas como Facebook, WhatsApp o Twitter aumentan su valor tan deprisa. Facebook, por tomar el ejemplo clásico, inició su andadura en 2004, pero no se abrió al público hasta septiembre de 2006 (al principio era solo para estudiantes universitarios). Cinco años después ya tenía seiscientos millones de usuarios. En 2012 tuvo unos beneficios de mil millones de dólares. En la actualidad, cuenta con más de dos mil millones de usuarios y sus ganancias ascienden a diez mil millones de dólares anuales.

La segunda cuestión es que la ley de Metcalf ayuda a explicar la tendencia de la economía virtual a actuar como si fuera una competición en la que solo hay un ganador. En la década de 2000, Facebook tenía algunos competidores, como MySpace, pero todo el mundo quería estar en Facebook porque todo el mundo estaba en Facebook; era allí donde podías encontrar a tus amigos. Del mismo modo, recuerdo cuando Google era el nuevo buscador que desafiaba a las empresas dominantes como Yahoo. La victoria no estaba ni mucho menos asegurada, pero en cuanto Google empezó a ganar, incorporó a usuarios que le permitieron ganar aún más rápido. Lycos, Altavista, Ask.com y otras se quedaron en la cuneta. Incluso un buscador «nacido grande» como Bing de Microsoft tuvo dificultades para discutirle la primacía al líder debido a la ley de Metcalf.

La capacidad de las redes y el ritmo eruptivo de la capacidad de cálculo y de transmisión no son los únicos impulsores del ritmo endiablado de lo digitecnológico. Con respecto a la innovación, entre el mundo digital y el mundo industrial hay algo muy distinto. El cúmulo de nuevas tecnologías surgidas a finales del siglo xx, durante la Segunda Revolución Industrial, tardó décadas en generar productos útiles y procesos nuevos.

El carácter de la innovación digital es muy diferente. Es muchísimo más rápida porque la naturaleza de sus componentes es muy distinta. Este nuevo de tipo de innovación incluso tiene un nombre: digital, combinatoria. Es así como la llama Hal Varian, economista jefe de Google, pero para mí es una variante de la ley de Varian. En ciertos aspectos, Varian es una persona que se parece poco a su ley.

Ley de Varian

Hal Varian es un hombre alto, tranquilo, que no aparenta los setenta años que tiene sino diez menos. Su ley tiene que ver con la innovación caótica, pero su persona no tiene nada de caótico –a menos que pensemos en su socarrón sentido del humor. Cuando en el verano de 2017 hablé con él en el Foro sobre Bancos Centrales celebrado en Sintra, Portugal, parecía burlarse discretamente de los banqueros allí reunidos. Su corbata de color monda-seca-de-naranja (seguramente hecha del poliéster más delicado de California) llevaba grabados los símbolos $, £, € y ¥ colocados en gráficos de líneas, que representaban alzas y bajas de los mercados bursátiles. Quizá fuera un saludo de Silicon Valley al código de vestimenta más formal del BCE, o tal vez Hal solo planeaba utilizarla para romper el hielo con Mario Draghi y Ben Bernanke.

La ley de Varian explica por qué las cosas están cambiando tan deprisa actualmente en el mundo digital. «De vez en cuando aparece una tecnología, o un conjunto de tecnologías, que ofrece una amplia serie de componentes que se pueden combinar y recombinar para crear productos nuevos», explicaba Varian. «Después, la llegada de estos componentes desencadena un *boom* tecnológico a medida que los innovadores determinan las posibilidades que tienen.»

La gran diferencia entre los apogeos creadores de la época actual y de los siglos xix y xx es la índole de los productos y los componentes. Hoy en día, los componentes son cosas como *software* de código abierto, protocolos o Interfaz de Programación de Aplicaciones (API, por sus siglas en inglés). Y por extraño que parezca, estos componentes se pueden copiar gratis.

Incluso en el competitivo mundo del aprendizaje automático, los líderes están publicando sus descubrimientos clave en revistas académicas, de acceso abierto. Se introducen como rutina conjuntos de datos para su descarga gratuita. Empresas como Google han puesto sus ordenadores más potentes al servicio de algunos usuarios *online*. IBM ha hecho que su puntero ordenador cuántico sea de acceso gratuito para crear una comunidad de expertos que saben cómo lograr que los ordenadores cuánticos lleven a cabo cosas útiles.

Lo que acaso parezca curioso sobre esta práctica generalizada es que los productos digitales creados a partir de estos componentes gratuitos suelen ser valiosísimos.

La ley de Varian es como sigue: los componentes digitales son gratuitos mientras los productos digitales son muy valiosos. La innovación estalla cuando hay personas que intentan enriquecerse trabajando con las casi infinitas combinaciones de componentes en busca de productos digitales válidos.

En su influyente libro *The Second Machine Age*, Erik Brynjolfsson y Andy McAfee señalan las consecuencias. Una gran diferencia entre la tecnología digital y la tecnología tradicional es que los productos y los componentes nuevos de la primera se pueden reproducir sin coste, al instante y a la perfección. Pensemos en lo mucho más rápido que se habría propagado la Revolución Industrial si la máquina de vapor de Newcomen se hubiera podido reproducir sin coste, al instante y a la perfección.

Los coches autónomos son un ejemplo de la ley de Varian. Sin embargo, aun siendo una de esas maravillas infalibles, de alta tecnología, del futuro, no utilizan ninguna técnica innovadora, sino que son una recombinación de tecnologías existentes, como GPS, wifi, sensores avanzados, frenos antibloqueo, transmisión automática, control de tracción y estabilidad, control de crucero adaptativo, control de carril y *software* de cartografía, todo ello integrado por una elevadísima capacidad de procesamiento y un robot de cuello blanco accionado por IA. No obstante, pese a ser una mezcla de elementos ya existentes, los vehículos autónomos crearán un mercado de siete billones de dólares. Y no es un ejemplo aislado. Muchos de los productos, aplicaciones y sistemas actuales más innovadores, entre ellos Uber, Airbnb o Upwork.com, son en buena medida un popurrí de componentes digitales ya existentes.

Las cuatro leyes digitecnológicas han posibilitado que cosas antes inconcebibles sean ahora de alcance universal. Han abierto puertas a tecnologías que para muchos solo existían en las películas de ciencia ficción. Pero, ¿esto va a continuar?

¿Proseguirá el impulso digitecnológico?

Hasta ahora, la clave de la ley de Moore ha sido la de embutir más electrónica en un solo chip informático. Como las cosas solo pueden hacerse más pequeñas, el final de la ley de Moore es una inevitabilidad lógica. De hecho, algunos piensan que ya hemos llegado al límite. Peter Bright, de Ars Technica, por ejemplo, en un artículo de noviembre de 2016 escribió: «La ley de Moore ha muerto a la edad de 51 años tras una larga enfermedad».[4] Brian Krzanich, jefe ejecutivo de Intel, tiene una opinión diferente (como cabría esperar del director de la empresa fundada por Gordon Moore).

En mayo de 2017, Krzanich anunció que la muerte de la ley de Moore se había aplazado. «Llevo en este sector 34 años», dijo Krzanich, «y he oído hablar de la muerte de la ley de Moore más que de ninguna otra cosa en mi carrera. Pues hoy estoy aquí para demostraros y deciros que la ley de Moore goza realmente de buena salud. Creo que la ley de Moore estará vivita y coleando mucho más tiempo del que durará mi carrera».[5]

Los transistores de los microprocesadores actuales miden aproximadamente catorce nanómetros de ancho. Para tener una idea de lo pequeños que son, pensemos que las bacterias miden entre diez mil y cien mil nanómetros, y el virus promedio, cien. Los átomos individuales son del orden de un décimo de nanómetro. Cuando Krzanich dijo públicamente que suspendía el funeral de la ley de Moore, estaba anunciando un chip con transistores de diez nanómetros de ancho.

Como es lógico, podemos dividir diez nanómetros por la mitad varias veces antes de llegar al tamaño del átomo, pero en esta escala el mundo se vuelve extraño por la presencia de la física cuántica.

---

[4] Peter Bright, «Moore's Law Really Is Dead This Time», ArsTechnica.com, 2 noviembre 2016.

[5] Daniel Robinson, «Moore's Law In Running Out -But Don't Panic», Computer Weekly.com, 19 noviembre 2017.

En el informe de 2015 *Technology Roadmap for Semiconductors*, el autor principal, Paolo Gargini, escribe: «[...] incluso con esfuerzos superagresivos, llegaremos al límite de 2-3 nanómetros, que equivalen a 10 átomos a lo ancho». En esta escala, el comportamiento de los electrones está regido por las incertidumbres cuánticas, que volverían los transistores irremediablemente poco fiables. Gargini conjetura que se alcanzará este límite en la década de 2020.

No obstante, los límites físicos no han de impedir que los ordenadores sean cada vez más rápidos, más baratos y más pequeños.

Caminos a seguir: el «más Moore» y el «más que Moore»

Hasta la fecha, la industria ha buscado lo que Gargini denomina la ruta «más Moore», es decir, aumentar la densidad de componentes en un semiconductor. Sin embargo, aparte del sistema más Moore hay otras maneras de aumentar la potencia de los ordenadores. Según Gargini, los ingenieros están ideando técnicas para pasar de los chips 2D a los chips 3D.

Otro camino a seguir es lo que Gargini llama enfoque «más que Moore», que consiste en fabricar chips optimizados para tareas específicas más que para la informática generalista. Por analogía, la ruta «más Moore» es como volver a un atleta cada vez más fuerte para que pueda ganar medallas en cualquier deporte basado en la fuerza. El nuevo planteamiento consiste en entrenar a unos atletas para el lanzamiento de peso y a otros para el de disco. El chip de Nvidia para el aprendizaje automático es un buen ejemplo de ruta «más que Moore», pues está diseñado específicamente para el aprendizaje automático.

La solución definitiva a los límites físicos es la computación cuántica, que se vale de las extrañas y maravillosas propiedades de la física cuántica, en la que algo puede ser muchas cosas al mismo tiempo. Esto, que según algunos saldrá de los laboratorios y llegará a los centros de trabajo en la década de 2020, promete un salto cualitativo en la potencia informática. No obstante, este tipo de computación aún está lejos de tener aplicaciones comerciales, puntualizando, desde luego, que en el mundo de la tecnología digital «lejos» pueden ser diez años.

Hay otras maneras de sortear los límites de la física a la acción de meter como sea más transistores en un chip individual. Una bastante habitual es la de sustituir la transmisión por músculo de procesamiento local. Este es el truco de los iPhones con el asistente digital Siri. En muchos iPhones, Siri solo funciona cuando el móvil está conectado a internet. Tus datos de voz se comprimen, se mandan zumbando a los superordenadores de Apple en la nube, y la respuesta es enviada al instante a tu iPhone para que Siri la emita con su agradable voz. Y todo en cuestión de segundos, o microsegundos.

Es probable que estos diversos caminos a seguir mantengan el avance de la digitecnología a un ritmo vertiginoso durante los años venideros.

Una de las cosas más importantes conseguidas gracias a las cuatro leyes es una tecnología muy curiosa que lleva la etiqueta aparentemente contradictoria de «aprendizaje automático». Podemos ver lo extraño que es este aprendizaje automático examinando el modo en que las personas interaccionan con las cosas que aquel ha posibilitado.

Aprendizaje automático. Segunda divisoria continental de la informática

Amanda Barnes tiene una compañera nueva que se llama Poppy. Esta pareja ayuda a los agentes de seguros de Lloyds en Londres a cumplir las regulaciones financieras que se establecieron tras la crisis de 2008. Las nuevas pólizas de seguros han de figurar en un registro central, lo cual significa crear y validar un denominado «pagaré del asegurado para la prima [de Londres]», o LPAN (por sus siglas en inglés). Es casi rutina: podemos llamarlo «cadena de montaje de conocimiento».[6]

El agente de seguros envía un correo electrónico con información sobre la póliza nueva. A continuación, alguien ha de abrirlo, extraer la información pertinente, validarla y emparejarla con datos adicionales. Después se cumplimenta el LPAN, y se carga el paquete entero para el Repositorio del Mercado de Aseguradoras.

---

[6] Véase Leslie Willcocks, Mary Lacity y Andrew Craig, «Robotic Process Automation at Xchanging». Outsourcing Unit Working Research Paper Series 15/03, London School of Economics and Political Science, junio 2015.

Barnes es capaz de revisar quinientos LPAN en unos días; Poppy lo hace en unas horas. Poppy forma parte de la nueva mano de obra digital en la que «digital» se refiere al trabajador, no al trabajo. Es un robot de cuello blanco donde «cuello blanco» hace referencia al atuendo de los trabajadores a los que está reemplazando, no a la ropa que luce el robot. Poppy es un ejemplo de una nueva forma de IA denominada «automatización de procesos mediante robótica» (RPA, por sus siglas en inglés), que utiliza las nuevas capacidades creadas por el aprendizaje automático.

Barnes considera a Poppy una compañera de trabajo pese al hecho de que «ella» solo es una pieza de *software*. De hecho, fue Barnes quien le puso el nombre. Quizá lo de nombrar deriva del hecho de que el *software* hace exactamente lo que Barnes solía hacer antes, y exactamente de la misma manera. O acaso se deba a que la RPA parece vulnerable, pues Poppy no es capaz de lidiar con casos delicados; ha de pasárselos a Barnes.

Este tipo de personificación es bastante habitual cuando se trata de robots de *software*. Ann Manning, por ejemplo, trabajador de Xchanging, empresa de procesos de negocios, entrenó a una RPA a la que luego llamó Henry. «Está programado para tomar 400 decisiones, todas salidas de mi cerebro, por lo que es parte de mi cerebro y le he dado un poco de personalidad humana», explicaba.[7] Cuando un concesionario de Mercedes en Texas puso en funcionamiento un asistente virtual para que respondiera a consultas sobre coches y concertara citas, los agentes comerciales empezaron a llamarla Tiffany, y los clientes «la» adoraban. Con un tono de baladronada tejana, Joseph Davis, encargado de internet del concesionario, afirmaba: «Un cliente apareció con un ramo de rosas para ella, y otros dos la han invitado a salir».[8]

Aquí hay pistas importantes. La gente no pone apodos a los ordenadores, los teléfonos inteligentes o los programas Excel. La costumbre de poner nombre a los robots de *software* es un mensaje desde la primera línea del frente: se nos informa de que esta automatización es ciertamente algo nuevo. Y los trabajadores de esa primera línea tienen razón. Ahora los ordenadores son capaces de «pensar» de maneras antes inimaginables.

---

[7] Willcocks, Lacity y Craig, «Robotic Process Automation at Xchanging».
[8] Citado en Jesse Scardina, «Conversica Cloud AI *Software* Tackles Sales Leads», TechTarget.com (blog), 1 junio 2016.

Los ordenadores pasan de la obediencia a la cognición

Las máquinas han cruzado recientemente una segunda «divisoria continental». La primera vez, en la década de 1970, supuso pasar de las cosas a las ideas, como hemos visto. La segunda conlleva pasar de procesos de pensamiento consciente a procesos de pensamiento inconsciente. Imaginémoslo como la paradoja de Moravec al revés.

Hans Moravec, pionero de la IA, escribió (al final de la edad de piedra de la IA, concretamente en 1988): «Es relativamente fácil fabricar ordenadores que muestren un desempeño al nivel de los adultos en pruebas de inteligencia o en el ajedrez, y difícil o directamente imposible dotarlos de las habilidades de un niño de un año en lo referente a la percepción o la movilidad». Esa era la paradoja: los ordenadores eran competentes en lo que los seres humanos consideraban difícil, y torpes en lo que para los seres humanos es fácil. Esta diferencia reflejaba una característica del pensamiento humano conocida desde hace mucho tiempo por los especialistas.

Según los psicólogos, los humanos pensamos de dos maneras distintas: por un lado está el pensamiento consciente, minucioso, lógico, verbal; por otro, el pensamiento inconsciente, rápido, instintivo, no verbal. Cuando calculas mentalmente una propina del 10 %, estás utilizando la forma lógica de pensar; el instinto no tiene nada que ver con esto. Cuando después de tropezar recuperas el equilibrio, estás usando la manera instintiva de pensar; la lógica ahí no pinta nada. Como científicos que eran, los psicólogos inventaron nombres nada poéticos para estas dos formas de pensar: Sistema 1 (pensamiento intuitivo o instintivo) y Sistema 2 (pensamiento analítico). Los científicos sociales han dado con nombres más llamativos. El psicólogo Daniel Kahneman, a quien en 2002 le fue concedido el Premio Nobel de Economía, llamó a los dos sistemas «pensamiento rápido» y «pensamiento lento» en su libro de 2011 *Pensar rápido, pensar despacio*. Yo prefiero la terminología del psicólogo social de la Universidad de Nueva York Jon Haidt, que etiqueta a la parte racional del cerebro, de pensamiento lento, como «el jinete», y a la parte instintiva, de pensamiento rápido, como «el elefante».

Las etiquetas de Haidt evocan la imagen de un pequeño jinete (un pensador analítico, consciente, del Sistema 2) a lomos de un enorme elefante (un pensador instintivo, inconsciente, del Sistema 1). Hay dos aspectos de este etiquetado que son esclarecedores (en un Sistema 2, más bien). En primer lugar, el elefante se encarga de la mayor parte de nuestro pensar, aunque no seamos conscientes de ello; cuando se trata de la cognición, el elefante hace el trabajo pesado. En segundo lugar, aunque el jinete se sienta encima del elefante y, en principio, tiene el control, la realidad de quién controla a quién está menos clara de lo que parece: para el jinete es muy difícil dominar al elefante –de lo que puede dar fe cualquiera que haya jurado adelgazar.

En todo caso, ¿qué tiene que ver esto con la tecnología digital y una RPA como Poppy? La fuente esencial de la paradoja de Moravec era la naturaleza de la programación informática tradicional. La programación tradicional imitaba la forma de pensar del jinete, no la del elefante.

Hasta hace pocos años, los seres humanos enseñábamos a los ordenadores a hacer cosas con programas informáticos.[9] Estos programas explicaban, siguiendo un paso lógico tras otro, lo que el ordenador debía hacer en cada situación en que se pudiera encontrar. Sin embargo, este enfoque significaba que, antes de poder enseñar a los ordenadores a pensar, teníamos que entender cómo pensamos nosotros, paso a paso. La paradoja de Moravec surgió porque, como dijo otro de los primeros héroes de la IA, «de lo que menos conscientes somos es de lo que nuestra mente hace mejor». Entendemos cómo piensa nuestro jinete: por ejemplo, la manera de hacer cálculos aritméticos o algebraicos, o de tirar con el arco. Pero no tenemos ni idea de cómo piensa nuestro elefante: por ejemplo, cómo reconocemos un gato o recuperamos el equilibrio cuando tropezamos. Una forma de IA denominada «aprendizaje automático» resolvió la paradoja mediante un cambio en la manera de programar los ordenadores.

Con el aprendizaje automático, los seres humanos ayudan al ordenador (la parte «automático») a elaborar un amplio modelo estadístico que luego aquel utiliza para conjeturar la solución de un problema concreto (la parte «aprendizaje»). Gracias a enormes avances en potencia informática y al acceso a cantidades ingentes de datos, los robots de cuello blanco entrenados mediante aprendizaje automático alcanzan sistemáticamente rendimientos de nivel humano en tareas

---

[9] El aprendizaje automático lleva décadas con nosotros, pero en el pasado la falta de datos y de potencia informática limitaba la eficiencia de los algoritmos que producía.

específicas de estimación, como el reconocimiento del habla. Con algoritmos de aprendizaje automático, los ordenadores han comenzado a pensar, a relacionar. Ya no se limitan a seguir instrucciones explícitas; ahora hacen conjeturas sólidas que les permiten emplear ciertas formas de pensamiento humano. Es por eso por lo que el aprendizaje automático está afectando al mundo del trabajo de manera tan radical.

Esta nueva clase de cognición informática está cambiando realidades, creando nuevas formas de automatización que sustituirán a millones de seres humanos cuyos empleos estaban –hasta el siglo xxi– protegidos gracias al hecho de que los ordenadores no eran capaces de realizar tareas del Sistema 1, del elefante/pensamiento rápido. Ahora sí lo son. El aprendizaje automático es realmente una revolución que todo el mundo debe comprender. Los juegos han acaparado titulares, así que ya tenemos un buen punto de partida.

Juegos y más allá

El antiguo juego de mesa Go es mucho más complejo que el ajedrez. Tras dos movimientos, el jugador de ajedrez puede realizar cuatrocientos posibles movimientos nuevos. En la misma situación, un jugador de Go puede elegir entre ciento treinta mil posibilidades, y la cosa cada vez se va complicando más. En un tablero de Go, hay más posiciones posibles que átomos en el universo. El juego es tan complejo que los mejores jugadores humanos «sienten» instintivamente qué han de hacer. No pueden, como en el ajedrez, darle vueltas a la estrategia de una manera lógica.

Esta complejidad es también la explicación de por qué los ordenadores que utilizan el «pensamiento» lento del Sistema 2, del jinete, no podían igualar el desempeño humano en Go aunque hace décadas ganaron a los mejores humanos al ajedrez. Esto cambió en mayo de 2017, cuando un programa informático llamado AlphaGo Master se valió de técnicas de aprendizaje automático para vencer al mejor jugador de Go del mundo.[10] El cómo es tan asombroso como el qué.

---

[10] Elizabeth Gibney, «Self-Taught Ai Is Best Yet at Strategy Game Go», *Nature*, 18 octubre 2017.

AlphaGo Master, propiedad de la puntera empresa DeepMind, aprendió lo básico estudiando treinta millones de posiciones de ciento sesenta mil juegos reales. Es algo imponente. En la vida laboral de un ser humano solo hay unos veintiséis millones de minutos, así que AlphaGo Master comenzó con más de una vida de experiencia. Pero luego las cosas fueron incluso más desalentadoras para los seres humanos que esperaban competir con esta tecnología.

Para aprender de la experiencia, AlphaGo Master jugó contra sí mismo en seis meses más partidas de las que podía jugar un humano en seis décadas. Así lo expresó Ke Jie, el mejor jugador del mundo, cuando perdió frente al algoritmo: «El año pasado, aún era bastante parecido a un humano cuando jugaba. Pero este año se ha convertido en una especie de rey del Go». Sin embargo, aquí no acaba lo asombroso.

En un ejemplo clásico de velocidad inhumana de la IA, la empresa propietaria de AlphaGo Master desarrolló una nueva versión de AlphaGo que se saltaba la parte de «aprendizaje de juegos humanos» y aprendía a jugar desde cero. La regla era «todo empezó con». Como la capacidad informática había aumentado mucho desde que AlphaGo Master fuera «entrenado», los resultados fueron increíbles. Tras haber jugado contra sí mismo solo cuarenta días, la nueva versión, AlphaGo Zero, venció al mejor jugador de Go del mundo, que entonces era AlphaGo Master. Esto ocurrió solo seis meses después de la sorprendente victoria de AlphaGo Master sobre el mejor jugador humano.

En todo caso, el aprendizaje automático no es solo diversión. Los científicos informáticos están llevando los juegos acaparadores de titulares al terreno de la automatización que acapara empleos. Antes de que las máquinas cruzaran la segunda divisoria continental con el aprendizaje automático, los ordenadores no eran muy efectivos en el trabajo de oficina. No sabían leer escritura a mano, reconocer personas, escribir, hablar o entender el habla. Ahora sí saben; y sus habilidades administrativas van siendo cada vez mejores con gran rapidez.

Un ejemplo procura una excelente manera de entender qué es el aprendizaje automático, cómo funciona y cuáles son sus limitaciones: el modo en que Siri «aprende» una lengua nueva, en este caso el dialecto de Shanghái del chino, denominado «shanghainés».[11]

---

[11] Véase la fascinante descripción del proceso de Benjamin Moyo, «Apple Speech Team Head Explains How Siri Learns a New Language», 9to5Mac (blog), 9 marzo 2017.

Aunque uno de los ingredientes clave es la enorme capacidad informática, en este caso empezamos con una gran cantidad de esfuerzo humano.

Cómo aprendió Siri shanghainés

Los científicos informáticos de Apple hicieron que hablantes de shanghainés leyeran en voz alta palabras y párrafos de muestra. Esto creó una base de datos en la que sonidos concretos (habla) estaban vinculados a palabras concretas (texto). Esto se denomina «conjunto de datos de aprendizaje».

Los ordenadores no oyen como los seres humanos, y solo son capaces de lidiar con *inputs* que hayan sido digitalizados, es decir, convertidos en series de ceros y unos. Es por eso por lo que había que «digitalizar» el sonido y el texto. Las ondas sonoras registradas se traducen en series de ceros y unos, al igual que las palabras a las que corresponden en el conjunto de datos de aprendizaje. Esto genera un conjunto de datos legibles por el ordenador en el que se sabe que una pauta de ceros y unos (habla) guarda correspondencia con otra pauta de ceros y unos (texto). Aquí es donde entra en escena el aprendizaje automático.

La tarea consiste en identificar qué rasgos del habla digitalizada son más útiles cuando hacemos una conjetura bien fundamentada sobre la palabra correspondiente. Para abordar esta tarea, los científicos informáticos crean un modelo estadístico de «pizarra en blanco». Es una pizarra en blanco en el sentido de que a cada característica de los datos del habla se le permite ser, en principio, una característica importante en el proceso de formulación de hipótesis. Lo que están buscando es la manera de sopesar cada aspecto del habla cuando intentan encontrar la palabra a la que está asociado.

Lo revolucionario sobre el aprendizaje automático es que los científicos no rellenan los espacios vacíos. No escriben los pesos relativos en el modelo estadístico, sino una serie de instrucciones, paso a paso, sobre cómo debe llenar los espacios en blanco el propio ordenador. Las instrucciones redactadas por humanos explican a la máquina cómo averiguar qué rasgos de los datos sonoros son los importantes. Dicho de otro modo, los científicos «enseñan» al ordenador a «aprender» cuáles son los mejores pesos estudiando los emparejamientos en el conjunto de datos de aprendizaje.

Estas instrucciones escritas por seres humanos le dicen al ordenador que al principio sea valiente, esto es, que haga suposiciones atrevidas sobre los pesos respectivos. Considerémoslo un primer paso brusco. A continuación, el ordenador se hace a sí mismo un examen sorpresa para verificar la precisión de las conjeturas en ese primer paso. Tras calificar su propio examen, el ordenador va cambiando los pesos para ver si es capaz de mejorar su puntuación en el siguiente examen. Al jugar con los pesos, yendo de acá para allá entre estos y los exámenes, al final el ordenador llega a lo que considera un conjunto de valores realmente bueno. Es decir, identifica los rasgos de los datos del habla que son útiles para predecir las palabras correspondientes.

Después, los científicos hacen que el modelo estadístico se examine. Le introducen un conjunto nuevo de palabras pronunciadas para predecir las palabras escritas a las que corresponden. Esto se denomina «conjunto de datos de prueba». Por lo general, el modelo –que también se conoce como «algoritmo»– no es lo bastante bueno para dejarlo andar solo, por lo que los científicos informáticos hacen por su cuenta algunas pruebas sofisticadas basadas en el método de ensayo y error retocando manualmente el programa utilizado para seleccionar los pesos. Tras lo que puede ser una larga secuencia de repeticiones como esta, y después de que el modelo estadístico haya alcanzado un grado de precisión lo bastante elevado, el nuevo modelo lingüístico se gradúa y pasa al curso siguiente.

Apple no utilizó inmediatamente este algoritmo nuevo para traducir, sino para generar aún más datos. El nuevo algoritmo salió al mercado como una opción nueva en la función de dictado del iOS y el macOs de Apple (lo que se enciende cuando tocas el icono de micrófono que está junto a la barra espaciadora del teclado de tu iPhone). Mientras los hablantes nativos de shanghainés usaban la función, Apple registraba muestras de habla. A continuación, hacía que los humanos las convirtiesen en texto para crear un nuevo conjunto de datos de aprendizaje de sonidos y texto emparejados. Después, el ordenador era enviado de nuevo al aula para unos cuantos miles, o millones, de tandas de cambios de pesos y exámenes sorpresa. Este ir y venir continuaba hasta que Apple estaba satisfecha con el desempeño del modelo estadístico.

Esto es lo que permite a Siri «entender» una lengua nueva. Para aprender a «hablar» hace falta mucha menos inteligencia. Los actores humanos registran montones de palabras y secuencias del habla en shanghainés para que Siri se las reproduzca a los seres humanos en respuesta a preguntas y peticiones.

La IA lleva décadas con nosotros –el término fue acuñado en 1956. Por otro lado, incluso el aprendizaje automático es cosa del pasado. Así que las preguntas son: ¿por qué ahora?, ¿por qué el aprendizaje automático fue tan bueno tan deprisa?

¿Por qué el aprendizaje automático ahora?

La respuesta fácil reside en solo dos palabras, capacidad informática, o tal vez cuatro: mucha más capacidad informática. Es la ley de Moore en funcionamiento

Para preparar los sistemas de IA para que reconozcan fotos o comprendan el lenguaje hablado a niveles humanos hacen falta cantidades ingentes de potencia. Para llegar a la parte técnica del aprendizaje automático hace falta una operación matemática denominada «inversión de matrices». Para invertir matrices de gran tamaño se requiere un número increíblemente elevado de cálculos. Para un algoritmo que esté analizando, pongamos, cientos de miles de píxeles, una sola inversión conlleva billones de cálculos.[12] Esto, a su vez, solo es factible con una capacidad de procesamiento que solo era imaginable para los superordenadores más rápidos. La ley de Moore eliminó la limitación; las velocidades de ordenador que eran inalcanzables en 2014 acabaron siendo comunes y corrientes en 2016.

La otra explicación de que esté pasando ahora es que resulta posible recoger, almacenar y transmitir grandes conjuntos de datos.

La computación rápida y los grandes datos están relacionados por una razón muy sencilla: si la capacidad informática es el motor de reacción del aprendizaje automático, los datos son el combustible. Mientras la ley de Moore ponía en marcha el motor, la ley de Gilder mantenía la inyección de combustible. Hace apenas unos años, la

---

[12] La complejidad computacional de invertir una matriz n x n es del orden de n elevada al cubo.

magnitud de los conjuntos de datos empleados era algo imaginable pero no factible. En la actualidad pueden ser gigantescos.

La página web Flickr, por ejemplo, cuelga cien millones de vídeos e imágenes que se pueden utilizar para entrenar algoritmos de reconocimiento de imágenes. Para imaginar lo grande que es esto, pensemos que se tardan unos diecisiete minutos en contar hasta mil de uno en uno. Haciendo una pausa de vez en cuando, podemos contar hasta tres mil en una hora. Si hiciéramos esto cuarenta horas a la semana, cincuenta semanas al año, podríamos llegar a seis millones en un año natural. Necesitaríamos otros dieciséis años para alcanzar los cien millones, y para entonces Flickr seguramente habría duplicado varias veces el tamaño de su conjunto de datos.

No obstante, habida cuenta de esa asombrosa capacidad informática y estos grandes volúmenes de datos, ¿cómo es que el aprendizaje automático no se ha implantado de manera más generalizada? Un problema es que en cuanto la IA es lo bastante buena, dejamos de pensar en ella como IA. Por ejemplo, el Reconocimiento Óptico de Caracteres, que te permite escanear un documento y convertirlo en archivo de Word, es IA, pero la mayoría de la gente lo considera como algo corriente. En otras palabras, ya estamos rodeados de IA pero no lo sabemos. Un segundo problema es la escasez de conocimientos.

Los sistemas de RPA como Poppy o Henry pueden ser entrenados fácilmente por personas con una formación mínima. Pero conseguir que funcionen los sistemas de IA de alto nivel es algo muy distinto. Para ello hace falta gente con educación superior y mucha experiencia, y el caso es que no hay suficientes científicos de IA para transformar las posibilidades en una revolución en el mundo real. Según algunas estimaciones, solo diez mil personas de todo el planeta saben lo necesario para construir sistemas complejos de IA como Amelia, Siri o Cortana. Sin embargo, Google tiene la solución.

Google ha desarrollado una serie de herramientas que reducen la necesidad de *input* humano altamente cualificado en el aprendizaje automático. En el mercado desde enero de 2018, se denomina AutoML, abreviatura de «aprendizaje automático automatizado» [automated machine learning]. En realidad, esto es materia de ciencia ficción. AutoML es un programa de aprendizaje automático que está aprendiendo por su cuenta a diseñar algoritmos de aprendizaje automático. Es como un robot construyendo otros robots, o al menos un robot ayudando a los seres humanos a fabricar robots. Según Google, el objetivo es permitir a centenares de miles de programadores –que son buenos pero no genios– crear nuevas aplicaciones de este tipo de aprendizaje. En la actualidad, muchas empresas de muchos sectores de servicios disponen de inmensos conjuntos de datos, de los que no pueden sacar provecho al no contar con sistemas de IA entrenados con técnicas de aprendizaje automático. AutoML acelerará la automatización del sector servicios al paliar esta limitación.

Aunque el aprendizaje automático permite a los ordenadores completar muchas tareas mentales de tipo humano, el resultado tiene poco que ver con el pensamiento humano. En este asunto hay mucha confusión debido en parte al hecho de que el aprendizaje automático se denomina «inteligencia artificial», expresión que parece pensada para desorientar.

La IA es «casi inteligente»

Los nombres pueden provocar confusión; «inteligencia artificial» es un buen ejemplo. Toda la gente está absolutamente segura de saber lo que significan «inteligencia» y «artificial». Pero si juntamos las dos palabras, la confusión y el malentendido acaban originando una sensación de mal agüero que raya en el miedo. O a lo mejor nos da la risa y nos mofamos. Por «inteligencia artificial» no todo el mundo entiende lo mismo.

Algunos pensamos en personajes bobalicones de ciencia ficción como C3PO, de *La guerra de las galaxias*, o la robot-criada Rosie, de la serie televisiva de la década de 1970 *Los supersónicos*. Otros evocan personajes terroríficos, como el invencible T-1000 de metal líquido de la película *Terminator*, el ordenador psicópata Hal de *2001: una odisea del espacio*, o el ordenador manipulador de seres humanos de *Matrix*.

Según una definición fácil, la IA es un programa informático capaz de «pensar» y, por tanto, con cierta forma de inteligencia. Entonces, ¿qué es la inteligencia? Los psicólogos la definen así: «Una facultad mental muy general que, entre otras cosas, conlleva la capacidad para razonar, planificar, resolver problemas, pensar de forma abstracta, asimilar ideas complejas, aprender con rapidez y adquirir experiencia».[13] En la actualidad, la IA no es inteligente en este mismo sentido.

El aprendizaje automático solo hace las dos últimas cosas de la lista de los psicólogos: aprender con rapidez y adquirir experiencia. Incluso las revolucionarias aplicaciones del aprendizaje automático que vemos hoy en día –como Siri o los coches autónomos– solo son programas informáticos que reconocen patrones en datos y luego actúan, o hacen sugerencias partiendo de los patrones que detectan. El reconocimiento de patrones es increíble, a menudo sobrehumano en áreas concretas. Sin embargo, el reconocimiento de patrones no es «inteligencia» en el sentido en que se usa la palabra cuando se habla de animales inteligentes como los seres humanos, los chimpancés o los delfines. En realidad, IA debería significar «casi inteligente», no «inteligencia artificial».

La tecnología digital es algo fantástico. A unos les fascina; a otros les da miedo. Pero algo que debería ser evidente para todos es que cambiará nuestras economías, nuestras vidas y nuestras comunidades.

Desde el impulso técnico a la transformación económica

Como hemos visto, la tecnología digital ha iniciado un nuevo proceso de cuatro pasos: transformación, convulsión, reacción contraria y resolución. El primero, la transformación económica, ya está en marcha y recibe el impulso del ya familiar dúo dinámico del cambio económico: automatización y globalización.

La Transformación Globótica difiere de las anteriores en dos aspectos importantes; el primero es la dimensión. Donde el impacto digitecnológico se hará notar más es en el sector servicios. Como la mayoría de las personas trabajan en dicho sector, el efecto en las sociedades será mucho mayor que la Transformación de los Servicios, que desbarató sobre todo el sector industrial. Incluso en el momento álgido de la industria, menos de una tercera parte de los trabajadores estaban encuadrados en ese sector, por lo que las consecuencias sociales, bien que traumáticas, se limitaron a un porcentaje relativa-

---

[13] Linda Gottfredson, «Mainstream Science on Intelligence: an Editorial with 52 Signatories, History, and Bibliography», *Intelligence* 24, n.º 1 (1997).

mente reducido de trabajadores. Esta vez el impacto se dejará sentir de una manera mucho más amplia.

La segunda gran discrepancia es la cronología. A diferencia de la transformación que experimentamos en los siglos xix y xx, los dos miembros del dúo dinámico –automatización y globalización– están entrando en acción al mismo tiempo; por eso está la palabra «globótica» en el título de este libro. Hemos de dejar de preguntarnos si el impacto económico se debe ante todo a la globalización o a la automatización. La globalización y la robótica son ahora hermanos siameses, impulsados por la misma tecnología y al mismo ritmo.

En las dos transformaciones pasadas, los impulsos tecnológicos introdujeron nuevas formas de automatización mucho antes de poner en marcha formas nuevas de globalización. Para subrayar el hecho de que la digitecnología dio el pistoletazo de salida a la vez a la globalización de cuello blanco y a la automatización de cuello blanco, analizaremos primero la globalización.

5

La telemigración y la transformación globótica

Mike Scanlin es un espíritu inquieto. Con tres profesiones (ingeniería de *software*, banca de inversión y capital riesgo), decidió trasladarse a Las Vegas para dar cauce a su pasión, que, por extraño que parezca, es «las opciones cubiertas», una compleja estrategia de inversión que conlleva vender opciones de compra sobre acciones propiedad de uno.

En realidad, las opciones cubiertas solo son la segunda pasión de Scanlin. «Mi pasión y afición número uno es viajar y hacer senderismo», explicaba, «pero nunca he estado sin conexión a internet más de unas 36 horas (en efecto, puedes recibir una señal en el móvil desde el campo base del Everest; y mejor si estás en una cumbre, no en un valle)».[1]

Para poner en marcha su empresa emergente de tal modo que la cima del Machu Picchu, el fondo del Gran Cañón o las escarpadas paredes del río Zion Narrows fueran posibles lugares de trabajo, contrató a profesionales de talento en el extranjero. Gastó treinta y siete mil dólares en contratar a ingenieros de TI y creadores de páginas web que, según calcula, le habrían costado quinientos mil dólares si los hubiera contratado en Norteamérica. En la actualidad, para llevar a cabo sus proyectos solo concibe la posibilidad de emplear a trabajadores *free lance* extranjeros *online*.

---

[1] Citado en Camila Souza, «41 Entrepreneurs Share Their Unusual Hobbies», Tech.co (blog), 21 mayo 2015; véase también TJ McCue, «3 Freelance Economy Success Stories», Forbes.com.

Por desgracia, este tipo de prácticas aún no han suscitado mucha atención en el gran público, aunque esto pronto cambiará. Se trata de algo importante de veras. Las decisiones tomadas por personas como Scanlin están llevando a los empleados administrativos norteamericanos y europeos a una competición salarial directa con profesionales extranjeros muy preparados y dispuestos a trabajar por poco dinero.

Internet es una calle de doble sentido, desde luego, y en la competición salarial no siempre gana lo más barato. Es por eso por lo que la actividad *free lance* internacional también está creando nuevas oportunidades para algunos trabajadores de economías avanzadas. Cuando necesitan que algo se haga bien, las empresas suelen contratar a trabajadores más caros y expertos. Por eso ciertas empresas de servicios de países con salarios elevados dominan desde hace tiempo los mercados mundiales en sectores como las finanzas, la contabilidad, la ingeniería, las telecomunicaciones o la logística. Su ventaja competitiva se basa en la excelencia, no en los salarios bajos.

Sea como fuere, al margen del lado de la calle donde uno esté, esto es algo completamente distinto. Antes de las maravillas digitales de hoy día, Scanlin solo habría podido contratar a programadores extranjeros si estos hubieran emigrado desde sus países a los EE.UU. Y en ese caso, probablemente habrían exigido salarios y prestaciones en consonancia con los estándares norteamericanos.

La competencia salarial internacional de los telemigrantes

Lo que están haciendo estos trabajadores extranjeros *online* –en un sentido virtual– es migrar temporalmente a la empresa de Scanlin y trabajar por salarios que tienen sentido en su país de origen y que suelen ser bajos. Unos salarios que, en los EE.UU. y Europa, por lo general son una docena de veces más altos que en los países en vías de desarrollo.

En la figura 5.1 se observa que, en China, un contable gana veinte veces menos que uno estadounidense. El contable chino sería incapaz de hacer todo el trabajo –o la mayor parte– que hace el norteamericano, pero al ser veinte veces más barato, hay algunas tareas que el primero puede arrebatar al segundo. Con la ayuda proporcionada por los ayudantes chinos a los contables norteamericanos, las empresas de los EE.UU. son capaces de llevar a cabo su trabajo con menos gente del país. Por ejemplo, en vez de contratar a contables estadounidenses, una empresa puede encargar la tarea, a un coste muy inferior, a siete ayudantes locales y a siete ayudantes remotos. Y al final, quizá el resultado será incluso mejor. Si paga un poco por encima del salario chino promedio, una empresa norteamericana puede contar con lo mejor de lo mejor entre los contables chinos, los más listos y diligentes, lo cual significaría que el trabajo lo realizarían empleados extranjeros de primera, no autóctonos de segunda fila.

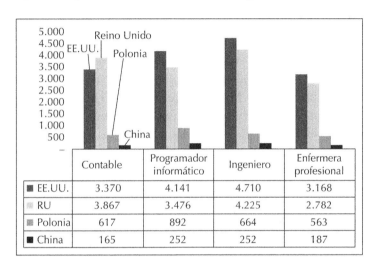

	Contable	Programador informático	Ingeniero	Enfermera profesional
EE.UU.	3.370	4.141	4.710	3.168
RU	3.867	3.476	4.225	2.782
Polonia	617	892	664	563
China	165	252	252	187

Figura 5.1. ¿En qué medida son más baratos los trabajadores extranjeros? Ingresos mensuales netos, en dólares americanos en 2005. *Fuente:* Elaboración del autor a partir de datos *online* de la Organización Internacional del Trabajo: Ingresos mensuales netos (dólares americanos constantes, 2005).

El ahorro de costes es similar en los programadores informáticos, los ingenieros y las enfermeras. En cada caso, la sustitución completa sería probablemente imposible, pero es evidente que cierta sustitución de trabajadores nacionales caros por trabajadores extranjeros baratos supondría un ahorro.

Esto a mí me funcionó. En abril de 2018, contraté a una correctora de Bangkok para que revisara entradas de blog del portal político que yo llevaba en Londres (VoxEU.org). Ella tiene un máster en Relaciones Internacionales por la Universidad de Columbia y muy buen ojo para los errores cometidos por mis autores, muchos de los cuales no son hablantes nativos. A veinticinco dólares la hora, es aproximadamente un 35 % más barata que los correctores europeos a los que suelo recurrir. Por tanto, no solo las empresas pueden disponer de trabajadores de servicios a precios módicos.

Tú mismo puedes contratar a un asistente personal remoto por poco dinero. Por ejemplo, una página web, avirtual.co.uk, incluye a Leigh McLaren-Brierley como ayudante personal *online*. Afincada en Ciudad del Cabo, Sudáfrica, es anglohablante nativa y tiene experiencia como gerente comercial en Thompsons Travel y un especial interés en recursos humanos, selección de personal y planificación de viajes. La sugerente cita que hay junto a su vídeo de descripción personal dice: «Me encanta lo que hago porque creo que influyo mucho en la productividad y la vida de mi cliente». Como alternativa está Monique Mancilla, que tiene un título BA de la Universidad de Santa Bárbara y experiencia en contabilidad y redes sociales; además, habla inglés y español con fluidez. En avirtual.co.uk, la tarifa básica por quince horas de asistencia al mes son doscientas setenta libras esterlinas.

Aunque hay pocos datos sistemáticos sobre las tarifas de los trabajadores *free lance* de todo el mundo, existe alguna encuesta válida. Una fue llevada a cabo por una nueva página web de intermediación *free lance*: freelancing.ph. La página se creó para ayudar a los filipinos a desarrollar una carrera *online*. Como dice su material publicitario, «creemos que, con la mentalidad adecuada, los filipinos son capaces de desplegar todo su potencial de clase mundial». Para ayudar a promover la telemigración, la página web llevó a cabo una encuesta sobre cuánto ganaban sus trabajadores *free lance*. Si tenemos en cuenta que estas tarifas tremendamente bajas pretendían atraer a los filipinos a la página, los resultados de la encuesta son muy reveladores: los trabajadores de la categoría «estrategas de *marketing* digital» ganaban entre seis y ocho dólares a la hora; los asistentes virtuales generales, entre tres y ocho; y los editores de contenidos y los gestores financieros, aproximadamente entre seis y quince.[2]

Aunque en los EE.UU. o Europa esto parece poco dinero (diez dólares a la hora se traduce en unos ingresos anuales de veinte mil dó-

[2] Véase «2016 Pinoy Freelancer Salary Guide», en freelancing.ph.

lares), está por encima de la media en la mayoría de estos países. En las Filipinas, por ejemplo, el sueldo promedio nacional es de nueve mil cuatrocientos dólares. El Banco Mundial realizó un estudio sobre actividad *free lance* internacional donde se observó que trabajadores *online* a tiempo completo de Kenia, Nigeria y la India ganaban más que sus coetáneos con empleos tradicionales.

En este sentido, la telemigración, o teletrabajo internacional, es una situación provechosa para todos, empresas y trabajadores por cuenta propia o *free lance*. Mi página web, VoxEU.org, está ahorrando dinero, y mi correctora de Bangkok está ganando más de lo que ganaría en su ámbito local. Los únicos que acaso se muestren contrariados con este arreglo son los correctores europeos, que ahora van a recibir menos encargos.

Los salarios bajos no suponen la única ventaja de los trabajadores *free lance* extranjeros: también ofrecen una inmensa reserva de talento. Además, gracias a la aparición de nuevas plataformas de intermediación, está siendo más fácil encontrar, contratar, supervisar, pagar y despedir a telemigrantes. Esto es lo que descubrió el presidente de ThePatchery.com.

Plataformas *online* de intermediación

Amber Gunn Thomas tuvo una idea luminosa. Le encantaba hacer ropa para sus hijos y pensó que ahí se podía ganar dinero. ¿Por qué no facilitar que la gente confeccionara la ropa de sus niños? Para crear la página web de su nuevo negocio (ThePatchery.com), contrató los servicios de una empresa de diseño de páginas web local de Minnesota. Como antes de que el trabajo estuviera terminado ya se habían gastado todo el presupuesto, tuvo que recurrir a trabajadores *online* extranjeros. Pero, ¿cómo iba a encontrar trabajadores extranjeros estando en Minnesota?

La solución pasó por utilizar una plataforma de intermediación. Estas plataformas de internet se parecen mucho a eBay, pero para servicios en vez de mercancías. eBay ayuda a las empresas y a las personas a comprar y vender cosas *online*. Las páginas de trabajadores *free lance* ayudan a las personas y a las empresas a comprar y vender servicios por internet.

Tras entrevistar a unos cuantos candidatos, Gunn Thomas solicitó los servicios de una agencia bielorrusa, iKantam. «Aquello cambió el curso de nuestro negocio», dijo. iKantam realizó el trabajo más deprisa que la agencia local y aportó un nivel de conocimientos que Thomas no había apreciado en la empresa local de desarrollo de páginas web.

Lo de contratar a trabajadores extranjeros no solo es para empresas pequeñas como ThePatchery.com; muchas empresas grandes también lo hacen. American Express, por ejemplo, recurre a trabajadores *free lance* extranjeros para cubrir muchos empleos. Victor Ingalls, vicepresidente de Servicio Mundial de American Express, lo explica así: «Contar con una fuerza laboral remota nos permite lanzar una red más amplia, llegar a potenciales trabajadores que quizá no vivan cerca de alguna de nuestras sedes físicas de atención al cliente». También explica que disponer de gente en diferentes husos horarios ayuda a la empresa a atender peticiones de clientes fuera de horas. Es útil asimismo que los trabajadores remotos estén dispuestos, a menudo de muy buen grado, a trabajar a tiempo parcial o con arreglo a horarios no tradicionales.[3]

Muchos otros gigantes empresariales cuelgan anuncios de solicitud de ayuda en páginas *free lance*. En Flexjobs.com, podemos encontrar ofertas de teletrabajo en ingeniería y arquitectura de Dell y Deloitte, o empleos de gestión de proyectos en Xerox, UnitedHealth Group y Oracle; tareas de telecomunicaciones en CBS Radio; u ocupaciones relacionadas con viajes y hostelería en Hilton. Y la lista sigue.

Además, los trabajadores *free lance* extranjeros ofrecen una tremenda flexibilidad. Gracias a las citadas plataformas, es fácil encontrarlos, contratarlos, supervisarlos y despedirlos, una circunstancia muy atractiva para los empresarios.

Encontrar, contratar y supervisar a trabajadores extranjeros

La página web más importante del mundo para asociar trabajadores y proyectos se llama Upwork.com, donde contraté a mi correctora.

---

[3] «Another 10 Companies Winning at Remote Work», CloudPeeps (blog), 17 mayo 2016.

Hice una descripción del trabajo que quería llevar a cabo y las cualificaciones del trabajador *free lance* con cuyos servicios quería contar. Esto acabó en la página como «oferta de empleo» a la que los *free lance* podían responder con «propuestas». Recibí en torno a una docena, incluidas algunas de posibles candidatos sugeridos por un *bot* intermediador de Upwork.

Tras leer las propuestas (cartas breves de presentación) y comprobar los perfiles *online* (donde se incluía el salario que solicitaban), entrevisté a dos solicitantes *online* durante unos quince minutos cada uno. Tras hacer mi elección, empecé a enviar trabajo a través del servicio de uso compartido de archivos de Upwork y a comunicarme con la correctora en la página web (que cuando hay un mensaje nuevo, o un archivo colgado, me envía un *e-mail*). Para garantizarme que las horas facturadas son reales, Upwork hace capturas de pantalla ocasionales de la pantalla de la correctora cuando ella asegura estar trabajando para mí.

La mujer sabe que cobrará, pues Upwork lo cargará a la tarjeta de crédito que he colgado. Puedo poner alguna objeción a la factura si creo que contiene algún error o que el trabajo es poco satisfactorio, pero esto no tiene efecto alguno. En cualquier caso, los dos tenemos interés en que la cosa funcione, pues es una situación en la que todos salimos beneficiados. Y si algo sale mal, se acaba el trabajo o decido contratar a otro trabajador *free lance*, despedirlo es lo más sencillo que hay: pulsas un botón que pone «fin de contrato».

Desde luego no soy el único que hace esto. En 2017, Upwork tenía catorce millones de usuarios de más de cien países y procesaba más de mil millones de dólares en ganancias de trabajadores *free lance*. Por otro lado, Upwork tiene mucha competencia; hay montones de competidores emergentes, como TaskRabbit, Fiverr, Craigslist, Guru, Mechanical Turk, PeoplePerHour o Freelancer.com. Este «espacio», como se dice en el mundo de internet, ha suscitado la atención del gigante de las redes profesionales Linkedin, que tiene registrados a cuatrocientos cincuenta millones de profesionales y está utilizando esta base para establecerse en la intermediación *free lance* con sus servicios Profinder. Y luego está el participante chino.

Como cabía esperar, teniendo en cuenta hasta qué punto ha llegado a ser digital la economía en China, la actividad *free lance online* en dicho país está en auge. Zhubajie (zbj.com) es la plataforma más importante. Empezó en 2006 y ahora ya tiene registrados más de dieciséis millones de trabajadores *free lance*. Han utilizado su red más de seis millones de negocios. La empresa también está expandiéndose a escala internacional. Su portal en inglés, Witmart.com, atiende a clientes a nivel global.

El presidente Zhu Mingyue explica que esta nueva forma de globalización será más rápida que la globalización tradicional: «En comparación con el comercio de mercancías *online*, nuestro comercio de servicios no tiene limitaciones en lo referente a la logística o los impuestos aduaneros. Es algo muy alentador». La empresa ya ha abierto oficinas en Houston, EE.UU., y en Toronto, Canadá. «Tenemos la base en China y sobre todo atendemos a clientes chinos, pero nuestro objetivo es el mercado global.»[4]

Considero muy probable que otros mercados emergentes creen sus propias plataformas de intermediación para ayudar a sus ciudadanos a incorporarse al mundo del *free lance* internacional. Sería una excelente oportunidad para crear empleos en beneficio de su fuerza laboral en rápida expansión.

En cierto modo, estas plataformas de internet están afectando a la telemigración igual que el ferrocarril, los barcos contenedorizados o las aerolíneas de carga afectaron en su momento al comercio de mercancías. Al reducir drásticamente el coste del traslado de bienes a escala internacional, una mejor tecnología del transporte permitió a las empresas sacar provecho de las diferencias de precio de un país a otro. El resultado fue un *boom* del comercio. Al reducir drásticamente el coste de contratar a trabajadores extranjeros de servicios, las plataformas *free lance* están permitiendo a las empresas sacar partido de las diferencias salariales en el plano internacional. La consecuencia seguramente será una explosión en la telemigración.

¿Quiénes son esos trabajadores free lance *extranjeros?*

Dada la naturaleza poco convencional de este trabajo, las estadísticas oficiales o bien no existen, o bien suelen ser engañosas. Para

---

[4] He Huifeng, «Zhubajie Charges toward Unicorn Status, and Flotation», South China Morning Post, 1 julio 2016.

llenar algunos de los espacios en blanco, Vili Lehdonvirta, profesor de Oxford, ha puesto en marcha un innovador proyecto para localizar mano de obra en internet, el Proyecto iLabour,[5] gracias al cual ha observado que casi el 25 % de los *free lance* están trabajando desde la India, y otra cuarta parte está afincada en Bangladés y Pakistán. El otro gran proveedor de este mercado emergente es Filipinas, mientras que al menos la octava parte es del Reino Unido y los Estados Unidos.

Otra ojeada al mundo de los trabajadores *free lance* procede de un estudio a gran escala centrado en los *free lance* de países con salarios bajos (llevado a cabo por la empresa de pagos *online* Payoneer.com). Se preguntó a veintitrés mil personas de todo el mundo: alrededor de una cuarta parte de los encuestados estaban en Latinoamérica y Asia, el 20 % en el centro y el este de Europa, y aproximadamente un 15 % en Oriente Medio y África.[6]

La inmensa mayoría de los trabajadores *free lance* estudiados contaban veintitantos o treinta y tantos años. Algo más de la mitad tenían formación universitaria. Más o menos la mitad de las empresas que pagaban por sus servicios estaban en Norteamérica y Europa (a partes iguales), alrededor del 15 % en Latinoamérica y Asia, y el 7 % en Australia y Nueva Zelanda.

Si miramos la lista de países de origen de los telemigrantes, queda claro que el idioma es un asunto importante en la globalización –posibilitada digitalmente– de los empleos profesionales y de servicios. Esto es perfectamente lógico; los servicios son personales en un sentido en que las mercancías no lo son. Por ejemplo, da igual si no puedes hablar con la persona que te ha ayudado a montar tu iPhone; sí es importante, en cambio, que no puedas hablar con la persona que está ayudándote con los preparativos para un viaje.

El hecho de que la mayoría de los empleos *free lance* requieran un inglés «lo bastante bueno» ha reducido muchísimo el número de telemigrantes potenciales. No obstante, la tecnología digital está

---

[5] «The iLabour Project, Investigating the Construction of Labour Markets, Institutions and Movements on the Internet», ilabour.oii.ox.ac.uk. Véase también «Digital Labour Markets and Global Talent Flows», de John Horton, William R. Kerr y Christopher Stanton, Documento de trabajo de NBER [Oficina Nacional de Investigación Económica], abril 2017.

[6] Melisa Sukman, The Payoneer Freelancer Income Survey 2015.

relajando esta restricción gracias a una asombrosa aplicación de IA denominada «traducción automática». La traducción instantánea solía ser material de ciencia ficción, pero hoy en día es una realidad y está disponible de forma gratuita en móviles, tabletas y ordenadores. Dista mucho de ser perfecta, pero los progresos desde 2017 han sido impresionantes, como descubrió un turista francés en Islandia precisamente en 2017.

La traducción automática y el tsunami de talento

En agosto de 2017, un hacendado islandés sorprendió a un turista francés que pescaba ilegalmente en sus tierras y llamó a la policía. Tan pronto entendió el turista que la policía venía de camino, pareció perder su dominio del inglés. Sin embargo, con ello no frenó el curso de la justicia. Esto ya no es posible en el mundo actual: el agente lo interrogó valiéndose del Traductor de Google y le impuso una cuantiosa multa como *souvenir* por su expedición de pesca.

En el mismo mes, un tribunal británico utilizó el Traductor de Google porque alguien se olvidó de llamar a un traductor jurado para un acusado que solo hablaba chino mandarín. Al acusado le alegró poder declarar sin un traductor humano, pues actualmente el de Google es muy preciso. En junio de 2017, el Ejército de los EE.UU. pagó a Raytheon cuatro millones de dólares por un paquete de traducción automática que permitía a los soldados enviados a Irak y Afganistán hablar en árabe y pastún, así como leer documentos y medios digitales en lenguas extranjeras en sus móviles y portátiles.

La traducción automática solía ser motivo de chanza. Un ejemplo famoso que contaba Peter Norvig, director de investigaciones de Google, era lo que los traductores automáticos de la vieja escuela hacían con la frase «el espíritu está dispuesto, pero la carne es débil». Traducida al ruso y de nuevo al inglés, se convertía en «el vodka es bueno, pero la carne está podrida».[7] Todavía en 2015 era poco más que un chascarrillo, o un primer borrador imperfecto. Pero no fue así por

---

[7] Stuart Russell y Peter Norvig (2003); *Artificial Intelligence: A Modern Approach* (Englewood Cliffs, NJ, Prentice Hall, 2003) (hay trad. cast., *Inteligencia artificial: un enfoque moderno*, Madrid, Ed. Alhambra, 2014).

mucho tiempo; ahora compite con la traducción humana promedio de combinaciones lingüísticas populares.

Según Google, que se vale de seres humanos para calificar traducciones automáticas en una escala desde cero (disparate total) a seis (perfecta), el algoritmo «Traductor de Google», entrenado con IA, obtuvo en 2015 una puntuación de aproximadamente 3,6, mucho peor que el traductor humano medio, que saca aproximadamente 5,1. En 2016, el Traductor de Google llegó al 5.[8] Las capacidades avanzan a pasos agigantados, está claro.

Mientras esto es cierto con respecto a casi todo lo que hacen los globots, la traducción automática no es tan buena como la de los humanos expertos, si bien es mucho más barata y mucho más práctica. Por su parte, los traductores humanos competentes no dudan en menospreciar las facultades de la traducción automática.

Por poner un ejemplo, en 2018 *The Atlantic Monthly* publicó un artículo firmado por Douglas Hofstadter en el que se reflejaba precisamente esto.[9] Hofstadter es un observador muy refinado y exigente cuando se trata de la traducción automática. Con un padre que en 1961 había recibido el Premio Nobel de Física, un doctorado en física en su haber y ahora una cátedra de ciencia cognitiva, es alguien que sabe de lo que habla. Tal como dice, «la utilidad práctica del Traductor de Google y tecnologías similares es indiscutible, y probablemente es algo bueno en general, pero en el planteamiento aún falta algo importante que se evidencia en una simple palabra: comprensión». Y a continuación pasa a manifestar un odio profundo hacia la traducción automática.

Cuando escribe sobre el día en que la IA llegue a ser tan eficiente que los traductores humanos acaben siendo meros controladores de calidad, afirma que esto «provocaría una convulsión descorazonadora en mi vida mental [...] la idea me asusta y me repugna. A mi juicio, la traducción es un arte increíblemente sutil que recurre continuamente a los muchos años de experiencia vital de la persona, y a su imaginación creativa». Para Hofstadter la traducción acaso sea un arte sutil, pero para la mayoría de los negocios que

---

[8] Yonghui Wu et al., «Google's Neural Machine Translation System: Bridging the Gap between Human and Machine Translation», *Technical Report*, 2016.

[9] Gouglas Hofstadter, «The Shallowness of Google Translate», *The Atlantic Monthly*, 30 enero 2018.

se esfuerzan por moverse a escala internacional solo es una herramienta. Las traducciones lo bastante buenas son, bueno, normalmente bastante buenas.

En 2018, otro traductor profesional escéptico hizo un comentario parecido en el periódico *The Independent*. El autor, Andy Martin, profesor de la Universidad de Cambridge, enseña a sus alumnos a traducir textos literarios franceses, aunque en esencia esto es imposible. «Es como pagar a alguien para que te enseñe a caminar por la cuerda floja y que da por sentado que, de forma natural, vas a salir volando por los aires debido a un viento fuerte o vas a caer a un vacío de puro sinsentido», escribe. Aunque está dispuesto a admitir que la traducción automática es práctica, niega que pueda llegar algún día a sustituir del todo a los verdaderos seres humanos: «Google suele ser suficiente [...] pero solo como aprendiz de traductor particularmente poco inspirado». La traducción de verdad no es un asunto de algoritmos ni de macrodatos, sino algo que concierne al arte: «En el núcleo del proceso de traducción hay un misterio, una trascendencia casi mística. No existe una equivalencia directa entre un lenguaje y otro».[10]

Lo que esto da a entender es que la traducción de alta calidad probablemente seguirá siendo cosa de los seres humanos, pero entretanto los negocios internacionales se irán transformando a medida que estos aprendices de traductor reduzcan cada vez más –sin llegar a eliminarlas– las barreras lingüísticas.

La traducción automática instantánea y gratuita no es algo que esté al acecho en los laboratorios informáticos. Ciertas aplicaciones gratis, como el Traductor de Google o iTranslate Voice, son actualmente bastante eficaces en las principales combinaciones lingüísticas. Entre otras aplicaciones de móvil se incluyen SayHi y WayGo. Por otro lado, la traducción automática se usa muchísimo; Google, por ejemplo, realiza mil millones de traducciones diarias para los usuarios de internet.

Probemos. La traducción automática funciona en cualquier teléfono móvil. Entra sin más en una página web en una lengua extranjera y aplica al texto el Traductor de Google. Incluso puedes utilizar la

---

[10] Andy Martin, «Google Translate Will Never Outsmart the Human Mind», *The Independent*, 22 febrero 2018.

aplicación iTranslate para transcribir al instante un idioma en tiempo real. Activa la aplicación en tu móvil, apunta la cámara de este a una página de, pongamos, francés, y verás la traducción en inglés en tu pantalla. Instantánea y gratuita.

YouTube cuenta con una traducción automática instantánea para vídeos en muchos idiomas foráneos. Vas a «herramientas», haces clic en «subtítulos» y escoges «subtítulos automáticos». También es posible una traducción instantánea, gratuita, con la opción adicional del Traductor de Skype. Esto te permitirá entender a hablantes de otros idiomas con los que estés conectado mediante Skype. No es perfecto, pero la posibilidad de comunicarte gratuitamente mediante Skype con alguien que no habla tu lengua es simple y llanamente maravilloso.

Microsoft y Amazon también se han apuntado a la carrera. Microsoft está usando su asistente digital, Cortana, para permitir a los usuarios hablar en una de entre veinte lenguas y hacer que los resultados aparezcan como texto hasta en sesenta idiomas distintos. En 2018, su aplicación de correo electrónico, Outlook, añadió una traducción instantánea complementaria. A finales de 2017, Amazon introdujo su aspirante, Traductor de Amazon, a través de Amazon Web Services.

Desmontando la Torre de Babel

El hecho de que la traducción automática esté entrando en la vida cotidiana es un cambio importante. Como sabe todo el mundo que haya viajado o haya hecho negocios en el extranjero, el idioma es una barrera enorme para casi todo. En el Antiguo Testamento, hay incluso una historia según la cual la división vinculada a las lenguas era de inspiración divina.

El pasaje, del Libro del Génesis, habla de un edificio que los seres humanos estaban construyendo para llegar al cielo: «Y dijo el Señor: He aquí, son un solo pueblo y todos ellos tienen la misma lengua. Y esto es lo que han comenzado a hacer, y ahora nada de lo que se propongan hacer les será imposible. Vamos, bajemos y allí confundamos su lengua para que nadie entienda el lenguaje del otro». La estructura acabó conociéndose como la Torre de Babel, donde «babel» significa un ruido confuso resultante de cierto número de voces. Hablando sin rodeos, la traducción automática está desarmando la Torre de Babel. Esto, a su vez, está acelerando el ritmo al que los trabajadores de oficina norteamericanos y europeos están entrando en competencia directa con trabajadores preparados y de bajo coste afincados en el extranjero.

De los siete mil doscientos millones de seres humanos del planeta, alrededor de cuatrocientos millones hablan el inglés como primera lengua. Si añadimos una generosa estimación de anglohablantes no nativos, la cifra asciende aproximadamente a mil millones. Aunque existe también actividad *free lance online* en otras lenguas importantes, a día de hoy el inglés domina el mercado, por lo que solo mil millones de personas son potenciales participantes del nuevo movimiento *free lance* en internet.

Como la traducción automática va tan bien, y mejora tan deprisa, los mil millones que hablan inglés pronto se verán a sí mismos en una competencia mucho más directa con los otros seis mil millones que no lo hablan. Démosle una vuelta a esta idea. Y luego a otra.

La traducción automática significa que todo este talento extranjero pronto hablará inglés u otras lenguas de países ricos, como francés, alemán, japonés o español, no perfectamente pero sí lo bastante bien para que algunos empleos puedan telemigrar. El resultado será un tsunami de capacidad global. En todo el mundo, las personas especiales de pronto se verán a sí mismas menos especiales.

Centrémonos en China, por ejemplo. Desde 2001, China ha producido más graduados universitarios que los EE.UU. En la actualidad, la cifra supera los ocho millones anuales. Según Katherine Stapleton, investigadora de la Universidad de Oxford, solo el 8 % de estos graduados chinos se hallan en el paro, aunque muchos están subempleados. Encuentran trabajo, pero este es a menudo a tiempo parcial o incluye tareas mal pagadas para las que no es realmente necesaria ninguna titulación superior. Seis meses después de graduarse, una cuarta parte de los licenciados universitarios chinos ganan menos que el trabajador migrante interno medio. Según Stapleton, el elevado coste de la vida en las grandes ciudades chinas «ha obligado a millones de graduados a integrar "tribus de hormigas" de trabajadores urbanos que viven en condiciones miserables –a menudo en sótanos– y que bregan cada día durante largas horas en empleos mal pagados».[11] «Tribus de hormigas» suena duro, pero es la traducción literal del término utilizado en China.

Imaginemos simplemente el aumento de competencia que habrá cuando estas «tribus de hormigas» sean capaces de hablar un inglés lo bastante bueno (gracias a la traducción automática) y de vender su capacidad cerebral por internet a los EE.UU., Europa, Japón y otros países ricos.

Pero, ¿por qué esto está pasando precisamente ahora? En realidad, la respuesta es que, en lo referente a la traducción automática, la ley de Moore y la ley de Gilder han pasado a sus respectivas fases de crecimiento eruptivo.

¿Por qué ahora? La adquisición de Aprendizaje Profundo

Durante una década, centenares de ingenieros de Google realizaron notables avances en la traducción mediante el enfoque tradicional, práctico. En febrero de 2016, Jeff Dean, gurú de IA de Google, introdujo en el equipo del Traductor de Google una técnica de aprendizaje automático de cosecha propia llamada Aprendizaje Profundo.

La tarea requería grandes cantidades de músculo informático, pero Google disponía de eso gracias a la ley de Moore. El eslabón perdido eran los datos. Esto cambió en 2016, cuando las Naciones Unidas (ONU) colgó en internet un conjunto de datos en casi ochocientos mil documentos que habían sido traducidos a mano a las seis lenguas oficiales de la ONU: árabe, inglés, español, francés, ruso y chino.

Vale la pena reflexionar un momento sobre lo difícil que habría sido crear, almacenar y cargar esa cantidad de datos solo unos años atrás. No hace tanto tiempo que descargar un largometraje era una tarea que llevaba al límite las conexiones de internet de la mayoría de la gente. La ley de Gilder cambió esta realidad, y actualmente está permitiendo que continúe el inmenso flujo de datos lingüísticos.

Por ejemplo, el Centro Común de Investigación de la UE colgó un conjunto de datos con frases traducidas por seres humanos en

---

[11] Katherine Stapleton, «Inside the World's Largest Higher Education Boom», TheConversation.com, 10 abril 2017.

veintidós idiomas (más de mil millones de palabras). Como no podía ser menos, el parlamento europeo hizo público un conjunto de datos con mil trescientos millones de párrafos que habían sido traducidos a veintitrés lenguas de la UE. Otro conjunto de datos enorme, cargado por el parlamento canadiense, contiene millones de frases emparejadas, traducidas por seres humanos, procedentes de debates parlamentarios.

Con datos y la capacidad informática para procesarlos, las traducciones de Google mejoraron en un mes más de lo que lo habían hecho en los cuatro años anteriores.[12] Al cabo de un par de semanas, se pararon todos los proyectos basados en el enfoque antiguo. En otoño de 2016 –solo seis meses después del cambio–, el Traductor de Google se pasó al nuevo sistema al completo. Pero sus responsables no se lo dijeron a nadie; querían que quien le contara al mundo esta revolución fuera otro.

En noviembre de 2016, un profesor de «interacción ser humano-ordenador» de la Universidad de Tokio, Jun Rekimoto, observó que la traducción del japonés al inglés había mejorado de repente en un grado casi inconmensurable. Hizo sonar la alarma en su blog, y entonces Google explicó los cambios en una conferencia de prensa.

Casi tan importantes son los rápidos avances en las tecnologías de la comunicación, gracias a los cuales da la impresión de que los trabajadores *free lance* se hallan sentados a nuestro lado pese a estar en otro país. Como en el caso de la traducción automática, esto no es algo que veamos solo en episodios de *Star Trek* o en la *Guía del autoestopista galáctico*. Lo que me gusta denominar «Tecnología de Comunicación Avanzada para la Actuación Remota» (ACTFAR, por sus siglas en inglés) ya es hoy en día una realidad.

Tecnología de la comunicación para la telemigración masiva

«Te sientas a la mesa con tu tableta y te pones una gafas de montura ligera. De pronto la habitación cobra vida. A la izquierda ves a tu colega Jessica, que se incorpora desde Nueva York. A la derecha, la pre-

---

[12] Gideon Lewis-Kraus, «The Great A.I. Awakening», *New York Times Magazine*, 4 diciembre 2016.

sidenta de la empresa, Beth, que en realidad está en Atlanta. Frente a ti, al otro lado de la mesa, está Hassan, en el despacho de su casa de Londres [...] es todo tan realista que te sobresalta.» Es la visión futura de Stephane Kasriel, el francés que dirige Upwork.com.[13]

Resulta que las tecnologías elementales que han sido revolucionarias en el mundo de los videojuegos están a punto de tener un impacto revolucionario en el mundo del trabajo a distancia. Las dos tecnologías clave son la realidad aumentada (RA) y la realidad virtual (RV). Muchas empresas, sean emergentes o gigantes como IBM, están en el proceso de valerse de la RA y de la RV para mejorar la colaboración remota. Están redefiniendo lo que significa «trabajar codo con codo».

Realidad aumentada

La principal ventaja de la RA es que a un experto sentado en otro sitio le permite «aumentar» la realidad que tú estás mirando en una pantalla de vídeo en el móvil, la tableta o el ordenador. Y él te puede explicar lo que necesitas hacer casi como si estuviera a tu lado. Funciona como sigue.

En tu pantalla y en la del experto aparece exactamente lo mismo: por lo general, la escena que tú estás observando. Entonces el experto puede «aumentar» tu realidad −esto es, la imagen de tu pantalla− colocando gráficos informáticos en la misma. Es como si estos gráficos estuvieran realmente en la escena que estás grabando o filmando en el móvil o la tableta. Esto vuelve más fácil la comunicación. En vez de hablarte, te muestran flechas, círculos y cosas así. En lugar de decirte qué tornillo debes aflojar, qué botón has de pulsar o en qué frase tienes que concentrarte, te lo indican. No hace falta «pintar una palabra» de lo que hay que hacer; el experto es capaz de pintar una imagen de verdad. Esto tiene muchas aplicaciones en el mundo real, sin duda, pero al principio se hizo popular como juego.

Seguramente ya habías oído hablar de la realidad «aumentada», aunque no con este nombre. Probablemente te suena lo de Pokémon Go. Este videojuego se volvió extraordinaria y casi instantáneamente

---

[13] Stephane Kasriel, «This Is What Your Future Virtual Reality Office Will Be Like», FastCompany.com, 19 julio 2016.

popular cuando salió al mercado en julio de 2016: batió cinco récords del Libro Guinness. En el primer mes fue descargado ciento treinta millones de veces. El juego, que funciona en móviles y tabletas, superpone una versión imaginada de tu barrio en la pantalla. No es un entorno de fantasía sino de verdad, sea Trafalgar Square, el Empire State Building, la Torre Eiffel o la Estación de Tokio. El juego incorpora GPS para que sepas dónde estás.

Cuando te acercas a determinados sitios, «aumenta» la realidad que ves en la pantalla del móvil. Por ejemplo, con el ojo desnudo ves solo un banco en Central Park, pero en la pantalla aparece un personaje de dibujos animados en 3D saltando alrededor del banco. Si eliges aceptar, tu misión consiste en capturar el Pokémon con un Pokéball. Si esto te parece que no tiene sentido, pregunta a alguno de los cientos de millones que ya han jugado a esto.

La RA está siendo utilizada para trabajos mucho menos sofisticados que Pokémon Go. En vez de que un programa informático envíe personajes de cómic en 3D a una pantalla de móvil o de tableta, las empresas están usando la RA para proporcionar asesoramiento especializado a trabajadores del sector cuando, por ejemplo, han de reparar una pieza del equipo que no han visto nunca antes. Se trata de una forma nueva de comunicación bidireccional gracias a la cual los implicados tienen la sensación de estar trabajando hombro con hombro cuando en realidad la distancia que los separa es enorme.

Esto no es ciencia ficción, y la tecnología ni siquiera es muy sofisticada. La mayoría de las aplicaciones actuales utilizan pantallas de móvil o tableta, pero también hay auriculares especiales que permiten la comunicación de manos libres.[14] También se están utilizando en reuniones de grupos.

Gracias a estas nuevas formas de comunicación, las videoconferencias y los vídeos de Skype parecen ciertamente prehistóricos. Por otro lado, van a ser muy útiles para quitarle a «trabajo remoto» la parte de «remoto». A día de hoy, casi siempre se han utilizado en situaciones en las que es casi imposible tener a unos trabajadores junto a otros. Además, la mayoría de las aplicaciones han conllevado trabajo remoto doméstico. Por ejemplo, la policía holandesa está valiéndose

---

[14] Un dispositivo destacado –aunque realmente todavía no mayoritario– es HoloLens, de Microsoft. En esencia, es un portátil que llevas en la cara como unas gafas, de modo que puedes ver el mundo real con imágenes digitales superpuestas.

de la RA para ayudar al personal de primera intervención a afrontar mejor los escenarios del crimen.

Policía holandesa y cirugía en la Franja de Gaza

Los bomberos y los paramédicos suelen ser los primeros en llegar a la escena del crimen. Por lo general, tienen en la cabeza cosas más importantes que preservar pruebas. Aunque dispongan de tiempo, no es probable que tengan la preparación necesaria para documentar pruebas clave, obtener muestras o verificar si los autores siguen todavía en el lugar de los hechos. Estos expertos precisan ayuda de otros expertos, pero es imposible incluir en todas las ambulancias a especialistas en escenarios del crimen.

Para sortear esta limitación, la policía holandesa utiliza la RA. Uno de los primeros en llegar, pongamos, un paramédico, lleva una cámara y un móvil que establecen comunicación bidireccional con un investigador de escenas del crimen ubicado en otro sitio. Este puede señalar objetos que el paramédico debe procurar no tocar, pues acaso sean decisivos en las posteriores pesquisas. Esto no se hace describiendo tal o cual cosa, sino colocando electrónicamente un círculo alrededor del objeto que sale en la pantalla del móvil del paramédico.

El círculo aparece en la pantalla del paramédico y, mediante la magia del procesamiento de imágenes, permanece fijo en el objeto indicado aunque el hombre se mueva de un lado a otro o se aleje del objeto y luego se acerque de nuevo al mismo. Es fácil ver que esto procura un sustituto razonable para trabajar codo con codo, incluso cuando las dos personas están muy separadas. Se trata de un cambio radical, pues hace que la comunicación bidireccional sea más segura y más rápida.

Al igual que con todas esas nuevas tecnologías de la comunicación, el resultado no es tan bueno como el derivado de tener físicamente al experto junto al trabajador sobre el terreno. No obstante, conseguir asesoramiento especializado es mucho más rápido y barato con RA. Desde la óptica del experto, la RA propicia muchas más oportunidades para proporcionar tal o cual conocimiento concreto. Con la RA, un mecánico experto, por ejemplo, sería capaz de aconsejar a muchos colegas diferentes sin necesidad de viajar en ningún momento.

La cirugía es otra esfera en la que ya se está utilizando la RA. Un ejemplo es la aplicación Proximie, que permite a un cirujano de un sitio ayudar a otro de otro lugar. El cirujano remoto orienta al que está operando mediante marcas en una pantalla que indican partes del cuerpo como tendones, arterias, nervios, cualquiera donde haya que hacer la incisión. Proximie, en uso desde 2016, está siendo utilizado por médicos de Beirut para ayudar a cirujanos que operan en la Franja de Gaza. En todo caso, la asistencia quirúrgica remota mediante RA no es solo para zonas de guerra; el tocado conocido como Google Glass (que semeja a unas gafas) se ha usado en procedimientos cardíacos de tal modo que un experto en un método concreto es capaz de proporcionar asesoramiento en tiempo real al cirujano del quirófano.

La otra forma nueva e importante de comunicación, la realidad virtual (RV), es una experiencia muchísimo más envolvente: secuestra completamente tus canales visuales y auditivos llenándolos de realidad generada por ordenador. Puede resultar desconcertante, pues no tienes conexión directa con el lugar donde estás realmente.

Tecnologías de comunicación experimental

Con la RV ha habido mucho bombo publicitario, y acaso sea un caso más de tecnología sobrevalorada. Pero antes de descartarla, vale la pena mirar algunas demos en YouTube e imaginar cómo esta tecnología facilitaría el trabajo con personas lejanas. Mejor aún, prueba tú mismo unos cascos de RV.

A día de hoy, las imágenes son bastante granuladas, pero el lenguaje corporal que se hace patente tiene efectos asombrosos en el modo en que percibimos a los demás. En mayo de 2017, probé un sistema de RV en un acto de IHS Markit en Londres. Era una plataforma de comercio virtual (una estación de trabajo para gente que hace negocios con valores financieros). El científico que hacía la demostración me explicó paso a paso los detalles mientras yo llevaba los auriculares, y cuando hubo terminado dijo: «¿Quieres salir ahora?». Y tras quitarme los cascos, tuve la nítida impresión de abandonar una habitación y entrar en otra. En este caso, en la habitación virtual no había nadie más conmigo, pero no hace falta tener mucha imaginación para ver que habría podido tener un encuentro virtual con otras personas que llevaran auriculares parecidos.

Existen otras formas de ACTFAR en fases de pruebas. Muchas parecen sacadas directamente de episodios de *Star Trek*. El siguiente paso de la comunicación de «casi obligatoriedad presencial» es la «telepresencia holográfica», que proyecta en tiempo real imágenes en 3D de personas (junto con audio) de tal manera que parece que la persona remota está a tu lado. Es material de ciencia ficción, pero no inimaginable.

En 2017, el candidato presidencial francés Jean-Luc Mélenchon hizo campaña en Lyon y Marsella al mismo tiempo mediante una proyección holográfica. En 2014, el primer ministro de la India, Narendra Modi, también se sirvió de la presencia holográfica para estar en mítines electorales a los que no hubiera podido ir en persona.

Holoportation [holotransporte], de Microsoft –y otros productos similares de Cisco y Google–, pretende generalizar esto en los años venideros. El holotransporte –una versión consciente del teletransporte, famoso por *Star Trek*– es una forma de RV gracias a la cual parece que las personas estén en la misma habitación aunque físicamente se encuentren en lugares alejados. En concreto, proyecta en una habitación la imagen de vídeo en holograma de una persona que está en otra. Las personas de las dos habitaciones pueden interaccionar con cualquiera que esté en una u otra habitación casi como si estuviera ahí realmente.

La tecnología utiliza montones de cámaras y una gran capacidad de procesamiento para transformar vídeos de personas en realistas modelos tridimensionales en tiempo real. A continuación, el sistema transmite los modelos a los auriculares de personas de otra estancia (como mejor funciona es con dos habitaciones que sean copias perfectas una de otra). A principios de 2016, el sistema era muy voluminoso, pero a finales de año Microsoft redujo el tamaño hasta meterlo en un monovolumen y eliminó los requisitos del ancho de banda en un 97 %, por lo que podía funcionar en redes de wifi corrientes de buena calidad.

Los vídeos de YouTube con demostraciones de holotransporte son, cuando menos, sorprendentes. Si este holotransporte llegara a generalizarse algún día, transformaría drásticamente el significado de la telecomunicación. Sería mucho más fácil interactuar con personas de cualquier lugar del mundo. Dicho de otro modo, tu empresa podría contratar a profesionales extranjeros dispuestos a trabajar por poco dinero o tú podrías exportar tus conocimientos a todo el mundo sin abandonar el escritorio.

Un enfoque técnico diferente proyecta un holograma estándar en una estancia remota. ARHT Media, por ejemplo, tiene un servicio que proyecta hablantes virtualmente a través de lo que se denomina «HumaGramas», que son como telegramas para seres humanos. La tecnología, en uso desde 2015, permite a los hablantes estar virtualmente presentes frente a una audiencia lejana.

La RA y la RV son particularmente útiles en situaciones en las que dos o más trabajadores han de interaccionar con algo físico. De todos modos, una gran cantidad del trabajo en las oficinas depende de reuniones regulares. Resulta que la digitecnología ha creado un sustituto maravilloso para estar de veras físicamente en la misma habitación que otros trabajadores: se conoce como «robot de telepresencia». Una empresa que en la actualidad está usándolo es la página web de redes sociales Wired.com.

Robots de telepresencia

Emily Dreyfuss escribe para la empresa de San Francisco Wired.com, pero vive en Boston. Antes solía participar a distancia en reuniones de personal y bilaterales con su director en la forma habitual del siglo xx, es decir, mediante teléfono, mensajes o videoconferencias. Sin embargo, esto no era suficiente para las sesiones de lluvia de ideas, espontáneas y potenciadoras de la creatividad, a las que Wired aspiraba.

Como era una típica empresa del norte de California, sus responsables decidieron introducir en el problema algo de tecnología digital, que adoptó la forma de «robot de telepresencia» fabricado por Double Robotics. Los movimientos del robot de telepresencia, que podemos imaginarlo como el Skype sobre ruedas, están controlados por el escritor de Boston, de modo que el robot (de San Francisco) puede deambular por la oficina, asistir a reuniones, mantener entrevistas individuales, etcétera. Imaginemos el robot como un iPad de tamaño normal en un palo, y el palo sujeto a un Segway, con una cámara prospectiva, un micrófono y altavoces. Dreyfuss, cuyo rostro ocupa toda la pantalla del iPad, puede conducirlo por la oficina de San Francisco a un ritmo relajado.

Al principio, todo aquello le parecía extraño a Dreyfuss –algo que suele pasar con las nuevas tecnologías. Pero pronto estuvo encantada. Llegó incluso a ponerle nombre al robot: «EmBot». Emily observó que otros escritores y su director le respondían mucho mejor cuando estaba «en» Embot que cuando estaba al teléfono. En las reuniones de personal, se sentía conectada con los demás de una manera que antes habría sido imposible; se volvía para «mirar» a la persona con la que estuviera hablando. «Lo más curioso de ser un humano a cinco mil kilómetros de tu robot de telepresencia es que la distancia se disuelve al instante cuando activas. Tan pronto llamo a EmBot, yo soy ella y ella es yo. Mi cabeza es su iPad. Una vez que ella se cayó, me sentí desorientada en Boston. Al desprendérsele una pieza a causa del impacto, me sentí rota.»[15]

Pero la sensación era recíproca. El robot le proporcionaba una dimensión tan física que los otros trabajadores la trataban instintivamente como una persona real que estuviera realmente ahí. O casi. Se dio el caso de un contacto inapropiado con el robot.

Uno de los primeros días de EmBot en el trabajo, un gracioso de la oficina se colocó detrás de su pantalla mientras ella estaba hablando, cogió el robot y lo agitó. Debido a este «contacto inapropiado con el robot», Dreyfuss se sintió impotente, molesta. Ahora en Wired hay unas reglas: no se puede tocar a los robots sin permiso del trabajador a distancia. No obstante, las reglas son aplicables solo cuando EmBot está activado. Si la cara de Dreyfuss no está «encendida», se considera que no está más vivo que un palo de escoba. Dreyfuss se desconecta adrede si alguien ha de llevar la escoba a algún sitio, como al punto de recarga.

En el fondo, la explicación de que EmBot sea tan efectivo tiene que ver con la psicología evolutiva.

Los bichos mentales subyacentes a los robots de telepresencia

Las cosas que se mueven tienen significado –o al menos, según los psicólogos sociales, este es el primer instinto de nuestro cerebro de

---

[15] Véase Emily Dreyfuss, «Mi Life As A Robot», Wired.com, 8 septiembre 2015.

reptil, lo cual queda magníficamente ilustrado en uno de los experimentos más famosos de la psicología. Varias personas miraban una película de un minuto donde aparecían tres formas –un triángulo grande, otro pequeño y un círculo– que se movían dentro y alrededor de un gran rectángulo que se abría y se cerraba. Estas formas no se parecían en nada a una persona.[16] A continuación, los investigadores, Fritz Heider y Mary-Ann Simmel, pidieron a los participantes que describieran lo que habían visto.

Sin ninguna indicación previa, casi todos dieron por supuesto que las formas geométricas representaban a seres humanos, y dotaron de sentido el movimiento atribuyendo motivaciones humanas a las coloreadas formas. Pruébalo; es fácil encontrar el vídeo de Heider-Simmel en internet. A ver si interpretas el clip como una historia de amor de las que cabe encontrar en un viejo wéstern. Muchos de los participantes en el experimento consideraron que el círculo era una mujer que estaba enamorada del triángulo pequeño, y que el triángulo grande era un hombre más corpulento que quería robarle su amor.

A esta reacción tan humana, los psicólogos sociales la denominan «atribución». La gente atribuye motivos y significado al movimiento físico de cualquier objeto, en especial si la cosa está físicamente presente. Es por eso por lo que las personas ponen nombre al gato pero muy pocas hacen lo propio con el iPhone aunque está en su coche y hablan con él.

Aunque parezca mentira, el experimento de Heider-Simmel nos revela algo sobre por qué los robots de telepresencia están imponiéndose con rapidez. Muchos hospitales y algunas empresas ya los usan, y ese uso está creciendo deprisa pues el impacto en las interacciones grupales es palpable. La sensación de estar cara a cara es mucho más fuerte cuando la cara se mueve, por así decirlo. En concreto, los médicos observan que sus palabras gozan de más predicamento entre los pacientes cuando brotan de un robot de telepresencia que si salen de un vídeo de Skype normal o del teléfono.

Mientras los robots de telepresencia son útiles en muchas interacciones, una forma estática de tecnología de telepresencia está transformando la facilidad para celebrar reuniones a larga distancia.

---

[16] F. Heider y M. Simmel, «An Experimental Study of Apparent Behavior», *American Journal of Psychology* 57, n.º 2 (1944), 243.

Sistemas de telepresencia fija

Los sistemas de telepresencia –una versión estática de EmBot, si se quiere– ya son ampliamente utilizados por grandes bancos, consultorías, bufetes de abogados y gobiernos. Los sistemas de gama alta todavía son caros; las habitaciones de telepresencia pueden toparse con un freno de cientos de miles de dólares. No obstante, a medida que las leyes digitales vayan avanzando y la fabricación vaya dirigiéndose a la producción masiva, la telepresencia será mucho más barata y transportable, y acelerará la tendencia hacia la telemigración.

Imaginemos la telepresencia normal como un Skype buenísimo –mejorado hasta el punto de que acaba siendo una experiencia nueva. Gracias a la telepresencia, es casi como si la gente estuviera en un mismo sitio cuando no es así. Yo la utilicé en la primavera de 2017 para presentar mi libro *La gran convergencia* ante el fondo soberano noruego de inversión Norges Bank Investment Management (NBIM, por sus siglas en inglés).

Me hallaba en Londres con un par de analistas y conectado mediante telepresencia con otro grupo de economistas del NBIM ubicado en la ciudad de Nueva York y aún con un tercero que estaba en Oslo. Al principio parecía lo mismo que Skype con una pantalla realmente buena, pero esto cambió pronto. Advertí que los participantes remotos reaccionaban ante lo que yo decía y ante mis gestos faciales y de las manos como si estuvieran en la misma habitación. Y ellos, supongo, tenían la misma impresión. La sensación de conexión personal ascendía a otro nivel; era como si nos encontrásemos todos en un mismo espacio físico.

La clave está en cómo la telepresencia saca provecho de la «programación» social de nuestro cerebro. Si se trata de interacciones sociales, el cerebro funciona como un ordenador de gran potencia. La decisión de si se puede creer o confiar en los demás ha sido una habilidad evolutiva clave. Tal como explican Steve McNelley y Jeff Machtig –fundadores de una empresa emergente y puntera de telepresencia, DVE–, los seres humanos «hemos dominado la recogida y el procesamiento de señales de comunicación no verbal. Lo hacemos sin pensar, y es algo fundamental para lo que somos y el modo en que vemos a los otros. Constituye una parte esencial de nuestra condición humana».[17] Gracias a imágenes de tamaño real en la pantalla, a una excelente resolución y a una calidad sonora superior, la telepresencia transmite mucha más comunicación no verbal que, pongamos, Skype o Facetime.

La telecomunicación solo es un elemento de la tecnología que se utiliza para unir equipos remotos. Ciertos avances recientes en las llamadas plataformas colaborativas también están volviendo mucho más fácil la telemigración de los trabajadores.

Cómo el software colaborativo facilita el trabajo remoto

El correo electrónico es el antecesor del *software* colaborativo. Esto –y la capacidad para compartir archivos editables (documentos, hojas de cálculo, ponencias, fotografías, vídeos, etcétera)– cambió el mundo y volvió muchísimo más fácil trabajar con personas de lugares alejados. Aunque el correo electrónico es algo fantástico (e insustituible, pues todo el mundo lo usa), si se trata de coordinar equipos es muy defectuoso. Sus opciones básicas de diseño son de cuando Bill Clinton y John Major estaban en el poder. Algunas de estas opciones no son óptimas para el mundo laboral de hoy en día. Pregúntale a cualquiera de menos de veinticinco años qué piensa del correo electrónico, y entenderás qué quiero decir.

Las nuevas plataformas colaborativas que las empresas están utilizando –como Business Skype, Slack, Trello o Basecamp, entre otras– no son perfectas, pero reflejan ideas nuevas, rigurosas y muy inteligentes sobre la mejor forma de organizar la comunicación entre los miembros de los equipos. Estas nuevas plataformas colaborativas están diseñadas para facilitar toda clase de comunicación grupal, desde chats de texto, *e-mails* y grupos de discusión hasta llamadas telefónicas, *posts* de Facebook y videollamadas multipersonales con pantallas compartidas. Slack es una de las plataformas más populares y de crecimiento más rápido, pero tiene multitud de competidoras, entre ellas Facebook Workplace, Microsoft Yammer, Google Hangouts, Microsoft Teams y diversas emergentes como HipChat, Podi, Igloo, GitHub y Box.

---

[17] Véase Steve McNelley y Jeff Machtig, «What is Telepresence?», artículo sin fecha en DVETelepresence.com; visitado el 25 de junio de 2018.

También tiene relación con esta cuestión una serie de nuevas herramientas organizativas que no son nuevas: *software* de gestión de proyectos. Algunas llevan años en funcionamiento, pero otras (Wrike, Microsoft Project, Basecamp, Workfront, etcétera) han sido creadas ahora para trabajar con equipos dispersos desde el punto de vista geográfico. También hay herramientas, como Mural, que ayudan en los esfuerzos de diseño colaborativos remotos y las reuniones de lluvia de ideas. En este «espacio», los instrumentos están desarrollándose con rapidez, pero ya han reducido drásticamente la dificultad de integrar en proyectos a trabajadores remotos.

Si se trata de llevar la competencia extranjera directamente a las oficinas norteamericanas y europeas, toda esta nueva tecnología es importante. Pero al menos igual de importante es el hecho de que nosotros y nuestras empresas estamos reorganizando las cosas para que el teletrabajo sea más fácil. A día de hoy, la mayor parte de este trabajo a distancia tiene lugar en el ámbito nacional, pero no se requiere mucha imaginación para ver que dicho teletrabajo puede saltar fácilmente al plano internacional.

El trabajo remoto doméstico es apenas la punta de lanza que está abriendo el sector servicios a la telemigración. Por otro lado, es asombroso el número de tareas que ya se están llevando a cabo a distancia.

El trabajo remoto nacional está allanando el camino a los telemigrantes

David Kittle es un diseñador industrial que cree firmemente en sus creaciones. Los productos han de ser funcionales y estéticamente interesantes, enfoque que le ha ayudado a desarrollar diseños premiados de casi todo, desde sólidas linternas eléctricas y equipos de plástico para patios de recreo hasta soportes de bebidas para motos o asientos de montaña rusa. «Es genial cuando alguien te explica su sueño y tú eres capaz de materializárselo en la vida real. Te da mucha alegría», señala.

Curiosamente, David hace todo esto desde su casa. Puedes contratarlo *online* por ciento cincuenta dólares a la hora.[18] No está solo,

---

[18] Melanie Feltham, «Spotlight on David Kittle, Top Rated Freelance Product Designer», Upwork (blog), 19 julio 2017.

sin duda. Utilizar a trabajadores remotos para llevar a cabo tareas tiene sentido, desde el punto de vista económico y personal, para personas como Kittle y las empresas norteamericanas que solicitan sus servicios. Pero la tendencia tiene consecuencias imprevistas para todos los integrantes nacionales del sector terciario. Es el primer paso hacia la competencia internacional directa entre trabajadores *free lance* –y la actividad *free lance* es una tendencia clara que está creciendo deprisa.

Como las estadísticas oficiales suelen clasificar incorrectamente a los trabajadores remotos, el mejor sistema para evaluar las tendencias es la encuesta. En un reciente sondeo de Gallup se formulaban preguntas sobre toda clase de trabajo remoto, no solo la actividad *free lance* a tiempo completo que está realizando Kittle. Y se observó que el 43 % de los trabajadores norteamericanos trabajaron a distancia en algún momento durante 2016 –cuatro veces más que en 1995– y que cada vez lo están haciendo más días a la semana. Aproximadamente una quinta parte lo hicieron a tiempo completo. Bajo el mandato de Obama, casi uno de tres empleados federales trabajó desde su casa en algún momento durante 2016.

Según una encuesta de 2016 realizada por una organización de apoyo a los trabajadores *free lance* de los Estados Unidos, cincuenta y cinco millones de norteamericanos –es decir, el 35 % de la mano de obra total– tenían una actividad *free lance*, esto es, un par de millones más que la estimación de la versión de 2014 de la encuesta. Como cabe imaginar, las personas más jóvenes tienen más probabilidades de ser *free lance*. En el grupo de edades comprendidas entre dieciocho y veinticuatro años, casi la mitad trabajan por cuenta propia a tiempo completo o al menos a tiempo parcial. En realidad, muchos de los milenials (por debajo de treinta y cinco años) del sondeo no han tenido nunca un empleo convencional; se han pasado toda la vida laboral como trabajadores *free lance*. Entre los *baby boomers*, es bastante menos habitual.

Otro factor que está acelerando la tendencia hacia el trabajo remoto es la manera en que muchas empresas estadounidenses y europeas están reorganizándose para alojar en su seno a los trabajadores a distancia.

La oficina evanescente

En las oficinas tradicionales, todos los jefes y trabajadores estaban en el mismo edificio. Todo el mundo aparecía a la misma hora; las pausas para el café y el almuerzo estaban sincronizadas. Esto ayudaba a los jefes a establecer jerarquías, a los equipos a trabajar juntos, y a los compañeros a confiar unos en otros. La frase «debo ir a trabajar» significaba que uno iba a algún sitio, no solo que hacía alguna cosa. La tecnología digital ha cambiado todo esto.

La tecnología ha permitido a las empresas adaptarse más deprisa a las cambiantes demandas. No obstante, la capacidad de adaptación rápida, a su vez, ha alentado la demanda de respuestas más rápidas. Los clientes pueden cambiar de proveedores y de productos con mayor prontitud. Los servicios solicitados están evolucionando con más celeridad. Están surgiendo nuevos competidores de una manera que antes habría sido inimaginable. Esta arremetida competitiva ha debilitado las viejas jerarquías estáticas, los escritorios individuales, la exigencia de presencia física y el horario fijo. Los procesos rutinarios están siendo sustituidos por estructuras empresariales «ágiles», orientadas hacia proyectos, con perfiles de gestión más horizontales y equipos interdepartamentales (lo que a veces se conoce como «estructura matriz»).

Para adaptarse a desafíos y oportunidades rápidamente cambiantes, las empresas están alejándose de las relaciones tradicionales entre empresarios y trabajadores. La creciente dependencia con respecto a los trabajadores remotos (sobre todo los que no son empleados tradicionales a jornada completa) está proporcionando elementos esenciales de flexibilidad a las empresas actuales del sector servicios.

«Para seguir el ritmo del cambio constante en la era digital…», señalaba el informe *Technology Vision 2017* de Accenture: «El futuro del trabajo ya ha llegado, y los líderes digitales están en esencia reinventando sus fuerzas laborales [...] La resultante iniciativa bajo demanda (por encargo, a petición) será clave para la innovación rápida y los cambios organizativos que las empresas necesitan para transformarse en negocios verdaderamente digitales». En estas frases hay mucha jerga de escuela de negocios, pero hay que captar la cuestión básica: los empleos estables han dejado de ser estables.

Si esto fuera la industria del entretenimiento por cable, lo llamaríamos «modelo de trabajo de pago por visión». Las empresas buscarán en internet a los trabajadores que necesiten y les pagarán por proyecto, cuando surja la necesidad. El número de empleados puede crecer deprisa para aprovechar las oportunidades, pero también disminuir rápido cuando las iniciativas no funcionen. El trabajo remoto es un elemento clave de este panorama. También supone llevar la organización laboral a plataformas ubicadas en nubes que permiten a la gente trabajar en cualquier sitio y en cualquier momento. Buena parte de esto ya es una realidad.[19]

Un pensador de veras radical –que iba varios años adelantado– es Michael Malone. Su libro de 2009 *The Future Arrived Yesterday* proyectaba un mundo en el que la «Corporación Proteica» contaba solo con un reducido grupo de personas esenciales con contratos largos y externalizaba casi todo el trabajo. La empresa norteamericana Snapchat no es muy distinta; en 2017 estaba valorada en dieciséis mil millones de dólares, pero solo tenía trescientos treinta empleados. Para entender la magnitud de la diferencia, veamos estas mismas cifras en una empresa tradicional: General Motors vale aproximadamente cincuenta mil millones de dólares y tiene empleados a ciento diez mil trabajadores en todo el mundo.

El término popular que Accenture ha desarrollado para describir este futuro de las relaciones entre empresarios y trabajadores es revelador: lo denomina «fuerza laboral líquida». De momento, gran parte de este «trabajo líquido» se contrata en el país, pero hay mucha mano de obra en el extranjero dispuesta a trabajar por una fracción de los salarios norteamericanos y europeos. En pocas palabras, este tipo de reorganización empresarial está abriendo otro carril en la ciberautopista que llevará a los trabajadores norteamericanos y europeos de servicios a una competición directa con los telemigrantes.

Todas estas cosas están creando un efecto dominó. A medida que va habiendo más gente trabajando a distancia, las empresas adaptan

---

[19] La gran multinacional GE es un ejemplo. Está abandonando la toma de decisiones jerárquicas basadas en la ubicación para pasar a algo más parecido a una organización emergente que funciona proyecto a proyecto. GE tiene incluso una concisa etiqueta de doble sentido para ello: «FastWorks». Esto, afirma la empresa, les permite fabricar un motor diésel para barcos que cumple las nuevas normas medioambientales un par de años antes que sus competidores.

sus prácticas laborales y sus estructuras de equipo para facilitarlo, y a medida que va siendo más fácil, más trabajadores se apuntan. A su vez, esto ha estimulado las innovaciones digitales que favorecen el trabajo remoto. El efecto dominó ha creado un sector de negocios de cien mil millones de dólares para la tecnología y los servicios que engrasan los engranajes del trabajo a distancia.

En cierto modo, en las oficinas está produciéndose el equivalente de una «revolución industrial a la inversa». En la primera fase de la industrialización, el trabajo del sector textil se trasladó desde casas en el medio rural a grandes fábricas. Ahora el trabajo administrativo está trasladándose desde oficinas grandes al equivalente del siglo XXI de las casas de campo.

Hay una pregunta clave: ¿qué empleos se verán desplazados por esta globalización de cuello blanco?

¿Qué empleos se verán desplazados por los telemigrantes?

La manera fácil de responder a esta pregunta es mirando simplemente todos los empleos en los que hoy en día hay gente trabajando desde lugares remotos –por lo general, dentro de la misma ciudad o al menos en el mismo país. Tras ver qué tipo de actividades se prestan al trabajo a distancia, tendremos una idea de dónde es probable que llegue, pronto y con fuerza, la competencia de los trabajadores *free lance* extranjeros. La manera más difícil de responder es pensando en las tareas implicadas en cada ocupación y determinando luego cuáles pueden ser llevadas a cabo por alguien preparado afincado en el extranjero.

La obligatoriedad presencial es una parte clave de la descripción de ocupaciones como las de los cuidadores de niños, los campesinos o los agrimensores. Este tipo de empleos no pueden ser asumidos por trabajadores del extranjero, pues el propio carácter del trabajo requiere presencia física. Pero, ¿qué empleos son estos? Gracias a las investigaciones de Alan Blinder, profesor de Princeton, podemos ser más concretos.

Alan Blinder es un intelectual que se preocupa de la cuestión. Se trata del perfecto ejemplo de economista con influencia política que se vale de sus conocimientos especializados para hacer del mundo un lugar mejor. El título de un libro suyo de 1988, *Hard Heads, Soft Hearts: Tough-Minded Economics for a Just Society* [Cabezas duras, corazones blandos: economía inflexible para una sociedad justa], ya lo dice todo. Por otro lado, en la década de 1990 puso su cabeza dura y su corazón blando a trabajar cuando fue vicegobernador del Banco Central de los EE.UU. y miembro del Consejo de Asesores Económicos del presidente Clinton.

En la década de 2000, Blinder estaba preocupadísimo por la posibilidad de que los progresos en la tecnología de la información –lo que hoy en día denominamos tecnología digital– pudieran provocar la pérdida de empleos en los EE.UU. debido a la deslocalización. En lo que él estaba pensando era en la telemigración inversa. No estaba preocupado porque hubiera trabajadores extranjeros virtualmente en nuestras oficinas, sino porque «nuestro» trabajo fuera enviado a oficinas en el extranjero. Y en muchos ámbitos, como los centros de llamadas o el procesamiento back office, esto es precisamente lo que pasaba.

Decidido a dar la voz de alarma, creó una clasificación del grado en que era «deslocalizable» cada ocupación en los EE.UU. Esta clasificación se basaba en dos criterios: si el trabajo se tenía que llevar a cabo en una ubicación concreta del país, no podía verse desplazado por la competencia extranjera; y si la actividad se podía efectuar de forma remota, Blinder asignaba un valor numérico a la facilidad con que era posible transmitir el resultado del trabajo con poca o ninguna disminución de la calidad.

Mediante estos criterios, calculó que aproximadamente la mitad de todos los trabajos administrativos, comerciales y financieros se podían llevar a cabo en el extranjero. El porcentaje era más o menos el 30 % para muchos empleos profesionales y administrativos. Con respecto a los sectores de la economía con más empleos externalizables, Blinder enumera ámbitos profesionales, científicos y técnicos que tienen casi el 60 % de los empleos expuestos a la competencia salarial internacional. En finanzas, seguros y medios de comunicación, la mitad de los puestos de trabajo son vulnerables. Según diversas divulgaciones de su estudio (que carecían de su minuciosa cobertura), cualquier cosa que pudiera enviarse a través de un cable a la larga sería deslocalizada. Y no olvidemos que eso era en otra época de la tecnología: antes de que la digitecnología quitara del trabajo remoto buena parte de lo «remoto».

Diversos estudios posteriores han modificado un poco estas estimaciones, pero las nuevas cifras siguen hablando de uno de cada tres empleos norteamericanos; es un número alarmante. Si dentro de pocos años siquiera la mitad de los trabajadores con estos empleos entran en competencia directa con extranjeros, seguro que se producirá una convulsión y se oirá un grito clamando ayuda debido a sus consecuencias.

La globalización de cuello blanco es algo asombroso. Nos cambiará la vida. Sin embargo, solo es la mitad del dúo dinámico que está impulsando la Transformación Globótica. La otra mitad es la automatización de cuello blanco.

6
La automatización y la transformación globótica

James Yoon es un californiano próspero. Tiene un buen empleo como abogado especializado en pleitos sobre patentes, y desde que los gigantes tecnológicos están discutiendo constantemente quién inventó qué, trabajo no le falta. Actualmente, cobra mil cien dólares la hora,[1] cantidad bastante superior a los cuatrocientos que percibía en 1999, si bien la tarifa ha aumentado no solo porque tenga más experiencia y sepa más: el carácter de su actividad se ha visto transformado por la tecnología digital, en concreto por diversos programas informáticos dotados de IA.

A finales del siglo XXI, una importante disputa sobre patentes implicaba a tres socios (los jefes de bufetes jurídicos), cinco adjuntos (los subjefes) y cuatro paralegales (los ayudantes), es decir, ocho abogados y cuatro asistentes altamente cualificados. Hoy en día, Yoon sería el único socio y contaría con solo dos adjuntos y un paralegal. El talento jurídico ha acabado reducido a una cuarta parte del que había antes.

¿Cómo se las apaña Yoon con una plantilla tan inferior en número? Desde luego la respuesta no es que la ley se haya vuelto más sencilla o el papeleo se haya abreviado; la respuesta es que diversos robots de cuello blanco han asumido ciertas tareas, especialmente las que pueden considerarse funciones de «la cadena de montaje de conocimiento». Los robot-abogados son competentes en cosas como buscar en documentos y correos electrónicos y marcar los hallazgos pertinentes.

---

[1] Steve Lohr, «A.I. Is Doing Legal Work. But It Won't Replace Lawyers, Yet», *New York Times*, 19 marzo 2017.

Yoon utiliza dos programas de robot-abogados (Lex Machina y Ravel Law) que lo ayudan a buscar información para decidir el tipo de estrategia legal que le conviene usar. Estas piezas de *software* son capaces de «asimilar» montones de resoluciones judiciales y documentos que, sobre casos similares, hayan sido redactados por jueces y abogados de ambas partes. Los robot-abogados no pueden hacerlo todo, pero el talento legal está viéndose desplazado en cierta medida. De hecho, el desplazamiento de abogados humanos es uno de los principales atractivos del uso de estos artilugios, y una de las razones por las que a Yoon le va tan bien.

Los robot-abogados son solo un ejemplo de cómo los robots de cuello blanco dotados de IA están impulsando la Transformación Globótica.

Al encuentro de la automatización de cuello blanco

Los sofisticados sistemas informáticos y algoritmos de aprendizaje automático que subyacen de Lex Machina y demás son muy caros, y para instalarlos y hacerlos funcionar hacen falta científicos con doctorado. Si estas complejas plataformas de IA fueran restaurantes, tendrían una o dos estrellas Michelin. Esto las coloca fuera del alcance de las empresas en las que trabajan la mayoría de las personas, a saber, las pequeñas y medianas. No obstante, existe una versión «comida rápida» de robots de cuello blanco; se denomina «*software* de automatización de procesos mediante robótica» (RPA). Poppy, a la que conocimos en el capítulo 4, es un buen ejemplo.

La RPA es probablemente lo que le viene a uno a la cabeza cuando la gente habla de «apocalipsis de los robots», pero la RPA puede ser un elemento clave de la Transformación Globótica. Vale la pena analizarlo con detalle. Las RPA están automatizando los empleos de cuello blanco de una manera muy directa.

La competencia de gama baja: RPA

«Imitan a un ser humano. Hacen exactamente lo que hace un ser humano. Si miras cómo trabaja una de estas cosas, te parece que está un poco loca. La ves teclear. Aparecen pantallas, la ves cortar y pegar», explica Jason Kingdon, presidente de una de las empresas de RPA más importantes, Blue Prism. Están diseñadas para ser «una persona automatizada que sabe realizar una tarea prácticamente igual que un colega».[2]

Por eso Blue Prism describe los programas de RPA como «robots» y no como «*software*». En esencia, son trabajadores sintéticos. Esta clase de IA pretende reducir puestos de trabajo de personas implicadas en procesos *back office* que habitualmente encontramos en finanzas, contabilidad, gestión de la cadena de suministro, servicios de atención al cliente y recursos humanos. Poner en funcionamiento los robots de RPA es sencillísimo.

«Son fáciles de utilizar y tienen un coste relativamente bajo», dice Frances Karamouzis, vicepresidenta de investigaciones de la empresa Gartner de estudios sobre TI.[3] La adopción de la RPA está en auge. Una empresa de consultoría, Transparency Market Research, espera que la implantación de la RPA aumente un 60 % anual en todo el mundo hasta 2020; otra organización de estudios de mercado maneja la cifra del 50 %. Se trata de un crecimiento explosivo, y el crecimiento llega por buenas razones.

En primer lugar, los robots de RPA son mucho más baratos que los seres humanos. Según el Instituto de Automatización de Procesos mediante Robótica, un robot con *software* de RPA cuesta la quinta parte que un trabajador local y la tercera de un asistente *back office* ubicado, pongamos, en la India. Segundo, el trabajo es más consistente, y el rastro digital que deja hace que los informes referentes al cumplimiento normativo sean más rápidos y seguros. Tercero, los procesos se pueden potenciar o reducir con rapidez para afrontar, por ejemplo, fluctuaciones estacionales en el flujo de papeleo; no hace falta contratar temporalmente y preparar a trabajadores cuando puedes limitarte a hacer que el *software* funcione a un ritmo superior.

En cierto modo, la RPA es la «ola de hoy» en lo que concierne a la automatización globótica. La «ola de mañana» hace referencia a sistemas más sofisticados, los Cortana y DeepMind de este mundo,

---

[2] Hal Hodson, «AI Interns: *Software* Already Taking Jobs From Humans», NewScientist.com, 31 marzo 2015.

[3] Bob Violino, «Why Robotic Process Automation Adoption In on the Rise», ZDNet.com, 18 noviembre 2016.

capaces de encargarse de un surtido más amplio de tareas en el lugar de trabajo. Esto los convierte en una amenaza más seria para los empleos humanos existentes, pero también hace que cueste más ponerlos en marcha y se ralentice su introducción paulatina.

Robots de cuello blanco de gama alta

Amelia, el robot de cuello blanco que apareció en el capítulo 1, no solo es una trabajadora del sector servicios asombrosamente productiva, sino que ella misma es asombrosa. Según diversas investigaciones, la satisfacción del cliente con las líneas de asistencia telefónica está vinculada directamente a la empatía mostrada por el agente que atiende la llamada, por lo que el fabricante de Amelia añadió un módulo psicológico al algoritmo. De este modo, ella es consciente del estado emocional de la persona con la que está hablando y adapta sus respuestas, sus expresiones faciales y sus gestos para comunicarse mejor.

En su versión más avanzada, en la que los clientes utilizan móviles y portátiles con cámara, para iniciar conversaciones nuevas Amelia se vale del reconocimiento facial. Los clientes no son tratados como desconocidos sino con cierta familiaridad; Amelia comienza diálogos nuevos conociendo a la perfección el historial de contactos previos del cliente.

Cuando Amelia no es capaz de abordar algún asunto, pasa toda la información pertinente a sus colegas humanos para que estos prosigan. No obstante, Amelia tiene curiosidad. El *software* sigue al teléfono, escuchando lo que dicen los humanos –sobre todo la resolución del problema. A continuación, Amelia añade estos nuevos trucos a su sistema de gestión de conocimientos. En cuanto el supervisor humano da su aprobación al aprendizaje, la robot es capaz de responder por sí sola a preguntas parecidas en el futuro.

Por si acaso crees que Amelia es flor de un día (como muchas maravillas de IA en el pasado), merece la pena señalar que está siendo utilizada por más de veinte bancos, aseguradoras, empresas de telecomunicaciones, empresas de medios y consorcios hospitalarios de entre los más importantes del mundo. Y tiene rivales: desde 2016 más o menos, numerosas empresas han empezado a usar un *software* similar al de Amelia.

En el verano de 2018, Bank of America introdujo a Erica, que ofrece servicios personalizados reservados por lo general a clientes con cuentas abultadas. (Para ser exactos, los ambiciosos y triunfadores prefieren los servicios cara a cara; las masas acuden a los de Erica.) Erica se dirige a los clientes de Bank of America por el nombre de pila a través del móvil o de los cajeros automáticos. Por ejemplo, puede hacerte saber que tu cuenta bancaria está en números rojos. Pero de ti sabe mucho más que tu saldo. Se vale de la IA para hacerte sugerencias útiles: «Partiendo de tu gasto mensual habitual, tienes 150 dólares adicionales que puedes destinar a recompensas en efectivo de la tarjeta de crédito. Así puedes ahorrar hasta 300 dólares al año».[4]

El robot de cuello blanco de JPMorgan se llama Contract Intelligence (COIN), y Capital One tiene a Eno. IBM está vendiendo muchos asistentes virtuales como Amelia con la marca Watson; Salesforce ofrece a Einstein; por su parte, SAP tiene a HANA, Infor a Coleman e Infosys a Nia. El sector público también está metiendo baza; el gobierno australiano tiene un asistente cognitivo, llamado Nadia, cuyo cometido es ayudar a los ciudadanos a obtener servicios de información para los discapacitados.

Microsoft cuenta con Cortana, y Amazon utiliza a Alexa, el robot de cuello blanco que «vive» en Echo (sistema de IA en la casa de Amazon). El robot IA de Apple es la famosa Siri, aunque esta todavía no ha sido desplegada en la automatización de los centros de trabajo. Google lleva tiempo utilizando IA dentro de la empresa; cabe considerar que el conjunto del motor de búsqueda es un robot de cuello blanco sin un nombre concreto. Si quieres hablar con el anónimo bot de búsqueda, has de decir simplemente: «Hola, Google».

La «nobleza» de sistema de IA como Amelia, Watson o Erica –junto a los «escuderos» de sistemas de IA como RPA– desplazará muchos empleos del sector servicios; la pregunta clave es cuáles. Para responderla hace falta cambiar un poco de marcha, pues en realidad los robots de cuello blanco no están asumiendo ocupaciones completas, sino solo algunas actividades que constituyen parte de muchas ocupaciones. Esta es una percepción crucial sobre el futuro del trabajo.

---

[4] Harriet Taylor, «Bank of America Launches AI Chatbot Erica –Here's What It Does», MONEY 20/20, CNBC.com, 24 octubre 2016.

Los robots eliminarán muchos empleos
pero pocas ocupaciones

Imagina tu ocupación como una lista de asuntos pendientes, una serie de «quehaceres» o tareas, un catálogo de las cosas que debes hacer para tener terminado el trabajo. Ten presente que esta lista no es estática sino que evoluciona continuamente.

En los últimos años, grandes avances técnicos como los portátiles y los móviles inteligentes –junto con un *software* mucho mejor y grandes páginas web– han ampliado considerablemente nuestras listas de quehaceres. Ahora somos nuestros propios mecanógrafos, archiveros, agentes de viajes, recepcionistas, etcétera. En la época de mi padre, cada una de estas tareas la llevaba a cabo un ser humano distinto; ahora son cometidos que muchos profesionales como yo pueden realizar por sí mismos. Sin embargo, las cosas que se pueden agregar también se pueden desagregar.

Los robots pueden hacerse cargo de algunas de tus tareas, aunque no de todas. Esto significa que serás más productivo –y esto acaso signifique que harán falta menos personas como tú para llevar a cabo dicha actividad–, pero los robots no eliminarán la ocupación. Al fin y al cabo, la mayoría de las ocupaciones conllevan al menos algunas tareas que requieren una persona real. Con todo, los robots de cuello blanco reducirán la plantilla. Es una mera cuestión aritmética.

Supongamos que un servicio de asistencia TI de un banco recibe un centenar de peticiones diarias. Para atenderlas, el banco necesitaba, pongamos, diez trabajadores. Cuando los chatbots de internet asumen algunos de los cometidos que antes figuraban en la lista de quehaceres de cada uno de los diez trabajadores, el centenar de solicitudes pueden ser resueltas por menos de diez personas. Si la cantidad de trabajo no aumenta lo suficiente, la consecuencia será una pérdida de empleos.

En realidad, esta cuestión sobre los empleos y las ocupaciones no supone ninguna novedad. Los tractores, por ejemplo, automatizaron algunas tareas agrícolas, pero no eliminaron la agricultura como ocupación; solo pasamos a necesitar menos agricultores. Esto es lo que sucederá en el conjunto del sector servicios durante los próximos años. Por otra parte, se trata de un asunto crucial para estar preparados para la convulsión: los robots de cuello blanco eliminarán muchos empleos pero pocas ocupaciones.

Partiendo de esta perspectiva de las tareas y las ocupaciones, el paso siguiente en la reflexión sobre qué empleos desaparecerán consiste en determinar qué robots ya son de veras competentes. Y no es una tarea fácil.

Destrezas importantes en el trabajo de los robots de cuello blanco

Según estadísticas oficiales de los EE.UU., existen ochocientas ocupaciones distintas, desde adiestradores de animales hasta directores de empresa pasando por picapedreros o fortificadores de minas. Y cada uno de estos empleos comprende numerosas habilidades. A efectos de claridad, hemos de simplificar. Aquí es donde vienen bien los asesores de gestión.

Los expertos en economía y negocios del Instituto Global McKinsey han clasificado de manera muy provechosa todas las destrezas laborales en dieciocho tipos. Para simplificar, yo he repartido las dieciocho destrezas en cuatro amplias categorías: de comunicación, de pensamiento, sociales y físicas. En 2015, los expertos de McKinsey analizaron capacidades de IA y asignaron una nota a la capacidad de la tecnología para utilizar cada una de estas dieciocho destrezas. Como esto es necesariamente una decisión subjetiva improvisada, usaron solo tres clases de notas. Se evaluó la IA como capaz de funcionar: 1) a un nivel por debajo de la persona corriente («por debajo»); 2) al nivel de una persona corriente («igual»), o 3) al nivel de una persona muy cualificada, es decir, alguien del 20 % superior en la gama de habilidades («por encima»). Y lo que observaron fue fascinante, y en cierto modo alarmante.

Destrezas de comunicación

En la mayoría de los empleos, los trabajadores son capaces de entender lo que les dicen los otros. El término de McKinsey para esto es «comprensión del lenguaje natural». Los robots de cuello blanco son eficientes en esto, como ya sabrá mucha gente que haya hablado con Siri, Alexis, Cortana y otros parecidos. De todos modos, es importante tener presente que estos *software*s robóticos no escuchan en el sentido humano de entender del todo el significado de las palabras. El habla consiste precisamente en patrones concretos de ondas sonoras. El ordenador las digitaliza y luego se vale de su modelo estadístico de aprendizaje automático para conjeturar qué palabras están siendo pronunciadas. A continuación interpreta las palabras como habla buscando patrones concernientes a frases, y frases correspondientes a significados. Cuando los conjuntos de datos de capacitación son lo bastante voluminosos y los ordenadores lo bastante potentes, los robots de cuello blanco acaso sean capaces de comprender todo lo que decimos, pero de momento todavía hay muchos malentendidos. Por eso McKinsey calificó estas destrezas de comprensión del lenguaje de la IA por debajo de las del ser humano corriente (véase tabla 6.1).

Cuando se trata de hablar («generación de lenguaje natural»), la IA es mucho mejor, por lo que su capacidad es considerada igual a la del ser humano medio. La explicación, como vimos en el ejemplo del capítulo 4 en que Siri aprende shanghainés, es que a las máquinas les resulta mucho más sencillo dominar la facultad del habla. La siguiente destreza de comunicación es más especializada: creación de productos no verbales.

Hay otras maneras de comunicarse además de hablar y escribir. Millones de empleos requieren que la gente produzca vídeos, presentaciones de imágenes, exposiciones o música. En realidad, todas estas son formas alternativas de comunicación, cosas que los programas de IA están haciendo cada vez más por nosotros. Un ejemplo de esto son las sucesiones de imágenes que bots de Facebook sugieren de vez en cuando a los usuarios. Los nuevos iPhones con IA incorporada hacen algo parecido con las fotos. Cuando se trata de esta destreza, «creación de productos no verbales», los expertos de McKinsey califican la tecnología de IA como «igual».

La última destreza de comunicación es la «percepción sensorial», que hace referencia a las habilidades que utilizan diversos *inputs* sensoriales para determinar qué está pasando. En esencia, es la «comunicación» con los objetos físicos que nos rodean. Esto es fundamental en muchos empleos en los que hay que reconocer objetos y patrones mediante la visión, la audición o el tacto. Los coches autónomos han de reconocer objetos en la carretera y distinguir entre un perro sentado y un tope amortiguador de velocidad. Un robot que levanta y coloca a un anciano en una silla de ruedas ha de notar cuándo tiene a la persona en sus brazos robóticos. Por estas habilidades, la IA obtiene una nota de aprobado: se considera que su desempeño está a la par con el del ser humano corriente.

Tabla 6.1. Capacidades de la IA en destrezas de comunicación

Destreza de comunicación	Descripción	Destreza de IA *vs.* ser humano corriente
Comprensión del lenguaje natural	Asimilar el lenguaje, incluyendo las interacciones humanas sutiles	Por debajo
Generación de lenguaje natural	Transmitir mensajes en lenguaje natural, incluyendo interacciones humanas sutiles y algo de cuasi lenguaje (por ejemplo, los gestos)	Igual
Creación de productos no verbales	Transmitir resultados/visualización a través de diversos medios aparte del lenguaje natural	Igual
Percepción sensorial	Deducir de forma autónoma e integrar la percepción externa compleja mediante sensores	Igual

Fuente: Elaboración del autor a partir de datos publicados por el Instituto Global McKinsey en «A Future That Works: Automation, Employement, and Productivity», enero 2017, documento 16.

En conjunto, estas cuatro destrezas de comunicación constituyen lo que cabría entender como habilidades «de acceso», esto es, las capacidades que abren la puerta al uso más generalizado de los robots de cuello blanco en el trabajo. No obstante, estas habilidades no explican por qué los robots de cuello blanco son tan disruptivos para los empleos del sector servicios. Lo realmente disruptivo es su extraordinaria capacidad para reconocer patrones partiendo de cantidades inimaginables de experiencia (datos).

Destrezas de pensamiento

Básicamente, las destrezas de pensamiento forman parte de todos los empleos del sector servicios que no han sido reemplazados por una máquina. Pero hay muchos tipos de pensamiento. En un extremo del espectro está la «creatividad»; en el otro, el razonamiento lógico explícito. En medio, los expertos de McKinsey destacaban «identificación de patrones nuevos», «optimización y planificación», «búsqueda y recuperación de información» y «reconocimiento de patrones conocidos» (véase tabla 6.2).

Según McKinsey, el nivel de destrezas de pensamiento de la IA está por debajo del nivel del ser humano promedio en cuanto a la creatividad, la identificación de patrones nuevos, el razonamiento lógico y la resolución de problemas, pero por encima en lo relativo a la planificación, la búsqueda y recuperación de información y el reconocimiento de patrones conocidos.

Tengamos presente que esta comparación de los talentos de los seres humanos y de los robots de cuello blanco es unidimensional. Estos talentos robóticos se basan en lo que los expertos denominan «inteligencia estrecha». Los algoritmos subyacentes a estas habilidades son el equivalente digital del poni que sabe hacer una sola cosa. En cambio, los seres humanos tienen una inteligencia «general», es decir, somos capaces de pensar de forma abstracta. Podemos planificar cosas que quizá vayan a suceder y resolver problemas de carácter general sin precisar todos los detalles. Los seres humanos tenemos la capacidad de innovar y desarrollar pensamientos e ideas que no se basan directamente en experiencias pasadas.

Los algoritmos informáticos elaborados con técnicas de aprendizaje automático no son capaces de «pensar» realmente en el sentido humano de la palabra –ni siquiera en el sentido que tiene para un perro o un poni. La IA solo asimila los datos y conjetura a qué corresponden esos datos. Puede hacerlo «asimilando» y «comparando» a un ritmo elevadísimo, pero solo puede reconocer cosas que haya visto en el conjunto de datos que han servido para su capacitación. Esta limitación se puede ilustrar con uno de los intentos atrevidos de ir más allá de las técnicas de aprendizaje automático estándar de la máquina –una forma de aprendizaje denominada «aprendizaje no estructurado». Se trata de un enfoque en virtud del cual el ordenador identifica patrones por su cuenta.

Tabla 6.2. Capacidades de la IA en las destrezas de pensamiento

Destreza de pensamiento	Descripción	Destreza de IA vs. ser humano promedio
Creatividad	Crear ideas diversas y novedosas, o nuevas combinaciones de ideas	Por debajo
Identificación de patrones nuevos	Crear y reconocer categorías/patrones nuevos (por ejemplo, categorías conjeturadas)	Por debajo
Optimización y planificación	Optimizar y planear para resultados objetivos con diversas limitaciones	Por encima
Búsqueda y recuperación de información	Buscar y recuperar información de una amplia escala de fuentes (amplitud, profundidad y grado de integración)	Por encima
Reconocimiento de patrones conocidos	Reconocer categorías y patrones conocidos simples/complejos aparte de la percepción sensorial	Por encima
Razonamiento lógico/resolución de problemas	Resolver problemas de una manera organizada mediante el uso de información contextual y variables cada vez más complejas además de la optimización y la planificación	Por debajo

Fuente: Elaboración del autor a partir de datos publicados por el Instituto Global McKinsey en «A Future That Works: Automation, Employment, and Productivity», enero 2017, documento 16.

En un famoso ejemplo de aprendizaje no estructurado, Google soltó un sistema informático, Google Brain, en medio de millones de clips de vídeos de YouTube para ver qué patrones observaba por sí mismo. En una proeza que asombró al mundo de la IA, identificó efectivamente un patrón y, como estaba mirando vídeos de YouTube, no es de extrañar que ese patrón fuera un gato. Como es natural, el ordenador no sabía que aquello era un gato –los seres humanos tuvieron que decírselo–, aunque sí reconoció que todas las imágenes correspondían al mismo objeto.

Esta forma de aprendizaje automático tal vez sea importante de cara al futuro, pero de momento resulta problemática. Una de las otras cosas que Brain identificó como «cosa» parecía una combinación de otomana y cabra.[5] Nadie sabe realmente en qué estaba pensando. De momento, las principales aplicaciones utilizan un aprendizaje estructurado que requiere un conjunto de datos de capacitación donde tanto el tema (¿es esto una cara?) como el resultado (sí o no) están claros.

Estas limitaciones constituyen el motivo por el que los robots funcionan mal cuando hay pocos datos para entrenar el algoritmo. Por ejemplo, es difícil generar un conjunto de datos para ser creativo, pues la mera idea de creatividad remite a algo un tanto singular, o inusual. Asimismo, el *software* robótico no es muy eficiente cuando la naturaleza del problema y la naturaleza de la solución son intrínsecamente confusas. Este es el caso a la hora de identificar patrones nuevos: como de entrada la idea es que el patrón es nuevo, por definición no puede haber un gran conjunto de datos. Por ejemplo, un experto humano en Go podría hacerlo bastante bien en un tablero de un tamaño ligeramente distinto, pero la IA no. En una conferencia de 2017, el equipo de AlphaGo Master admitió que el *software* de IA no serviría de nada si el juego se llevara a cabo en un tablero siquiera ligeramente alterado, pongamos uno de veintinueve cuadros por veintinueve en vez del estándar de diecinueve por diecinueve.[6]

Las otras destrezas importantes en el ámbito laboral son las sociales.

Destrezas sociales

Muchas personas no tienen «oído social», y seguramente hemos de trabajar con algunas de ellas. Parecen incapaces de –o reacias a– captar las pequeñas pistas de que alguien se siente triste, abrumado o

[5] Gideon Lewis Kraus, «The Great A.I. Awakening», *New York Times Magazine*, 4 diciembre 2016.
[6] Ron Miller, «Artificial Intelligence Is Not as Smart as You (or Elon Musk)», TechCrunch.com, 25 julio 2017.

eufórico por algo y quiere transmitirlo. Los robots de cuello blanco son así en términos generales (tabla 6.3).

Tabla 6.3. Capacidades de la ia en las destrezas sociales

Destreza social	Descripción	Destreza de IA *vs.* ser humano corriente
Razonamiento social y emocional	Sacar conclusiones precisas sobre estados sociales y emocionales y determinar la respuesta/acción adecuada	Por debajo
Coordinación con muchas personas	Interaccionar con otros, seres humanos incluidos, para coordinar actividades grupales	Por debajo
Actuación de manera apropiada desde el punto de vista emocional	Producir resultados apropiados desde el punto de vista emocional (por ejemplo, habla, lenguaje corporal)	Por debajo
Percepciones sociales y emocionales	Identificar estados sociales y emocionales	Por debajo

FUENTE: Elaboración del autor a partir de datos publicados por el Instituto Global McKinsey en «A Future That Works: Automation, Employment, and Productivity», enero 2017, documento 16.

Estas habilidades sociales son cruciales en ocupaciones que conllevan un montón de interacciones con personas, como la coordinación, y son importantes en entornos laborales que requieren gestión y trabajo en equipo.

Los expertos de McKinsey consideraron que los algoritmos con IA tenían capacidades que estaban por debajo de las de la persona promedio en las cuatro destrezas sociales. Aquí incluimos el «razonamiento social y emocional», la «coordinación con muchas personas», la «actuación de manera apropiada desde el punto de vista emocional» y las «percepciones sociales y emocionales».

Cabe señalar que la mejora de las destrezas sociales de la IA es una activa área de investigación, por lo que las estimaciones de McKinsey quizá estén algo desfasadas. Los estudios se centran en interpretar las señales sociales y no verbales enviadas por los individuos más que en las dinámicas grupales sociales. Por ejemplo, Disney está utilizando el aprendizaje automático para evaluar las reacciones de los espectadores de salas de cine, en concreto si la gente se ríe en el momento «adecuado». Para recoger los datos de capacitación, el equipo de investigación de Disney exhibió nueve películas diferentes un total de ciento cincuenta veces en una sala de cuatrocientas butacas dotada de cámaras que supervisaban las expresiones faciales de los asistentes. Se captaron dieciséis millones de imágenes.[7] El algoritmo creado a partir de estos datos era capaz de predecir cuál era la expresión más probable de un público concreto en distintos momentos de la película tras hacer el seguimiento del rostro de cada persona durante apenas unos minutos.

Destrezas físicas

Las destrezas físicas son importantes en una amplia variedad de empleos profesionales y del sector servicios. Algunas de ellas suponen mover cosas un largo trecho («habilidades motrices gruesas») o a lo largo de distancias muy cortas («habilidades motrices finas/ pericia»). Otras conllevan «movilidad por terreno desconocido» y «navegación» (tabla 6.4).

No es de extrañar que los robots industriales –que cabría llamarlos «de cuello de acero» para diferenciarlos de los «de cuello blanco»– estén por encima de la media en cuanto a la mayoría de las habilidades físicas; al fin y al cabo son máquinas. Un ámbito en el que no son tan eficientes como la persona corriente es en la movilidad en lugares con los que no están familiarizados. Desplazarse por un almacén de Amazon, por ejemplo, no supone problema alguno para un robot provisto de IA, pero cruzar terreno irregular o poco habitual es una destreza en la que la IA exhibe capacidades inferiores a las humanas.

---

[7] Investigación de Disney, «Neural Nets Model Audience Reactions to Movies», Phys.org, 21 julio 2017.

Tabla 6.4. Capacidades de la IA en las destrezas físicas

Destreza física	Descripción	Destreza de IA *vs.* ser humano promedio
Movilidad por terreno desconocido	Desplazarse dentro y entre diversos entornos y terrenos	Por debajo
Habilidades motrices finas/pericia	Manipular objetos con pericia y sensibilidad	Igual
Navegación	Navegar de forma autónoma en diversos entornos	Por encima
Habilidades motrices gruesas	Mover objetos con habilidades multidimensionales	Por encima

FUENTE: Elaboración del autor a partir de datos publicados por el Instituto Global McKinsey en «A Future That Works: Automation, Employment, and Productivity», enero 2017, documento 16.

Tras haber sido introducidos debidamente en el *software* robótico y haber aprendido lo que este es capaz de hacer, vamos a abordar ahora la cuestión de la automatización de cuello blanco. ¿Cuántos empleos se verán desplazados? De hecho, varios investigadores han efectuado estimaciones al respecto. Imaginemos que esas estimaciones son perros que andan sobre sus patas traseras: el interés reside no en lo que se hace muy bien, sino en si llega a hacerse. Y lo digo con el máximo respeto. Pensar seriamente en el futuro no es una misión para pusilánimes, pero sí algo que la sociedad necesita sin lugar a dudas.

¿Cuántos empleos se verán desplazados por la IA?

Muchos estudios han intentado calcular el impacto total producido en los empleos por la automatización reciente vinculada a la IA. Constituyen una lectura esencial, pero distan de ser infalibles. Al fin y al cabo, hablan del futuro, lo cual significa que lo están inventando –mediante métodos sofisticados y los mejores datos disponibles, pero aun así basándose en hipótesis.

Antes de pasar a los detalles, he aquí la conclusión principal: a lo largo de los próximos años, el número de empleos desplazados será entre grande y enorme. «Grande» significa que estará automatizado uno de cada diez puestos de trabajo; «enorme», que en vez de uno serán seis.

El antecesor de estos estudios fue llevado a cabo en 2013 por dos profesores de Oxford, Carl Frey y Michael Osborne, que primero elaboraron una lista de todas las tareas incluidas en empleos norteamericanos a partir de una gran base de datos del gobierno de los EE.UU. Después las revisaron e identificaron las que a su juicio eran automatizables. Partieron de una lista de tareas automatizables y luego indicaron las ocupaciones que dependían de muchos de estos cometidos. Y llegaron a la conclusión de que, en los EE.UU., la mitad de los empleos estaban en peligro –sí, la mitad (o el 47 % para ser más exactos). La última actualización –realizada por McKinsey sobre la base de la información examinada antes– eleva esta cifra al 60 % (debido, en parte, a que los robots de cuello blanco funcionan mucho mejor).[8] Estas alarmantes cifras se refieren a empleos que podrían acabar automatizados. Pero, ¿cuántos lo serán realmente?

Un reciente estudio de una empresa consultora, Forrester, indica que, en los próximos diez años, el 16 % de todos los empleos estadounidenses se verán desplazados por la automatización,[9] es decir, uno de cada seis. Se prevé que las profesiones más afectadas serán las que utilizan a trabajadores de oficina. No obstante, Forrester señala que aproximadamente la mitad de la destrucción de empleos irá acompañada por una creación de empleos equivalente al 9 % de los actuales. Según el estudio, los «profesionales supervisores de robots», los científicos de datos, los especialistas en automatización y los documentalistas son los principales ámbitos para los nuevos empleos ligados a la tecnología. Forrester pronostica que el impacto supondrá la pérdida neta de un 7 % de puestos de trabajo; aun así, esto equivale a uno de cada catorce. En un estudio reciente del Foro Económico

---

[8] En concreto, el 60 % de los empleos corresponden a ocupaciones en las que al menos el 30 % del trabajo es automatizable mediante tecnología de eficacia probada, según el Instituto Global McKinsey en «A Future That Works: Automation, Employment, and Productivity», enero 2017.

[9] Forrester, «Robots, AI Will Replace 7 % of US Jobs by 2025», Forrester.com, 22 junio 2016.

Mundial, basado en una encuesta sobre tipos de recursos humanos en empresas de alto nivel, la cifra es muy inferior: se prevé que, en los próximos años, la automatización solo sustituirá a siete millones de trabajadores en todo el mundo.[10]

Una encuesta realizada en Japón llega a conclusiones diferentes. Elaborada por el departamento de investigación del muy respetado Ministerio de Economía, Comercio e Industria, formulaba una pregunta sencilla: «¿Qué opinas sobre el efecto de la IA y la robótica en el futuro de tu empleo?». Y las respuestas posibles eran; 1) «Quizá pierda el empleo»; 2) «No creo que pierda el empleo»; y 3) «No sé».[11] Los de la primera respuesta eran aproximadamente una tercera parte del total de encuestados, una proporción muy elevada en una sociedad muy experta en tecnología en la que la automatización y la introducción de robots han sido mucho más rápidas que en Europa y los Estados Unidos. En todo caso, la respuesta era mucho más contundente entre los trabajadores más jóvenes: el 40 % de los menores de treinta años pensaban que podían perder el empleo por culpa de un robot, mientras que solo el 20 % de los de más de sesenta creían lo mismo.

En 2014, Pew realizó entrevistas a más de mil ochocientos expertos en tecnología en las que formulaba la pregunta del millón: «En 2025, ¿las aplicaciones de inteligencia artificial (IA), automatizadas, en red, y los artefactos robóticos habrán desplazado más empleos de los que hayan creado?».[12] Los expertos se situaban en dos bandos, pero antes de abordar esto, he aquí el mensaje clave: casi todos daban por hecho un considerable desplazamiento de empleos debido a la IA. En lo que diferían unos y otros era en si habría una sustitución de empleos igual de espectacular.

Aproximadamente la mitad de los expertos creían que habría un desplazamiento neto de empleos de cuello azul y de cuello blanco, lo que daría lugar a una convulsión social en forma de desempleo masivo, mucha más desigualdad y alteraciones del orden social. La otra

---

[10] Foro Económico Mundial, «The Future of Jobs Employment, Skills and Workforce Strategy for the Fourth Industrial Revolution», enero 2016.

[11] Masayuki Morikawa, «Who Are Afraid of Losing Their Jobs to Artificial Intelligence and Robots? Evidence from a Survey», documento de discusión de RIETI 17-E-069, 2017.

[12] Centro de Investigaciones Pew, «AI, Robotics, and the Future of Jobs», agosto 2014.

mitad era más optimista: confiaba en que el ingenio humano crearía muchísimos puestos de trabajo nuevos.

Si la historia funciona como guía, aparecerán ocupaciones nuevas que crearán muchos puestos de trabajo. No obstante, para esto hay otra posible vía: la digitecnológica.

Nuevos empleos creados directamente por la digitecnología

Existen al menos tres maneras en que el avance vertiginoso de la tecnología digital está creando empleos a un ritmo igualmente vertiginoso. La primera tiene que ver con la explosión de los datos. A medida que más gente usa internet y a medida que hacemos más cosas en internet, la demanda de servicios *online* y basada en el teléfono se dispara. Además, la actividad en internet está generando montañas de datos. El tamaño del tsunami digital se ve amplificado por el denominado «internet de las cosas», que equivale a máquinas hablando con máquinas *online*.

El único modo de lidiar con esta monumental ola de datos es utilizando robots de cuello blanco. Habida cuenta de que la IA avanzada, como Amelia y sus «cobots», no es capaz de manejar casos realmente inusuales, aún harán falta seres humanos. Por tanto, habrá mucha sustitución de seres humanos por IA, pero como la cantidad de trabajo está disparándose, aumentará el número de personas para dichas operaciones. Aquí no deberíamos considerar la IA como un consumado destructor de empleos, pues en realidad la única alternativa al uso de IA sería pasar por alto los datos (como suele suceder incluso hoy en día). «Las personas preocupadas por la pérdida de empleos debida a la automatización suelen subestimar la insólita explosión de datos que están experimentando los negocios, algo que se acelera gracias al control ejercido por los trabajadores del conocimiento y a la exigencia de automatización para abordarla», escriben los profesores Leslie Willcocks y Mary Lacity, de la London School of Economics:[13] muchas de las empresas estudiadas ya han adoptado soluciones de RPA y sin embargo han prometido a sus trabajadores que los robots

---

[13] Mary C. Lacity y Leslie Willcocks, «What Knowledge Workers Stand to Gain from Automation», *Harvard Business Review*, 19 junio 2015.

no provocarán despidos –aunque a causa de las RPA no habrá nuevas contrataciones en el departamento.

Un servicio público británico, estudiado por Willcocks y Lacity, «contrató» a más de trescientas RPA para revisar tres millones de transacciones cada trimestre. Calcularon que, para hacer el mismo trabajo de forma manual, habrían hecho falta seiscientas personas. Estos trabajadores sintéticos no eliminaron ningún empleo; simplemente permitieron a la empresa ganar más dinero con el alud de información.

Esta especie de garantía dio ánimos a los trabajadores e hizo más fácil entrenar e integrar a esos «asistentes digitales». Los trabajadores aceptaron a los recién llegados al considerar que los bots les quitaban de encima trabajo pesado, por lo que así tendrían más tiempo para ocuparse de casos peculiares.

La segunda manera en que lo digitecnológico está creando empleos directamente tiene que ver con una característica curiosa de los productos digitales: suelen ser gratuitos.

Existen muchas diferencias llamativas entre la automatización mecánica que influyó en los empleos de granjas y fábricas y la automatización electrónica que está afectando hoy al sector servicios. Una es el precio. Como manejar robots de cuello blanco casi no cuesta nada –al fin y al cabo solo son programas informáticos–, el coste de las cosas que hacen suele ser cero. Hay un montón de servicios nuevos que son gratuitos. En el mundo actual, cosas por las que pagaríamos una buena cantidad –pongamos, Google Maps, TripAdvisor o páginas de noticias– suelen salirnos gratis, y lo gratuito genera su propia demanda. Muchos servicios que habrían necesitado a montones de personas, y por tanto habrían sido caros, se ofrecen ahora gratuitamente, y resulta que estamos «comprando» estos servicios de forma masiva. Entre los ejemplos incluimos los recordatorios digitales de pastillas, la telemedicina CVS o los consejos robóticos sobre inversiones financieras.

Como Rachel en Bank of America, Alexa en Amazon y Siri en Apple permiten que salga casi gratis pedir información, pedimos información por un tubo, por lo cual estas empresas están contratando a gente. El razonamiento básico es tan sencillo como contar hasta tres: 1) gracias al *software* de IA, es factible no cobrar nada a los clientes por servicios que unos años atrás habrían sido caros; 2) las personas empiezan a usar estos servicios a lo loco; y 3) las empresas proveedoras de los servicios nuevos contratan a gente que se encarga de los robots y lleva a cabo tareas humanas relacionadas con la administración, la contabilidad, la gestión de recursos humanos y cosas por el estilo.

Una tercera vía mediante la cual la automatización con IA está creando empleo en los países ricos es recuperando empleos *back office* que habían sido previamente deslocalizados en países como la India. La idea de sustituir a trabajadores de alto coste que realizan manipulaciones rutinarias de información susceptible de ser enviada a través de un cable ya es vieja. Desde la década de 1990, muchas empresas han enviado estos empleos al extranjero, y esto ha creado toda una industria denominada «externalización de procesos de negocio» (BPO por sus siglas en inglés) que en la actualidad está dominada por empresas como Infosys.

La RPA es eficaz en muchas de las tareas que realizan hoy en día las empresas BPO. El ahorro de costes es casi coercitivo. Según Genfour, adquirida por Accenture en 2017, «mientras un FTE [*full-time equivalent worker*, trabajador equivalente a tiempo completo] del país que cuesta 50K dólares (coste total) puede ser sustituido por un FTE de fuera por 20K dólares, un trabajador digital puede llevar a cabo la misma función por 5K dólares o menos –sin los inconvenientes de gestionar y preparar a mano de obra en el extranjero».[14] Como el *software* con IA no puede con todos los casos, recuperar actividades *back office* en Norteamérica y Europa creará algunos empleos para seres humanos de cuello blanco además de muchos empleos para robots también de cuello blanco.

Otro ejemplo de creación rápida de empleos es la contratación masiva que está llevando a cabo Amazon. De todos modos, aquí es importante distinguir entre creación neta y creación bruta de empleo; parafraseando el viejo dicho, no puedes alargar una manta cortando un palmo de tela de la parte de arriba y cosiendo solo la mitad en la de abajo. La rápida introducción de robots dotados de IA en el centro de trabajo incrementa la productividad per cápita, lo cual tiende a reducir el número de trabajadores necesarios. Pero al hacer las cosas más baratas y rápidas, los robots también están aumentando las ventas.

---

[14] Rita Brunk, «The ABC of RPA, Part 5: What Is the Cost of Automation and How I Justify It to the Leadership Team?», Genfour.com, 21 julio 2016.

Amazon procura un excelente ejemplo de esta carrera pedestre entre producción y productividad.

El ejemplo de Amazon. Recortando la manta

Amazon ha desplegado un ejército de robots de cuello blanco para reducir lo que ellos denominan el tiempo entre «el clic y el envío», es decir, el período transcurrido entre el momento en que pulsas en la pantalla el botón de «comprar» y el momento en que el artículo sale del almacén de Amazon más cercano.

Esta automatización ha significado una entrega más rápida por parte de Amazon, lo cual a su vez está ayudando a Amazon y a otros a vender más barato en sus tiendas físicas. Debido al auge de este comercio electrónico; Amazon está contratando personal. En 2017, casi un millón de personas trabajaron en los almacenes de los EE.UU., lo que supone un aumento de más de cuatrocientas mil, según Bloomberg.[15] Solo en el Reino Unido, en 2016 Amazon creó dos mil quinientos empleos permanentes nuevos. En verano de 2017, Amazon anunció que estaba buscando cincuenta mil trabajadores más.

Para Amazon, la automatización mediante IA redujo drásticamente los costes y los plazos de entrega. Aunque esto suponía menos trabajadores necesarios para una cantidad concreta de trabajo, el servicio mejorado equivalía a la realización de mucho más trabajo y, en consecuencia, a la creación de más empleos. Como es lógico, la creación de empleo en Amazon repercute en el número de puestos de trabajo en el comercio minorista tradicional.

Buena parte del negocio que va a Amazon procede de las tiendas de toda la vida. Y como Amazon es mucho más eficiente, el paso de la venta directa en la tienda a la venta *online* está disminuyendo el número de empleos netos. De un lado a otro de los EE.UU., están cerrando centros comerciales, impacto que también empieza a hacerse notar en las zonas comerciales del Reino Unido. En resumidas cuentas, los nuevos empleos de Amazon no suponen creación neta de empleos.

---

[15] Patrick Clark y Kim Bhasin, «Amazon's Robot War Is Spreading», *Bloomberg*, 5 abril 2017.

El ejemplo de Amazon pone de manifiesto que los detalles prácticos son importantes. Como dice el refrán, la diferencia entre teoría y práctica no es la misma en la teoría que en la práctica. Esto explica por qué es esclarecedor acudir a la práctica real, a saber, las ocupaciones en el sector servicios, donde los robots están desplazando hoy en día a los trabajadores.

Verificación de la realidad. Empleos que hoy se están automatizando

Ya que el mundo es un sitio complicado, es de gran ayuda determinar lo que importa y lo que no. Puede ser muy bien que la IA reduzca a la mitad el número de operadores de radio, pero como en el Reino Unido solo son ochocientos setenta, ¿qué más da?[16]

En la figura 6.1 aparecen las ocupaciones de los EE.UU. por las que sí deberíamos preocuparnos en serio, pues en ellas trabajan muchas personas. La categoría principal es la de los veintidós millones de oficinistas, gran parte de los cuales hacen cosas de las que puede encargarse fácilmente la IA.

Trabajo de oficina automatizado

La RPA está automatizando muchos empleos en los que los trabajadores están, en esencia, procesando información y enviándola por una cadena de montaje.

Es difícil calcular cuántos de los veintidós millones de empleos de oficina de los EE.UU. resultarán eliminados, pero la tendencia se ha propagado por todo el mundo desarrollado. El título de un informe de KPMG de 2015 lo dice todo: *Desde lo humano a lo digital: el futuro de los servicios globales de negocios.* En la encuesta de KPMG, que abarca a centenares de empresas de servicios globales, se observó que las empresas están recurriendo a la tecnología, en concreto a la RPA, para sustituir a trabajadores humanos. La red global KPMG está convenci-

---

[16] Oficina de Estadísticas Laborales, «May 2017 National Occupational Employment and Wage Estimates».

da de que esto tendrá un impacto tremendo. «No consideramos que la RPA sea una continuación de la automatización a gran escala de los procesos de automatización tradicionales. Pensamos más bien que es un punto de inflexión, pues no existe nada similar con el potencial de reducir los costes de la mano de obra en cualquier función de prestación de servicios.»[17] En la encuesta aparecían empresas de países europeos con leyes de protección laboral muy estrictas que estaban especialmente interesadas en la RPA. De las empresas europeas, el 80 % tenía interés en esta forma de automatización ligada a la IA. En los Estados Unidos, la cifra era solo del 50 %.

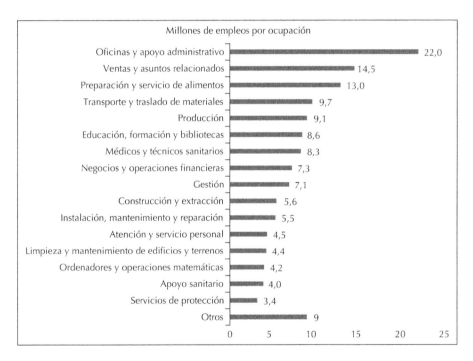

Figura 6.1. Millones de empleos por ocupación en los EE.UU., mayo 2016.
Fuente: Elaboración del autor a partir de la base de datos *online* de BLS.

Cuando se le preguntó lo deprisa que, a su juicio, la RPA desplazaría a los trabajadores, el jefe de Blue Prism, Jason Kingdon, fue categórico: «Mi pronóstico es que en los próximo años todo el mundo se habrá

---

[17] KPMG, *From Human to Digital: The Future of Global Business Services*, 2016.

familiarizado con esto. Estará en todas las oficinas». Por lo visto, los mercados bursátiles le creen. La empresa de Kingdon valía cincuenta millones de dólares cuando salió a la luz pública en 2016; desde entonces el precio de sus acciones ha aumentado un 650 %.[18]

La segunda categoría de empleos de la figura 6.1 es «ventas y asuntos relacionados», con catorce millones y medio de trabajadores.

Automatización de los empleos de servicios del tipo «trabajador ambulante»

La automatización del sector servicios no se limita al *software* robótico que sustituye a trabajadores del conocimiento. También está llegando lo que podríamos denominar empleos de «trabajador ambulante de servicios», es decir, empleos en los que hay personas caminando y manipulando cosas físicas. Los robots que reemplazan a estos trabajadores no son como Amelia o la RPA, sino «de cuello de acero»: máquinas físicas que se mueven.

El sector minorista

Las tiendas al por menor no son ajenas a la automatización. Las máquinas de autoservicio ya han sustituido a muchos trabajadores en una amplia variedad de tiendas. Todavía hacen falta algunos seres humanos para ocuparse de casos especiales, pero los comercios cada vez contratan menos gente para las cajas. Una serie de innovaciones están llevando la automatización aún más lejos: en los EE.UU., algunas tiendas cuentan con aplicaciones que permiten a los clientes obtener información sobre los productos escaneando el código de barras o tomando una foto con el móvil, lo cual supone menos dependientes.

Otros comercios están utilizando la IA para volver los estantes «inteligentes». Se valen de algo denominado «faros de proximidad» para mandar mensajes a los móviles de los compradores cuando estos se hallan cerca de un artículo de especial interés. También es posible

---

[18] Ian Lyall, «Small Cap Ideas: Could Blue Prism Be the Next Big British *Software* Champion with Its Robot Clerks?», ThisIsMoney.co.uk, 21 marzo 2016.

lanzar avisos más llamativos –«sabemos dónde estás»–, que terminan en descuentos personales sobre productos cercanos. Nordstrom usa uno y Walmart está haciendo pruebas con otro llamado iBeacon basado en la tecnología de Apple.

Kroger, gigante norteamericano que es el minorista número dos después de Walmart, introdujo un nuevo tipo de colocación en estantes cuyo borde (la parte estrecha que queda frente al consumidor) es digital. Parece una pantalla de vídeo programable que utiliza sensores y analítica para proporcionar a los clientes recomendaciones de compra, precios e información detallada sobre productos. También esto se traduce en mejor servicio al consumidor y menos empleados.

Con respecto a la labor de inventario, también se están sustituyendo puestos de trabajo. El minorista de electrodomésticos y mejora del hogar Lowe's ha introducido LoweBot, un robot autónomo con libertad de movimientos que responde a preguntas sencillas de los clientes, a quienes ayuda a encontrar lo que buscan. Los compradores pueden teclear sus consultas en una pantalla táctil o simplemente formular la pregunta de forma verbal. El robot habla y entiende inglés, español y un par de idiomas más.

El robot de metro cincuenta y aspecto más bien anodino también ayuda en el inventario. La máquina, que básicamente es una pantalla táctil con ruedas y un montón de sensores incorporados, es capaz de escanear automáticamente las estanterías e identificar los artículos en tiempo real. LoweBot se estrenó en las tiendas de Silicon Valley en 2017. Un competidor suyo es el robot Tally, que recorre los pasillos del supermercado –cuando está abierto– verificando que no falte nada y que todos los productos estén bien colocados y tengan el precio correcto.

En 2017, los grandes almacenes de gama alta Bloomingdale's comenzaron instalando probadores con pantallas en las paredes que permitían a los clientes examinar prendas que se probaban para ver si había en existencias otras de distintos colores o tallas. El sistema también puede sugerir otras prendas en caso de que el comprador quiera añadir complementos. Estas comodidades contribuyen a una mejor experiencia compradora con un número de dependientes igual o menor.

Estos avances son tan nuevos que no disponemos de datos ni investigaciones sobre desplazamiento de empleos, pero la cuestión está meridianamente clara: se está dando una sustitución directa de seres humanos. El aprendizaje automático también se ha aplicado a empleos físicos fuera de las fábricas.

Empleos automatizados en la construcción. SAM, el robot albañil

Para la gente con una espalda fuerte y no demasiada cultura, la construcción es uno de los mejores empleos del mercado. Sin embargo, también este se está automatizando. Construction Robotics, empresa de Nueva York, alquila un robot llamado SAM (*semi-automated mason*, albañil semiautomatizado) a constructoras norteamericanas por treinta y tres mil dólares al mes. SAM trabaja con albañiles humanos (en 2014, curiosamente la parte «humano» de «albañil humano» habría sobrado). Funciona como sigue.

Una cinta transportadora entrega ladrillos a un brazo robótico que acto seguido extiende mortero sobre el ladrillo, que pone en la pared valiéndose de sensores láser para que la colocación sea la correcta. Hacen falta seres humanos para cargar los ladrillos en la cinta, echar paladas de mortero en la tolva, alisar y eliminar el exceso de argamasa y controlar el sistema en su conjunto con un ordenador en forma de tableta. SAM pone mil doscientos ladrillos al día, entre dos y cuatro veces más que un albañil humano.

Construction Robotics calcula que SAM reduce los costes de los proyectos de albañilería aproximadamente en un 50%. Esto significa menos empleos por obra, aunque el robot no hará desaparecer la profesión de albañil. Los que conserven el puesto de trabajo serán más productivos; quienes lo pierdan deberán dedicarse a otra cosa.

Al igual que los trabajadores de la construcción, los vigilantes de seguridad suelen tener estudios de secundaria y una complexión robusta. También su empleo está amenazado.

Vigilantes de seguridad

Aunque tener un guarda de seguridad cerca es muy útil por si pasa algo malo, su principal cometido consiste en estar simplemente ahí

–y ser capaz de reaccionar si sucede algo malo. Pero precisamente porque hay un vigilante cerca es menos probable que ocurran cosas negativas. Esta paradoja –por lo general, los guardas no hacen falta cuando están en su sitio– ha alentado la automatización.

Una empresa californiana, Knightscope, aprovecha el desajuste para suministrar vigilantes de seguridad capaces de hacer la parte de «la obligatoriedad presencial» al tiempo que permanecen continuamente en contacto con guardas humanos capaces de intervenir si se produce un incidente real. Los guardas de Knightscope ya se utilizan en centros comerciales y en las calles de San Francisco, donde ahuyentan a los indigentes. Llevan cámaras, escáneres de láser, un micrófono y un altavoz. Pueden desplazarse de forma autónoma a un ritmo lento.

No es tan eficiente como un vigilante de seguridad humano, pero si lo alquilas a siete dólares la hora (por debajo del salario mínimo) sale mucho más barato. Y no necesita hacer pausas para el bocadillo ni exige vacaciones pagadas. Aun así, tiene sus fallos: en 2017, un robot que patrullaba por un centro comercial de Washington, D.C. se cayó a un surtidor y se ahogó.

En niveles inferiores de la cadena alimentaria del sector servicios, por así decirlo, están los empleos de preparación de alimentos, en los que se suele pagar el salario mínimo. En los EE.UU., casi uno de once trabajadores está implicado en la preparación y el servicio de alimentos: treces millones de empleos.

Automatización de empleos de preparación de alimentos

McDonald's y otras grandes cadenas estadounidenses, como Chili's Grill & Bar, Applebee's o Panera Bread, están automatizando algunas tareas –lo que en definitiva quita parte del trabajo a los trabajadores. Una práctica que está difundiéndose con rapidez es el uso de tabletas táctiles para tomar pedidos directamente de los clientes.

Normalmente instaladas en cada mesa, las tabletas reducen el número de trabajadores necesarios en cada restaurante. También permiten que la gente no tenga que esperar a su camarero [curiosamente, en inglés, *waiter*, «camarero», tiene la raíz *wait*, «esperar»; antes el camarero era el que esperaba junto a la mesa]. Por extraño que parezca, estos artilugios inducen a los clientes a pedir más cosas.

Según un estudio de uno de los fabricantes de tabletas para pedidos, Ziosk, tanto si es por la evitación de culpa al no tener que pronunciar en voz alta –«sí, de postre quiero helado de chocolate»– como si solo es por la comodidad del pedido espontáneo, la cantidad por mesa es superior cuando no hay camarero. Y la tendencia va a más: Ziosk ya ha despachado cientos de miles de tabletas de esas.

La automatización de los restaurantes también está llegando a través de los móviles inteligentes. El histórico fabricante de cajas registradoras, NCR (siglas de National Cash Register), se ha adelantado a sí mismo ofreciendo una aplicación, NCR Mobile Pay, que permite a los clientes hacer el pedido, echar un vistazo a la cuenta, volver a pedir alguna cosa del menú, llamar al camarero, pagar y dar propina y obtener un recibo por *e-mail*, y todo mediante el móvil.

En las cocinas de los restaurantes, la automatización solo está empezando. Veamos el caso de Flippy, un robot que hace hamburguesas que está siendo desarrollado en colaboración con la cadena CaliBurger. Flippy, básicamente un brazo robótico con sensores incorporados a un carrito, es capaz de rodar hasta cualquier parrilla o freidora estándar y ponerse a cocinar igual que haría cualquier trabajador por el salario mínimo. No hace falta rediseñar la cocina.

Flippy desenvuelve la carne de hamburguesa precocinada que utilizan todos los establecimientos de comida rápida, la echa en la parrilla y le da la vuelta cuando llega el momento –usando sensores térmicos, cámaras y su programa de IA. Puede integrarse en el sistema del restaurante y tomar pedidos directamente del mostrador de los clientes. A día de hoy, Flippy todavía necesita a seres humanos que estén al tanto (para poner el queso y otros ingredientes), pero una empresa llamada Momentum Machines ha creado una máquina que elimina todos los empleos de preparación alimentaria.

«Nuestro aparato no se propone volver los empleados más eficientes, sino prescindir totalmente de ellos», afirmaba en 2012 Alexandros Vardakostas, cofundador de Momentum Machines.[19] El robot de la empresa, del tamaño de un pequeño cuarto frío, coge comida cruda y expide hamburguesas envueltas y empaquetadas a una velocidad máxima de unas cien a la hora. Pero esto era al principio.

---

[19] Lora Kolodny, «Meet Flippy, a Burger-Grilling Robot from Miso Robotics and CaliBurger», SingularityHub.com, 7 marzo 2017.

Quizá pensando que esa actitud tan desenvuelta y contraria al empleo no sentaría bien, Vardakostas cambió de criterio cuando en junio de 2018 inauguró su primera hamburguesería automática: «En nuestro futuro utópico hay más creatividad y más interacción social mientras los miembros de la plantilla también llegan a ser más creativos y sociales.»[20] La empresa, rebautizada como Creator y respaldada ahora por Google Ventures, está a todas luces intentando dejar atrás cualquier rechazo que la automatización drástica pudiera provocar entre los clientes y los trabajadores. El plan es pagar a los empleados bastante más que el salario mínimo y permitirles dedicar el 5 % de su tiempo a leer libros educativos de elección propia.

La economía de la automatización de la comida rápida se está acelerando debido al aumento del salario mínimo en algunos estados de los EE.UU. Lo dijo sin rodeos el antiguo presidente de McDonald's USA, Ed Rensi: «Sale más barato comprar un brazo robótico por 35.000 dólares que contratar a un empleado improductivo por 15 dólares a la hora».[21]

Los robots también han comenzado a abrirse camino en el negocio de las *pizzas*. Una empresa emergente del Área de la Bahía de San Francisco, Zume Pizza, se vale de un robot –o, como lo llaman ellos, un «masabot»– para convertir la masa en una perfecta *pizza* crujiente en cuestión de segundos. Otros robots extienden la salsa y meten el conjunto en el horno. Pides las *pizzas* por internet con el móvil. No hay mostrador ni escaparate.

Zume elabora más de doscientas *pizzas* diarias con solo cuatro personas en la cocina. Y tiene planeado reducir el número de trabajadores mediante más robots y más IA. Si sus planes salen bien, «será como Domino's sin el componente laboral», dice el copresidente Alex Garden. «Ya podemos empezar a calibrar lo increíblemente rentable que puede ser.»[22] Zume solo dedica el 14 % de sus ingresos a mano de obra, en comparación con el 30 % de Domino's.

---

[20] Cita en Media Robinson, «This Robot-Powered Burger Restaurant Says It's Paying Employees $16 an Hour to Read Educational Books while the Bot Does the Work», Business Insider, UK.businessinsider.com, 22 junio 2018.

[21] Cita en Julia Limitone, «Former McDonald's USA CEO: $35K Robots Cheaper Than Hiring at &15 Per Hour», FoxBusiness.com, 24 mayo 2016.

[22] Sarah Kessler, «An Automated Pizza Company Models How Robot Workers Can Create Jobs for Humans», QZ.com, 10 enero 2017.

Empleos de transporte

Aproximadamente uno de cada catorce trabajadores norteamericanos tiene una actividad profesional relacionada con algún tipo de transporte. Esto viene a ser unos diez millones de empleos, la mitad de los cuales suponen la conducción de algún vehículo. Como ya sabemos, estos puestos de trabajo están en vías de ser automatizados. De hecho, seguramente son los empleos del sector servicios donde se está debatiendo más a fondo la amenaza de la automatización.

Las furgonetas y los coches autónomos son una realidad, pero aún no está claro lo rápido que se implantará esta tecnología. Como señala David Rotman, de la revista *MIT Technology Review*, «cualquier vehículo presuntamente autónomo requerirá un conductor, aunque a menudo pasivo. No obstante, la pérdida potencial de millones de empleos es la prueba número uno» de la amenaza planteada por la IA a los puestos de trabajo del sector servicios que antes se consideraban a salvo de la automatización.[23]

Según un informe de los consejeros científicos y economistas de la Casa Blanca en la época de Obama, *Artificial Intelligence, Automation, and the Economy* [Inteligencia artificial, automatización y la economía], los vehículos automatizados podrían poner en peligro entre dos y tres millones de empleos en los EE.UU. Muchos de estos trabajadores, entre ellos aproximadamente un millón setecientos mil camioneros, son algunos de los mejores empleos disponibles para personas sin formación superior.

Habida cuenta de lo reguladas que suelen estar estas industrias –debido, al menos en parte, a los problemas de seguridad que afectan a la gente en general–, la implantación de la automatización no estará exenta de problemas. Resulta fácil imaginar un futuro en el que todos los vehículos sean autónomos y se coordinen entre sí. La dificultad surge cuando unos están conducidos por seres humanos y otros por robots.

En todo caso, la automatización no se limita a empleos no cualificados del sector servicios. Médicos, abogados, periodistas, contables y muchos otros profesionales ganan mucho dinero porque han llegado

---

[23] David Rotman, «The Relentless Pace of Automation», *MIT Technology Review*, 13 febrero 2017.

a controlar una gran cantidad de información y acumulado años de experiencia en su aplicación a situaciones nuevas. Sin embargo, esto es precisamente lo que la IA hace muy bien. Si sustituyes «experiencia» por «datos» –de este modo, el reconocimiento de patrones basado en la experiencia pasa a ser reconocimiento de patrones basado en datos–, tienes una descripción bastante buena de las actividades en las que el aprendizaje automático es, o será pronto, mejor que el del ser humano corriente. En medicina ya está pasando.

Empleos médicos

El ámbito de la salud es un sector muy importante; en los EE.UU., trabajan en él en torno a doce millones de personas. Solo una de cada veinte son médicos; y una de cada cinco, enfermeras. El Servicio Nacional de Salud del Reino Unido da empleo directo a un millón y medio de personas. Gran parte de la asistencia sanitaria es relativamente rutinaria, y casi todo gira alrededor del reconocimiento de patrones basado en la experiencia. Esto la coloca de lleno en el camino de la IA avanzada.

Los robots de cuello blanco son eficientes –y cada vez lo serán más– en el procesamiento de imágenes e información del historial médico del paciente. Ya se han utilizado para realizar diagnósticos. No obstante, en vez de reemplazar a los médicos, estos robots están actuando como otro instrumento de diagnóstico utilizado por los profesionales en su trabajo. Algunos de los usos más innovadores de los robots de cuello blanco se dan en psicología.

Ellie es un robot que aparece en pantalla (algunos lo llaman «avatar», pero esto es centrarse demasiado en la imagen y subestimar la tecnología subyacente a esa imagen). Parece y actúa como un ser humano, hasta el punto de que la gente se siente cómoda hablando con ella. Gracias a la visión por ordenador y un sensor Kinect, registra lenguaje corporal y pistas faciales sutiles que a continuación codifica para que las evalúe un psicólogo humano. Según diversos estudios, en la labor de recogida de estos datos es más competente que los seres humanos, en parte porque a la gente le resulta más fácil sincerarse ante un robot.

Unos investigadores de la Universidad del Sur de California crearon a Ellie como parte de un programa financiado por la Agencia de Proyectos de Investigación Avanzados de Defensa. La finalidad del programa es ayudar a soldados veteranos con trastorno de estrés postraumático (TEPT). «Una ventaja de utilizar a Ellie para reunir datos de comportamiento es que la gente parece confiarse a ella con cierta facilidad, dado que es un ordenador y no está concebida para juzgar a la persona», explica Louis-Philippe Morency, uno de sus creadores.[24] Otras aplicaciones robóticas en psicología ayudan a procurar terapias para los pacientes. Woebot, por ejemplo, entabla conversaciones diarias con personas con la finalidad de ayudarlas a resolver sus problemas mentales. Más que nada, formula preguntas que animan al usuario a reformular sus pensamientos negativos de una manera más objetiva. La medicina robótica ya es de uso común en los hospitales.

En el hospital Mount Elizabeth Novena de Singapur se usa IBM Watson, en vez de enfermeras humanas, para supervisar constantes vitales de los pacientes. El director del hospital, Louis Tan, señala que Watson solo es un asistente: «No significa que las enfermeras estén eximidas de responsabilidad, sino solo que cuentan con otra ayuda. Para los pacientes resulta más efectivo y seguro».[25] Otra forma de automatización para ahorrar mano de obra se propone reducir el tiempo que los médicos dedican a tareas rutinarias.

«Muchas visitas al médico de cabecera (hasta tres de cinco) son por dolencias menores, consejos o cuestiones que podría resolver uno mismo con medicamentos sin receta», señala Matteo Berlucchi, director ejecutivo de Your.MD, fabricante de un robot médico de cuello blanco. Se trata de una aplicación de móvil que imita una consulta con un médico de cabecera. «No es cuestión de sustituir a ningún médico», dice Berlucchi, sino más bien de «descargar a los médicos reales de algunas de las tareas más fáciles y rutinarias y adjudicárselas a la IA».

Esto es en esencia una «atención pre-primaria» que ayuda a la gente que no se encuentra bien a decidir si necesita ir al médico. El Servicio Nacional de Salud del Reino Unido ha captado las posibilidades y ha aprobado la información que la aplicación debe usar. En lo referente a medicina robótica, hay ejemplos aún más impresionantes.

---

[24] Nathan Jolly, «Meet Ellie: The Robot Therapist Treating Soldiers with PTSD», News.com.au, 20 octubre 2016.

[25] Citas de Jeevan Vasagar, «In Singapore, Service Comes with a Robotic Smile», *Financial Times*, 19 septiembre 2016.

En 2016, unos médicos japoneses consultaron a Watson cuando falló el tratamiento que habían aplicado. Resulta que la paciente –a la que habían diagnosticado leucemia mieloide aguda– tenía algo más. Watson revisó su base de datos de veinte millones de artículos científicos sobre cáncer en busca de patrones que se ajustaran al historial médico y los genes de la paciente. Partiendo de los patrones que reconocía, conjeturó que sufría una forma rara de leucemia que los médicos humanos no habían tomado en consideración. El robot tardó en eso diez minutos.

Tan pronto hubo sugerido Watson el diagnóstico nuevo, los médicos llegaron a la conclusión de que el robot estaba en lo cierto y modificaron su tratamiento, lo cual seguramente salvó la vida de la mujer. Obsérvese que Watson no sustituyó a ningún médico. No obstante, se ve a las claras que el robot ayuda a un médico a proporcionar más servicios en menos tiempo. En consecuencia, Watson es una forma de automatización. Obsérvese también, sin embargo, que si llegara a utilizarse de manera generalizada, podría conllevar un «giro de las aptitudes» inverso. Watson es un sustituto de los médicos de cáncer más especializados y mejor pagados, pero de hecho es una herramienta más útil para los médicos corrientes. Se trata de un ejemplo típico de trabajadores promedio con habilidades mejoradas gracias a la IA.

Farmacias automatizadas

Contar pastillas absorbe mucho tiempo en las farmacias estadounidenses. El Centro Médico de la Universidad de California en San Francisco, por ejemplo, tiene, en un momento dado, unos seiscientos pacientes que toman un promedio de diez medicamentos distintos cada uno. Esto mantiene ocupados a unos doscientos farmacéuticos y técnicos de farmacia, pero serían muchos más si no fuera por un robot llamado PillPick, que escoge, empaqueta y distribuye pastillas individuales. En muchos casos, añade un código de barras a modo de garantía adicional de que el paciente en cuestión recibe la medicación apropiada.

Como suele pasar cuando los seres humanos delegan tareas rutinarias en los robots, con PillPick se ha ganado en consistencia. En

CNBC.com, Andrew Zaleski señalaba en 2016 que un estudio realizado en un hospital de Houston descubrió cinco errores por cada cien mil recetas expedidas por farmacéuticos humanos.[26] Fue un fallo así lo que empujó al Centro Médico a la automatización. «Una enfermera cometió el error de poner la coma de los decimales en el lugar equivocado y le dimos al paciente una sobredosis; en ese momento adquirimos el compromiso de que esto no volviera a suceder», dijo Mark Laret, director ejecutivo del Centro. El robot despachó sin errores unas trescientas cincuenta mil recetas durante su período de pruebas.

Periodismo automatizado

El *Washington Post* cuenta con un periodista de lo más productivo que redactó más de quinientos artículos en los días posteriores a las elecciones de noviembre de 2016: todas las elecciones –a la Casa Blanca, al Senado o las de gobernador– fueron cubiertas en tiempo real. El reportero responde al nombre de Heliograf, y es un robot-periodista. Los sesenta reporteros políticos humanos del periódico centraron su atención en las disputas más reñidas, trascendentales y prominentes. A Heliograf, como robot-becario, le adjudicaron el cometido más monótono de informar sobre los resultados de las confrontaciones menos atractivas.[27]

En las elecciones de 2012, en cambio, el *Washington Post* encargó a cuatro reporteros humanos diversas crónicas sobre los resultados en lugares apartados. En veinticinco horas lograron cubrir solo una pequeña fracción de las contiendas sobre las que escribió Heliograf.

También en Francia se han utilizado estos reportajes electorales automatizados. Trabajando con *Le Monde* durante las elecciones de 2015, una empresa de TI se valió de *software* de escritura automatizada para producir texto destinado a ciento cincuenta mil páginas en cuatro horas. El presidente ejecutivo de la empresa, Claude de Loupy,

[26] Andrew Saleski, «Behind Pharmacy Counter, Pill-Packing Robots Are on the Rise», CNBC.com, 15 noviembre 2016.
[27] La información sobre el *Washington Post* está extraída sobre todo de Joe Keohane, «What News-Writing Bots Mean for the Future of Journalism?», Wired.com, 16 febrero 2017.

señala: «Los robots no pueden hacer lo que hacen los periodistas, pero [...] sí son capaces de hacer cosas asombrosas, y para los medios son una revolución».[28] Otras muchas organizaciones de noticias, como AP News Service, están usando *software* de escritura robótica disponible en el mercado.

Pero, ¿hasta qué punto es eficaz la escritura robótica? El equivalente de la BBC en los EE.UU., National Public Radio (NPR), organizó un duelo hombre-máquina, algo parecido a la partida de ajedrez de 1997 entre el campeón mundial de ajedrez, Garry Kasparov, y el ordenador Deep Blue, de IBM. Esta vez, el enfrentamiento era entre el corresponsal de NPR en la Casa Blanca, Scott Horsley, y un robot-escritor llamado WordSmith. El hecho noticioso iba a ser las ganancias de Denny's, empresa de comida rápida. El producto sería una breve historia para la radio: la máquina tardó dos minutos en terminarla; el ser humano, siete. Los jueces, oyentes de NPR que votaron por internet, consideraron que la historia del ser humano era más profunda e interesante.

¿Está el robot-periodismo desplazando a los periodistas humanos? A día de hoy, el estado de ánimo en la sala de redacción es bastante positivo. Aunque no le han puesto al robot un nombre bonito, se le acepta. El representante sindical, Fredrick Kunkle, dijo: «Como es lógico, nos mostramos recelosos ante cualquier tecnología que pueda sustituir a los seres humanos, si bien esta tecnología parece haber asumido solo parte del trabajo rutinario».[29]

Como ya se ha mencionado, ciertos empleos jurídicos también están amenazados.

Trabajo jurídico automatizado

A finales de 2016, el *software* de IA de JP Morgan, COIN, automatizó la lectura e interpretación de contratos de préstamos comerciales. Antes de COIN, se requerían unas trescientas sesenta mil horas de trabajo de abogados y agentes de préstamos. Ahora lo hace mucho más de-

---

[28] Damian Radcliffe, «The Upsides (and Downsides) of Automated Robot Journalism», MediaShift.org, 7 julio 2016.

[29] Citas de Joe Keohane, «What News-Writing Bots Mean for the Future of Journalism», Wired.com, 17 febrero 2017.

prisa y con menos errores un sistema que no duerme nunca mientras revisa unos doce mil contratos al año. Hay planes en marcha para utilizar COIN en cuestiones jurídicas complejas, como las permutas de incumplimiento crediticio o los acuerdos de custodia.

En una cantinela que a estas alturas es casi la norma, el jefe de información de JP Morgan, Dana Deasy, afirma que COIN no elimina puestos de trabajo; solo descarga de tareas a abogados y agentes de préstamos para que puedan hacer cosas más interesantes. «La gente habla mucho de este rollo del desplazamiento. Yo hablo de liberar a personas para que se dediquen a asuntos de más valor, razón por la cual esta es una oportunidad fantástica para la empresa.»[30] Esto acaso sea cierto para los abogados de alto nivel, pero en los EE.UU. hay alrededor de un millón de personas trabajando en servicios jurídicos; y muchas de las cosas que hacen hoy son, o pronto serán, automatizables. «El trabajo preliminar del ámbito jurídico consiste en leer documentos», señala Jan Van Hoecke, cofundador de la empresa emergente RAVN sobre IA legal, cuyo cometido «tiene que ver con la automatización del proceso de lectura». La IA de la empresa lee e interpreta documentos, de los que extrae información con más rapidez y rigor que los seres humanos. Ya se utiliza ampliamente en bufetes de abogados de prestigio y cada vez más en departamentos jurídicos de empresas.[31]

Un ámbito donde la tecnología sustituye a abogados jóvenes quemándose las pestañas es lo que los letrados denominan «descubrimiento». Es la secuencia –que hemos visto en innumerables dramas judiciales– en que unos jóvenes inteligentes se abren paso entre montones de documentos para encontrar pruebas que exoneren a su cliente e incriminen al malvado de la parte contraria. Gran parte de esto lo hacen ahora robots de cuello blanco dotados de IA.

---

[30] Citado en Casey Sullivan, «Machine Learning Saves JPMorgan Chase 360,000 Hours of Legal Work», Technologist (blog), FindLaw.com, 8 marzo 2017.

[31] El informe de 2016 de Deloitte titulado Developing Legal Talent: Stepping into the Future Law Firm [Desarrollo de talento legal: hacia los bufetes jurídicos del futuro] sugiere que aproximadamente dos quintas partes de los empleos jurídicos de los EE.UU. quizás acaben automatizados en las dos próximas décadas. Según otro estudio, la IA existente podría sustituir una de cada ocho horas de trabajo jurídico realizado en los EE.UU. (Dana Remus y Frank Levy, «Can Robots Be Lawyers? Computers, Lawyers, and the Practice of Law», SSRN.com, 11 diciembre 2015.)

En el lado más divertido hay un bot jurídico llamado DoNotPay. Es un programa informático, disponible gratis en internet, que se sirve de Facebook Messenger para interrogarte sobre tus multas de tráfico. De pronto, suelta consejos y documentos legales que te enseñan a eludir el pago de una multa.

Fue creado por un joven británico muy interesante. «Cuando empecé a conducir, a los 18 años, comencé a recibir docenas de multas por mal aparcamiento y creé el DoNotPay como proyecto paralelo. Ni se me pasó por la cabeza que apenas un año después habría impugnado con éxito más de 250.000 sanciones.» Según una entrevista publicada en *Forbes*, Joshua Browder, que aprendió por su cuenta programación informática a los doce años, solo trabajaba en DoNotPay entre la medianoche y las tres de la mañana.[32]

Ahora tiene veintitantos años y estudia derecho en la Universidad de Stanford. Idealista por naturaleza, Browder ha adaptado el robot-abogado para ayudar a refugiados en los EE.UU. y Canadá a rellenar los formularios de inmigración. En el Reino Unido, ayuda a los solicitantes de asilo a conseguir ayuda económica del gobierno de Su Majestad.[33]

Otro sector de alto nivel donde se están suprimiendo empleos es el de los servicios financieros.

Finanzas

En la actualidad, muchas personas gestionan hasta cierto punto su propio dinero, y casi todo el mundo ha de asumir responsabilidades con respecto a ciertas decisiones financieras importantes, como las ligadas a la jubilación. No obstante, todavía es difícil dar con información básica sobre realidades financieras. Hablar con un banquero o un asesor financiero puede ser caro, y en realidad muchos solo son vendedores que quieren sacarse una comisión.

Una tendencia nueva en las finanzas personales es el uso de robots de cuello blanco para esta clase de cosas. UBS, por ejemplo, ha em-

---

[32] Alexander Sehmer, «A Teenager Has Saved Motorists over £2 Million by Creating a Website to Appeal Parking Fines», Business Insider UK, 30 diciembre 2015.

[33] Citas de Megha Mohan, «The 'Robot Lawyer' Giving Free Legal Advice to Refugees», BBC Trending (blog), 9 marzo 2017.

pezado a trabajar con Alexa, de Amazon, para responder a preguntas sencillas. Fannie Mae, la empresa hipotecaria patrocinada por el gobierno de los EE.UU., ha sustituido equipos de analistas financieros redactores de informes por robots de cuello blanco, lo cual le permite revisar resultados cada trimestre en vez de cada año y abarcar a muchos más prestatarios.

El importante banco de inversiones Goldman Sachs ha automatizado muchos empleos de mesas de operaciones. En 2000, la empresa contrató a seiscientos comerciales en su oficina de Nueva York; actualmente son solo dos que trabajan con doscientos ingenieros informáticos. En su unidad de transacción de divisas –que solía estar dominada por tipos de las altas finanzas muy bien pagados–, ahora una tercera parte del personal lo constituyen frikis informáticos (y el recuento total está disminuyendo). El impacto puede ser bueno para los que están más arriba. Tom Davenport, profesor del Babson College, dice lo siguiente: «En Goldman, el sueldo del gerente promedio seguramente será incluso mayor, pues habrá menos personas de nivel inferior con las que compartir los beneficios».[34]

Los casos son innumerables y crecientes, pues muchos puestos de trabajo en las finanzas incluyen tareas en las que los robots de cuello blanco son de veras eficientes, por ejemplo, la toma de decisiones rápidas partiendo de toneladas de datos. Y este desplazamiento de empleos puede llegar bastante más lejos.

Martin Chávez, agente financiero y director adjunto de Goldman, señala que la banca de inversión está a favor de los globots. Como los banqueros de inversión implicados en fusiones y adquisiciones ganan, por término medio, unos setecientos mil dólares al año, está clara la conveniencia de reducir estas cifras. Aunque muchas de las habilidades –como vender ideas o establecer relaciones– seguirán siendo cosa de los seres humanos, la empresa ha identificado más de cien tareas específicas que se podrían automatizar.

En 2018, John Cryan, antiguo director ejecutivo del Deutsche Bank, conjeturaba que hasta la mitad de la mano de obra del banco alemán podía ser sustituida por tecnología. Como dijo Tim Throsby, director del banco de inversiones Barclays, «si tu trabajo supone

---

[34] Citado en Nanette Byrnes, «As Goldman Embraces Automation, Even the Masters of the Universe Are Threatened», TechnologicalReview.com, 7 febrero 2017.

teclear mucho, tus probabilidades de tener un futuro feliz son menores». Para ampliar la cuestión, Richard Gnodde, responsable de Goldman Sachs International, dijo: «En la actualidad ya hay muchas funciones que han sido asumidas por la tecnología, y no veo por qué este viaje deba terminar pronto».[35]

¿Adónde lleva todo esto?

Los globots –es decir, la globalización resultante de los telemigrantes y los ordenadores cognitivos en forma de robots de cuello blanco– están impulsando una nueva transformación. Esta versión nueva del viejo dúo disruptivo –automatización y globalización– no será plácida. Muchas ocupaciones que estuvieron a salvo del dúo ahora están sometidas tanto a la globalización como a la automatización. Muchos de estos empleos son de oficina; y los resultados serán más bien nefastos.

Estos cambios no eliminarán muchas ocupaciones, pues la mayoría de las actividades laborales incluyen algunas cosas de las que no pueden encargarse ni los robots de cuello blanco ni los telemigrantes. Sea como fuere, la Transformación Globótica seguramente reducirá el número de puestos de trabajo en muchas de las ocupaciones del sector servicios más habituales de hoy día. La digitecnología también está creando algunos empleos, pero de manera indirecta y, por lo general, solo para trabajadores con destrezas específicas.

Esto significa que la disrupción, la sustitución y la consternación experimentadas por los trabajadores fabriles desde 1973 pronto serán compartidas por muchos trabajadores de cuello blanco. Dado el trepidante ritmo del progreso digitecnológico, estos cambios alterarán de forma radical los empleos profesionales y del sector servicios más deprisa de lo que la globalización trastocó la industria en el siglo XX y la agricultura en el XIX.

Si la historia se repite, la innovación rápida conducirá a la gente hacia empleos que también estarán protegidos, pero entretanto las cosas podrían ponerse feas. Habrá una convulsión. Y habrá una reacción de rechazo.

---

[35] Citas de Laura Noonan, «Citi Issues Stark Warning on Automation of Bank Jobs», *Financial Times*, 12 junio 2018.

7
La convulsión globótica

A Bill Gates le preocupa que la digitecnología provoque una convulsión. Esto debería preocuparnos a todos. Gates no conoce el futuro –es incognoscible–, pero ha demostrado una y otra vez que entiende lo que la tecnología digital es capaz de hacer. Llegó a ser uno de los hombres más ricos del mundo dirigiendo Microsoft durante décadas de «vacas sagradas».

A juicio de Gates, el desplazamiento de empleos es tan rápido que la economía no puede asimilarlo. «Cruzamos el umbral de la sustitución de empleos casi de golpe. Tendríamos que ser capaces de elevar el nivel impositivo e incluso ralentizar la velocidad.»[1] Por otro lado, Gates no es el único personaje rico del mundo tecnológico que está preocupado.

Elon Musk, empresario tecnológico que, aparte de ser el director ejecutivo de Tesla, posee naves espaciales, también sabe un par de cosas sobre tecnologías disruptivas. En 2017, los mercados bursátiles dieron a Tesla un valor superior al de los tradicionales fabricantes de coches. Y Musk está igual de inquieto que Gates. Lo expresa así: «¿Qué hacer con el desempleo masivo? Esto va a ser un desafío social tremendo. Cada vez serán menos los empleos en los que un robot no pueda hacerlo mejor. No son cosas que yo desee que ocurran. Son simplemente cosas que, en mi opinión, seguramente ocurrirán».[2]

_____
[1] Cita de Kevin Delaney, «The Robot That Takes Your Job Should Pay Taxes, Says Bill Gates», Quartz, 17 febrero 2017.
[2] Cita de Quincy Larson, «A Warning from Bill Gates, Elon Musk, and Stephen Hawking», freeCodeCampaign.org, 18 febrero 2017.

El director ejecutivo de Amazon, Jeff Bezos –otro próspero surfista de las olas de la tecnología–, dice lo siguiente: «Probablemente es difícil exagerar la magnitud del impacto que va a producir en la sociedad durante los próximos veinte años».[3] Así lo señala Devin Wenig, director ejecutivo de eBay: «Aunque hace años que conocemos la promesa de la IA, el ritmo actual de los logros es increíble. Las máquinas están pensadas para alcanzar y superar el desempeño humano cada vez en más tareas, gracias a avances de hardware específico, al acceso más rápido y efectivo a los macrodatos, y a nuevos y sofisticados algoritmos que procuran la capacidad para aprender y mejorar a partir de *feedback*».

El fallecido Stephen Hawking nunca entendió mucho de negocios pero, como era uno de los físicos más eminentes del mundo, estaba en buenas condiciones para evaluar el futuro curso de lo digitecnológico. Esta era su advertencia: «La automatización de las fábricas ya ha diezmado empleos en las manufacturas tradicionales, y el aumento de la inteligencia artificial probablemente extenderá esta destrucción de empleos entre las clases medias, y se mantendrán solo las funciones supervisoras, creativas o de atención y cuidado».[4]

Estos tipos ricos han identificado lo que convertirá la Transformación Globótica en la convulsión globótica. Tener un buen trabajo y pertenecer a una comunidad estable son elementos críticos de una vida satisfactoria en la economía actual. Hasta ahora, muchas de estas «vidas prósperas» correspondían a personas que tenían empleos profesionales y de cuello blanco. Y hasta ahora estos empleos estaban a salvo de la globalización y los robots. Los globots están cambiando esta realidad.

Todo cambio da lugar a beneficios y perjuicios. Sin embargo, cuando el cambio se produce muy rápidamente, al final la gente tiene que realizar «maniobras de emergencia» que pueden ser muy dificultosas desde el punto de vista financiero, personal y social. Por eso los gobiernos casi siempre introducen los cambios de forma lenta y paulatina, lo cual procura a la gente tiempo para reorganizar sus asuntos de una manera ordenada. No obstante, la convulsión globótica no

---

[3] Citado en Walt Mossberg, «Five Things I Learned from Jeff Bezos at Code», Recode (blog), 8 junio 2016.
[4] Stephen Hawking, «This Is the Most Dangerous Time for Our Planet», *The Guardian*, 1 diciembre 2016.

está produciéndose de un modo ordenado. Cuando decenas de millones de norteamericanos, europeos y ciudadanos de otras economías avanzadas se vean forzados a cambiar de empleo, la transformación –en cualquier versión del futuro– originará una gran convulsión económica, social y política. En cualquier caso, es más complicado que todo eso.

Velocidad desigual y la convulsión

Las tecnologías transformadoras son tan viejas como el sol, o al menos tanto como el reloj de sol. En este sentido, no hay nada nuevo con respecto a la Transformación Globótica, y la dirección del viaje no tiene nada de malo. El progreso tecnológico es algo bueno, y en cualquier caso es inimpugnable.

Las tecnologías que permiten a los ordenadores pensar y a los trabajadores *free lance* del extranjero realizar su actividad en nuestras oficinas se encuentran en el *software* y en diversas plataformas de internet. Hay cosas que a las democracias occidentales les cuesta mucho controlar, lo cual significa que los globots llegan para cambiarnos la vida, al menos a la larga. Los gobiernos pueden aminorar el paso, pero no parar el proceso. A largo plazo, todo será para bien. La era de los globots hará del mundo un lugar mejor –en cuanto estén resueltas todas las pegas. Los globots nos volverán más productivos y eliminarán trabajo repetitivo y aburrido. En cierto modo, gracias a ellos los empleos de los seres humanos serán más humanos: eliminarán todas las cosas mecánicas que la gente debe hacer en la actualidad.

En todo caso, las convulsiones nunca son impulsadas por lo que pasará en el futuro, sino por lo que está pasando en el presente. Ahí radica el peligro. El problema está en la velocidad inhumana de los cambios o, para ser más exactos, en el desajuste entre dos velocidades: la de destrucción y la de creación de empleos. La tecnología digital está provocando un desplazamiento masivo de puestos de trabajo a un ritmo frenético, pero está haciendo muy poco para fomentar su creación masiva. La cuestión está muy clara.

Muchos de los emprendedores ligados a la alta tecnología están ganando miles de millones (o eso esperan) mediante la sustitución de trabajadores bien pagados por *free lance* extranjeros de menor coste, o por robots de cuello blanco de coste aún menor. Este es el modelo de negocio: ahorro de dinero mediante la sustitución de trabajadores en los países ricos. Aunque los empresarios que impulsan la destrucción de empleos son, como es lógico, reacios a hablar de ello, los científicos de la IA no.

La destrucción de empleos en el modelo de negocio

Deberíamos escuchar a Andrew Ng, uno de los sumos sacerdotes intelectuales de la tecnología digital. Era el científico jefe del gigante chino Baidu, buscador de internet, y estaba al frente de más de mil investigadores. Antes de esto, había trabajado en Google desarrollando Deep Learning, el innovador método de aprendizaje automático de la empresa. Esto es lo que hay detrás de muchas maravillas de Google, incluidos sus coches autónomos. Como si todo esto no bastara en la carrera de alguien, cuando era profesor en la Universidad de Stanford cofundó Coursera, plataforma de educación *online*. Su conferencia sobre IA en YouTube ha sido vista más de un millón y medio de veces.

Con respecto a la destrucción de empleos por parte de la tecnología digital, Ng es muy claro. «Muchos amigos míos están trabajando en importantes proyectos que van a afectar de lleno a miles o decenas de miles de empleos», decía. «Estos puestos de trabajo están en el mismo centro de la diana.» En la Feria Electrónica de Consumo de 2017 en Las Vegas, en su chino-americano con un ligero acento de Hong Kong Ng añadió esto con tristeza: «Francamente, estas decenas de miles de personas que están ahora en estos empleos no tienen ni idea de que hay en marcha proyectos muy importantes que podrían automatizar un montón de estos puestos de trabajo».[5] Pensando en el futuro, dice que si un ser humano es capaz de llevar a cabo una tarea mental en menos de un segundo, probablemente un ordenador dotado de IA sea capaz de hacerla de forma más rápida y consistente y a un coste inferior.

---

[5] Citas de Adam Lashinsky, «Yes, AI Will Kill Jobs, Humans Will Dream Up Better Ones», *Fortune*, 5 enero 2017.

Uno de los principales proveedores de robots de cuello blanco tiene un mensaje mercadotécnico que deja muy claras sus intenciones. Al hacer referencia a su serie de programas informáticos, Blue Prism habla de «mano de obra digital». En su página web anuncia esto: «Se implanta *software* informático versátil como mano de obra en la mayoría de los entornos *back office* más exigentes para eliminar la entrada de datos manuales de alto riesgo y rendimiento bajísimo y la labor de procesamiento que los seres humanos no deberían estar llevando a cabo».[6] Estas soluciones ya se han aplicado a la automatización de tareas *back office* en los sectores de la banca, las telecomunicaciones, la energía, el gobierno, los servicios financieros, el comercio minorista y la asistencia sanitaria.

La cuestión clave a tener presente es que los genios de Google, Amazon, Microsoft, Infosys, IBM, etcétera, no están trabajando para crear empleos nuevos, sino para desplazarlos.

Si hablamos del otro tipo de globot –los telemigrantes–, el asunto de la velocidad dispareja está menos claro de momento. La actividad *free lance* vive un período de auge, pero hasta ahora implica sobre todo a trabajadores del país, no a telemigrantes. La intencionalidad también está menos clara. La búsqueda de rentabilidad seguramente subyace al mayor uso de trabajadores *free lance* por parte de los empresarios, pero hasta la fecha buena parte de este esfuerzo ha servido para crear empleos para trabajadores nacionales.

Por ejemplo, tras analizar más de cuatrocientos mil currículos de trabajadores *free lance* que habían sido colgados en Indeed.com (una página web de intermediación laboral), la empresa de pagos por internet Paychex observó que «para la mayoría de los nacidos en las décadas de 1970, 1980 e incluso 1990, trabajar significaba en general tener un empleo típico de nueve a cinco. Sin embargo, en el nuevo milenio echó a volar la economía *free lance*. Entre 2000 y 2014, los empleos *free lance* enumerados en los currículos se incrementaron en más de un 500 %». En Europa está pasando lo mismo: desde 2000 a 2013, el número de trabajadores *free lance* creció en promedio un 45 %.[7]

---

[6] Alastair Bathgate, «Blue Prism's *Software* Robots on the Rise», Blueprism (blog), 14 julio 2016.

[7] Patricia Leighton y Duncan Brown, «Future Working: The rise of Europe's Independent Professionals», Informe de la EFIP, Freelancers.org, 2013.

Una interesante fuerza motriz tras dicha tendencia es la preocupación –de los trabajadores– por el impacto de la automatización de cuello blanco en los tradicionales empleos de nueve a cinco. Según una amplia encuesta realizada por Linkedin e Intuit en 2017, se trataba de un móvil importante.[8] Sin embargo, como dice el viejo refrán, esto podría ser «huir del fuego para caer en las brasas». El problema es que tan pronto las empresas organizan las cosas para que sea más fácil contratar a trabajadores *free lance* nacionales, aquellas no van a tener impedimento alguno para pasar a contratar a trabajadores extranjeros más baratos. Como ya se ha mencionado, gracias a los grandes avances en traducción automática, el ascenso de las plataformas internacionales de *free lance* y la mejora en las telecomunicaciones, la telemigración ya es una realidad. Mientras esto va arraigando, la sustitución de trabajadores *free lance* nacionales por extranjeros seguramente empezará a aumentar de forma progresiva.

Lo que impulsa la creación de empleos es un proceso muy diferente.

Creación de empleo e ingenio humano

Como hemos visto antes, algunos empleos los está creando la tecnología digital. La actual avalancha de datos está generando algunos empleos nuevos para seres humanos que cobran por hacer uso de los datos. El hecho de que los nuevos servicios digitales sean gratuitos también propicia la aparición de empleos nuevos, aunque gran parte del trabajo subyacente a servicios gratis como WhatsApp corre a cargo de robots de cuello blanco. Por otro lado, los avances digitecnológicos también han hecho que sea rentable traer de vuelta a los países ricos algunos empleos del sector servicios previamente ubicados, por ejemplo, en la India.

No obstante, el número de estos puestos de trabajo es bastante limitado. Incluso en Alphabet –la empresa extremadamente innovadora y de rápido crecimiento que es propietaria de Google–, la creación neta de empleos entre 2007 y 2017 fue solo de setenta y un mil trescientos,[9] es

---

[8] Linkedin, «How the Freelancing Generation Is Redefining Professional Norms», Linkedin (blog), 21 febrero 2017.

[9] Datos estadísticos de Statisa.com, www.statista.com/statistics/273744/number-of-full-time-google-employees/f.

decir, solo una gota en el cubo del mercado laboral norteamericano, con sus ciento cuarenta millones de trabajadores. En cualquier caso, llegar a trabajar en Google no llega a ser siquiera una opción para la mayoría de los trabajadores de hostelería cuyos empleos se verán desplazados por la automatización en los próximos años.

El hecho es que el uso de la digitecnología como creadora de empleos no es su elemento esencial. Pocas empresas están buscando usos nuevos a la digitecnología con el fin de generar categorías nuevas de empleos. Sin embargo, no hay razones *tecnológicas* por las que la digitecnología no se pueda utilizar para esto.

Cabría usar robots de cuello blanco con grandes capacidades de diagnóstico para, por ejemplo, crear una nueva clase de profesionales de la medicina. Las personas dedicadas a esta hipotética ocupación podrían hacer más que las enfermeras, aunque menos que los médicos. Dotados de asistentes digitales tipo Amelia, hombres y mujeres con muchos menos años de formación que un médico serían capaces de proporcionar servicios sencillos. También podrían ser los ojos y los oídos de la profesión sobre el terreno, e identificar casos graves que requiriesen la atención de los médicos. Podrían ayudar a divulgar conocimientos para prevenir enfermedades. Todos disfrutaríamos de mejores servicios sanitarios a un coste menor.

No hay ninguna razón por la que este tipo de ocupación intermedia no pueda funcionar también en otras profesiones. La IA podría elevar la capacitación profesional de trabajadores con menos formación que los abogados, los ingenieros, los contables, los expertos fiscales o los asesores de inversiones, con lo que se crearían montones de nuevos empleos «semiprofesionales». Gracias a las nuevas ocupaciones, habría toda clase de servicios profesionales más asequibles, con lo que surgiría una nueva demanda para estos servicios nuevos.

El truco está en que crear categorías nuevas de ocupaciones requeriría un esfuerzo sostenido en los ámbitos social y regulador. Harían falta nuevas leyes y actitudes entre los clientes, y aceptación por parte de los profesionales existentes. En otras palabras, la creación de empleos llevaría mucho tiempo. En los primeros cinco años nadie se haría rico.

La triste realidad es que resulta mucho más fácil y rápido ganar dinero eliminando empleos que creándolos. En resumidas cuentas, no hay nada tecnológicamente inevitable en el desajuste entre las velocidades de destrucción y de creación de puestos de trabajo; solo es una cuestión de intereses. Y no es para siempre.

Las transformaciones económicas del pasado no provocaron un desempleo permanente. Cuando la automatización y la globalización redujeron el empleo agrícola durante la Gran Transformación, se crearon empleos nuevos en los sectores industrial y de servicios. Asimismo, a la eliminación de empleos fabriles desde 1973 durante la Transformación de los Servicios le acompañó la creación de empleos nuevos en el sector terciario.

Muchos de estos puestos de trabajo eran realmente nuevos. Durante la Gran Transformación, algunos empresarios inventaron muchos productos inauditos que acabaron vendiéndose bien y supusieron la contratación de gran cantidad de trabajadores para fabricarlos. Durante la Transformación de los Servicios, diversos emprendedores inventaron servicios nuevos por los que la gente pagaba de muy buen grado. Como la mayoría de aquellos comportaban que unas personas hacían cosas para otras, los servicios nuevos crearon multitud de empleos nuevos. Y como los ingresos aumentaron, creció nuestra demanda de prestaciones ya existentes. Por ejemplo, todos comenzamos a adquirir más servicios médicos, educativos y de entretenimiento.

Pero, ¿qué dio origen a estas invenciones y la resultante creación de empleos?

La respuesta seguramente reside, al menos en parte, en las nuevas posibilidades tecnológicas, si bien la parte difícil de la creación de algo nuevo no es la aparición de una nueva posibilidad, sino encontrar el ingenio humano necesario para imaginar los nuevos empleos. Y todavía más difícil resulta encontrar a alguien con la iniciativa y el dinamismo que pueden convertir estas ideas en realidades.

En otras palabras, la creación de puestos de trabajo está limitada por factores muy humanos: las cosas se mueven al ritmo que le parece normal a nuestro cerebro adaptado a las distancias cortas, no al ritmo trepidante de la tecnología digital. Esto es importante porque significa que no podemos dar por sentado que vayan a aparecer empleos nuevos al mismo ritmo –ni mucho menos– al que están desapareciendo. Tras el ingenio y el empuje humanos no hay ninguna «ley de Moore». El espíritu emprendedor y el ingenio humanos harán su trabajo de encontrar trabajo para todos a la larga, pero si la historia nos enseña algo, esto seguramente requerirá su tiempo.

Cuando los empleos resultan desplazados a un ritmo vertiginoso pero se crean a un ritmo pausado, muchas personas que creían tener una profesión segura y bien pagada empiezan a verse en apuros. Esto tiene repercusiones cruciales sobre la convulsión globótica. Recordemos lo que pasó entre los trabajadores industriales durante la Transformación de los Servicios desde 1973. Muchos exobreros fabriles encontraron un empleo nuevo, pero solía ser un empleo que los hacía descender varios peldaños en la escala socioeconómica. Los trabajadores que en los próximos años vayan a ser despedidos por los globots afrontarán muchas de las mismas situaciones complicadas con las que tuvieron que lidiar muchos trabajadores industriales en períodos recientes.

Cuando se trata de robots de cuello blanco y de la automatización de empleos de servicios, la cuestión básica del ritmo desajustado está bien captada en un ligero giro del viejo dicho en latín *mater semper certa est*, «se sabe siempre quién es la madre», no siempre quién es el padre (antes de la fecundación *in vitro*). Si hablamos de convulsión globótica, debería ser así: «Se sabe seguro que habrá desplazamiento de empleos, no está claro que vaya a haber creación de empleos». Pero, ¿a qué velocidad pasará esto?

¿A qué velocidad sobrepasará el desplazamiento de empleos a la creación de empleos?

No es posible responder con precisión a esta pregunta. Pensemos en el pronóstico de un huracán. Sabemos con certeza que habrá huracanes en el Atlántico cada año, incluso tenemos una idea bastante clara de los meses en que se producirán. Sin embargo, hasta que no se forman es imposible saber cuándo y dónde provocarán daños.

La verdadera razón es que el tiempo atmosférico está sometido a toda clase de puntos de inflexión y bucles de retroalimentación. El desplazamiento de empleos está regido por reglas parecidas, pero con la complejidad añadida de la competencia entre las empresas existentes, y entre las existentes y las emergentes aún no creadas. Esto introduce en la ecuación un elemento humano imprevisible. La creación de empleos es menos previsible aún porque se producirá, como en el pasado, en actividades que hoy ni siquiera somos capaces de imaginar –y cuesta mucho pensar con claridad en lo inimaginable. Lo cual nos lleva a la principal regla de Fiedler sobre pronosticar: «Da un número o da una fecha; nunca ambas cosas».[10] Fiedler es también el que dijo: «El que vive con arreglo a la bola de cristal pronto aprende a comer vidrio molido».

Las ocurrencias de Fiedler explican por qué los expertos en tecnología y negocios son bastante más reacios a determinar la cronología del desplazamiento de empleos que el número de puestos de trabajo susceptibles de verse desplazados. Te dan gustosos una cifra, pero no una fecha. Es lógico. Cuesta mucho predecir cosas, pues la transformación de los negocios –y esto es lo que está haciendo la globótica– no es una ciencia.

La Unidad de Inteligencia Económica, por ejemplo, explica por qué tantas empresas ya invirtieron en capacidades de IA en 2016. «En un estilo comercial tradicional, es una combinación de miedo y esperanza. Las presiones competitivas están espoleando a las empresas, y entre muchos directivos hay una sensación de urgencia para no quedarse rezagados.»[11] Más de una tercera parte de los directivos entrevistados temían que lo digitecnológico iba a permitir a los nuevos participantes desbaratar sus negocios, por lo que si se demoraban podían volverse vulnerables. Cuando entran en juego el miedo y la competencia, sobre todo cuando buena parte del cambio vendrá seguramente de empresas que ni siquiera existen aún, hacer predicciones exactas es complicado.

Una medida muy directa –aunque muy parcial– de la rapidez del desplazamiento de empleos es la velocidad a la que están creciendo los proveedores de *software* para la automatización de procesos mediante robótica (RPA). Blue Prism es el principal proveedor de RPA. Recordemos que la empresa vende *software* cuya finalidad es reducir el número de empleados humanos en el sector servicios. A finales de 2017, la empresa alcanzó unos ingresos de veinticinco millones de dólares. Los bancos de inversión prevén que en 2020 sean de cien mi-

[10] Edgar Fiedler fue subsecretario del Tesoro para la Política Económica en la década de 1970; estas citas son de Paul Dickson, *The Official Rules: 5,427 Laws, Principles, and Axioms to Help You to Cope with Crises, Deadlines, Bad Luck, Rude Behavior, Red Tape, and Attacks by Inanimate Objects* (Mineola, NY, Dover, 2015).
[11] Véase «Artificial Intelligence in the Real World: The Business Case Takes Shape», *EIU Briefing Paper*, Economist.com, 2016.

llones, y solo unos años después quinientos.[12] Phil Fersht, del grupo consultor especializado HfS, espera que las ventas de *software* RPA aumenten a un ritmo combinado anual del 36% –es decir, que se duplicará cada dos años[13] el crecimiento impulsado por el deseo de ahorrar costes y el miedo a quedar rezagado. La empresa consultora Deloitte señala con acierto: «Si no te automatizas, tus costes básicos serán muy superiores a los de tus competidores». Predice asimismo que la RPA «sacará» a personas de la población activa actual a un ritmo comparable al de la Revolución Industrial.[14]

En gran parte del debate entre los expertos sobre el desplazamiento de empleos se menciona un horizonte temporal de entre cinco y diez años. Muchos sitúan en 2020 o 2025 la fecha en la que hay más probabilidades de que se produzcan grandes cambios en el ámbito del empleo. Según una encuesta de 2017 realizada por Tata Consultancy Services, el 80% de las empresas pensaban que la IA era fundamental para su actividad y aproximadamente la mitad la consideraba una tecnología transformadora. Dos tercios de más de ochocientos ejecutivos de trece industrias globales creían que la digitecnología era «importante» o «muy importante» para seguir siendo competitivos en 2020. En opinión de la mitad de los ejecutivos, en 2020 el grueso de las inversiones en tecnología digital estaría dirigido a transformar sus negocios más que a optimizar los modelos existentes.[15]

Tomado todo en conjunto –y teniendo en cuenta los efectos dominó y de la competencia que entrarán en liza tan pronto empiecen a materializarse los recortes de empleos para ahorrar costes–, es probable que haya un trastorno importante hacia 2020, y más que probable que esto suceda en 2025. Pero esto es dar la fecha sin el número.

La velocidad no es el único factor que convertirá la Transformación Globótica en convulsión globótica; otro es el hecho de que muy pocos parecen estar preparándose para esa eventualidad. Hay una buena razón. Los globots están llegando de una manera que pocos

[12] Estimaciones de Kate Burgess, «Blue Prism's Rapid Share Price Rise Needs a Reality Check: Robotic *Software* Group Will Not Make a Profit or Pay a Dividend for Years», *Financial Times*, 28 enero 2018.
[13] Phil Fersht, «Enterprise Automation and AI Will Reach $10 Billion in 2018 to Engineer OneOffice», Horses for Sources (blog), 4 noviembre 2017.
[14] Deloitte, *Managing the Digital Workforce*, 2017.
[15] Tata Consultancy Services, «Getting Smarter by the Day: How AI Is Elevating the Performance of Global Companies: TCS Global Trend Study: Part I», 2017.

esperaban. Por ese motivo será más difícil que las personas se prepa-
ren y se adapten. De hecho, seguramente dará la sensación de que la
tendencia no es tendencia ni nada, sino más bien una serie de vueltas
y revueltas. Por otro lado, la forma en que se han ido perdiendo empleos en las dos últimas grandes transformaciones apenas nos apor-
tará información útil.

Por qué los globots llegan de una manera que pocos esperaban

Dos días antes de la Navidad de 2008, la planta de montaje de vehículos de Janesville, Wisconsin, cerró para siempre. A continuación bajó
la persiana el proveedor local de asientos de coche. Como de pronto
se quedaron sin trabajo miles de personas en una ciudad de sesenta
mil habitantes, el comercio de la zona se resintió. Los estudiantes de
secundaria empezaron a aparecer en la escuela con hambre y sucios.
Muchos trabajadores industriales despedidos se reciclaron para as-
pirar a empleos del sector terciario peor pagados. Miles de personas
pasaron a encuadrarse en la categoría de trabajadores pobres. Algunos cayeron en una espiral de desesperación. Se duplicó la tasa de
suicidios.

Este hecho –estupendamente documentado en el libro de 2017 *Janesville: An American Story*, de Amy Goldstein– refleja lo que pasó con
el desplazamiento de empleos en la Transformación de los Servicios.
Pero no es así como se perderán puestos de trabajo en la Transformación Globótica. Esta vez el desplazamiento de empleos adopta una
forma nueva: los cambios se infiltrarán en nuestros centros de trabajo
de una manera parecida a como los móviles inteligentes se infiltraron
en nuestra vida. Esto requiere cierta explicación.

Ocurrirá como en la «infiltración» de los iPhones

Hace solo cinco años, el iPhone era un fantástico reproductor mu-
sical incrustado en un móvil mediocre provisto de una batería de
corta vida, una cámara de mala calidad y un navegador que no ser-
vía de gran cosa (las redes inalámbricas eran caras y difíciles de encontrar). Sin embargo, como suponían una comodidad y un ahorro

de costes a la vez, los teléfonos inteligentes inundaron nuestras vidas y comunidades.

En la actualidad, los móviles concentran el correo electrónico y el centro de mensajería, el periódico, la cámara de vídeo, el álbum de fotos, el servicio de citas, la agenda y el calendario, la agencia de viajes, el portaentradas, la billetera, el servicio de salud, el mapa, las páginas amarillas de negocios, el navegador de internet, la calculadora, el seguidor de la Bolsa, el meollo de redes sociales, el conector de familias, la fuente de consulta de resultados deportivos, la infraestructura para las videoconferencias, la taquilla de entradas para el cine o lo que sea, y mucho más. Incluso es un teléfono bastante aceptable (aunque sigue teniendo una batería de vida corta).

Los móviles inteligentes han impregnado nuestra vida tan a fondo que, sin el teléfono, muchos se sienten desnudos, incluso solos. Y «me he quedado sin batería» se ha convertido en una excusa ideal para justificar muchos errores. La tecnología ha unido las comunidades e invitado a tu mesa familiar y tus reuniones de negocios a personas que no conoces. Las comunidades han tenido que elaborar nuevas normas para estos nuevos miembros.

De todos modos, aquí la cuestión clave es que pocos fueron los que decidieron conscientemente permitir que esto pasara. Pasó sin más.

No hubo ningún plan, ningún análisis detallado, ninguna decisión del gobierno. Pero paso a paso, los teléfonos inteligentes cambiaron espectacularmente la manera de relacionarnos unos con otros, nuestro entorno físico y el mundo de la política y los negocios. Se colaron en las rutinas cotidianas sin que nos diéramos cuenta de hasta qué punto nos cambiaban la vida, ya que sus ventajas nos fueron seduciendo poco a poco. No somos capaces de señalar el año en que los móviles pasaron de ser artilugios a transformar nuestra existencia, pero al cabo de apenas unos años, empezamos a preguntarnos: «¿Cómo pudimos arreglárnoslas sin ellos?».

Es así como llegará la Transformación Globótica. Los globots asumirán empleos profesionales y de cuello blanco de la misma manera progresiva e irreflexiva en que los iPhones invadieron nuestra vida. Con ellos llegarán a los lugares de trabajo tanto una mayor comodidad como un ahorro de costes. No habrá un «momento Janesville» con el que podamos fechar la convulsión globótica. Las oficinas y las fábricas no cerrarán debido al *software* robótico o los telemigrantes;

será mucho más difícil detectar el impacto en los empleos. Deberán pasar entre cinco y diez años para darnos cuenta de que los globots han trastocado de forma irrevocable nuestros centros de trabajo y nuestras comunidades. Es entonces cuando nos preguntaremos cómo pudimos arreglárnoslas sin ellos. En definitiva, la convulsión globótica será el resultado de millones de decisiones aparentemente sin relación tomadas por nosotros y nuestras empresas.

Esta naturaleza continua y progresiva del impacto digitecnológico en la economía necesita un nombre; sugiero el de «infiltración iPhone».

Pero, en concreto, ¿cómo sabemos que está produciéndose? La respuesta radica en estadísticas que están al alcance de todos: las estadísticas laborales.

Cómo está pasando en el sector de la información

En una gran tragedia norteamericana, cada mes cinco millones de trabajadores abandonan el empleo, son despedidos o se ven afectados por un ERE. En un gran triunfo norteamericano, unos cinco millones de trabajadores acceden cada mes a un empleo nuevo. Este hecho –bien conocido por los economistas laborales– proporciona una percepción crítica sobre cómo los globots sacudirán a la clase media. Los telemigrantes y los robots de cuello blanco desplazarán a trabajadores profesionales y del sector público de tres maneras posibles: reduciendo el índice de contratación, aumentando el índice de pérdida de empleo, o un poco de todo. Veamos el ejemplo de un sector que ya lleva unos años en el punto de mira de la tecnología digital.

El «sector de la información» vive de la recogida, el procesamiento y la transmisión de datos. Incluye empleos relacionados con la publicidad, el cine, la música o servicios *online*, como la búsqueda de Google. En esta área, los índices de desvinculación y contratación han sido peculiares en comparación con la economía no agrícola en su conjunto, como muestra la figura 7.1.

Tras recuperarse de la crisis global iniciada en 2008, la economía de los EE.UU. ha experimentado un auge. En especial desde 2012, el empleo ha aumentado rápidamente. No obstante, este incremento general ha derivado de un proceso muy dinámico de creación y destrucción de empleos.

El índice general de nuevas contrataciones al año se disparó entre 2012 y 2015, y ha seguido aumentando. En la figura, este índice aparece en forma de línea continua negra, que indica «Total de contrataciones no agrícolas». El de destrucción de empleo (a saber, jubilaciones, abandonos, despidos) para el total de la economía no agrícola también ha crecido, si bien no en la misma medida (véase la línea negra discontinua de la figura). Al haber más contrataciones que pérdidas de empleo en la economía no agrícola en su conjunto, el número de empleos aumentó.

Imaginemos esto como si fuera una bañera con agua cuando está vaciándose. Si el agua entra (o sea, las «contrataciones») a un ritmo mayor que el de salida (esto es, las «pérdidas de empleo»), su nivel (es decir, el número de empleos) sube. En pocas palabras, el número de puestos de trabajo aumenta cuando se crean más empleos de los que se destruyen. En la «industria de la información» pasó lo contrario.

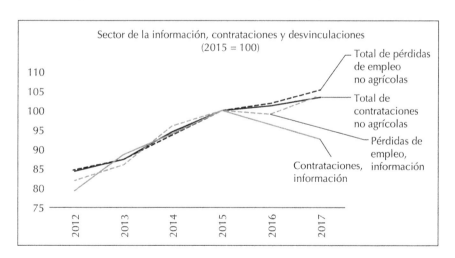

Figura 7.1. Sector de la información, contrataciones y desvinculaciones, 2015 = 100.
Fuente: Elaboración del autor a partir de datos publicados por BLS.

Las pérdidas de empleo en el sector de la información se reflejan en la línea gris discontinua de la figura. Han seguido muy de cerca a las pérdidas de empleo totales no agrícolas. Lo realmente distinto es la contratación en el sector de la información (que se aprecia en la línea continua gris): después de 2015, bajó notablemente. Si comparamos las dos líneas grises, vemos que las pérdidas de empleo superaron a las contrataciones. Al haber en el sector más personas que perdían el empleo que de las que conseguían alguno, el empleo neto descendió. De hecho, el sector de la información perdió unos veintidós mil empleos desde enero de 2015, aunque en la figura no es posible ver esa cifra concreta.

Desde luego, existe una sensación de crisis entre los periodistas y otras personas que se ganan la vida en este ramo, pero no fue ningún episodio tipo Janesville. La disminución de empleos resultó de una «infiltración» constante de globots en las salas de redacción, los departamentos de montaje y los estudios de radio y televisión. Se automatizaron muchos empleos, y otros pasaron a manos de trabajadores *free lance*, algunos de ellos ubicados en países de salarios bajos.

El siguiente impulsor clave de la convulsión –por su carácter injusto, no equitativo– no tiene nada que ver con la velocidad y es mucho más difícil de abordar. Por su propia naturaleza, los globots no jugarán limpio. No respetarán las reglas cuando compitan por empleos humanos. Esto es muy importante. Nada enoja más a la gente que la competencia desleal.

Las reacciones de rechazo de los siglos xix y xx se vieron potenciadas por el hecho de que los cambios se consideraban escandalosamente injustos. Y la sensación generalizada de injusticia e indignación fue sin duda un elemento importante de las convulsiones que dieron lugar a la elección de Donald Trump y a la decisión británica de abandonar la Unión Europea. Es un modelo.

La injusticia añade la rabia a la indignación

Como ya hemos visto, el ejemplo clásico son las Revueltas Luditas de principios del siglo xix. La competencia de los «telares mecánicos» provocó un rápido desplazamiento de empleos, pero lo que irritaba a la gente no era solo la pérdida de puestos de trabajo. Para los obreros, los telares mecánicos eran injustísimos porque permitían que artesanos cualificados con familias a su cargo fueran sustituidos por niños sin formación a quienes se pagaba una miseria. Esto violaba prácticas arraigadas. Tras ver que los propietarios de las fábricas infringían una serie de normas sociales, los trabajadores disconformes se sentían justificados para incumplir otro conjunto de reglas. Las cosas se salieron de madre. Hubo muertos.

Cabe esperar que ahora la situación no sea tan calamitosa, pero este ejemplo ilustra la importancia de centrarse en el modo en que los trabajadores perciben si es justa y razonable la pérdida de su empleo. Es por eso por lo que un hecho simple es tan importante: los globots no juegan limpio.

Las clases medias norteamericanas y europeas no aceptarán de buen grado la nueva competencia de los robots de cuello blanco y los telemigrantes. Los seres humanos acabarán considerando a ambos tipos de globots como competidores sumamente desleales. Comencemos con la parte de la globótica correspondiente a la globalización.

A diferencia de la vieja globalización –cuando la competencia extranjera significaba mercancías extranjeras–, la globalización globótica incluirá a personas extranjeras que introducen competencia internacional directa sobre salarios y ventajas sociales en las oficinas y los centros de trabajo. En la actualidad, los telemigrantes aceptan salarios inferiores y no piden ninguna otra clase de ventajas laborales. Pese a ello, consideran que el sueldo por su actividad *free lance* es atractivo, pues viven en países de bajo coste de la vida en los que no suele haber alternativas.

El otro tipo de globots –los robots de cuello blanco– son desleales de una manera parecida. De hecho, este es uno de sus principales reclamos. «Imaginemos una mano de obra de otra clase. Una mano de obra a la que se pueden enseñar innumerables destrezas. Cuanto más aprende, más eficiente se vuelve. No hace nunca vacaciones. Puede ser pequeña un día, o grande cuando tu negocio crece. Y libera a tu mejor gente para que sea de veras tu gente más valiosa. Conoce el *Software* Robótico, la Mano de Obra Digital.»[16] Este es el discurso de ventas de primera página de uno de los principales proveedores mundiales de robots de cuello blanco.

Otro aspecto de la RPA acaso potencie el factor de indignación. Los trabajadores que van a ser sustituidos entrenan a sus sustitutos robóticos. Así es como lo explica una empresa de *software* de RPA:

---

[16] Página web de Blue Prism, https://www.blueprism.com/, consultada el 4 de febrero de 2018.

«WorkFusion automatiza el prolongado proceso de preparación y selección de algoritmos de aprendizaje automático [...] Virtual Data, de WorkFusion, se vale de datos históricos y acciones humanas en tiempo real a fin de adiestrar modelos para automatizar trabajos de evaluación, como clasificar y extraer información no estructurada». En otras palabras, esa cosa es un robot de cuello blanco que resuelve qué partes del trabajo puede hacer un robot de cuello blanco. Y lo hace observando lo que los seres humanos están haciendo y han hecho. El programa cuenta incluso con una útil campanilla de que avisa que el tiempo ha concluido. «WorkFusion avisa a los usuarios cuando la automatización puede igualar o superar el nivel de precisión requerido en un proceso determinado.»[17]

Según la empresa, el resultado permite a los negocios «reducir en un 50 % el esfuerzo en servicios manuales». A continuación, los robots se encargan de cuestiones rutinarias. «Tras entrenarlo en conversaciones verdaderas, el Chatbot se comporta como un agente humano: habla con los clientes para captar el contexto y el propósito de la llamada, y ejecuta procesos en el *back office* para atender solicitudes.» Las peticiones complejas pasan a las personas, pero –como Amelia– el Chatbot asimila la manera en que los seres humanos solucionan los problemas, por lo que las personas que no son reemplazadas enseguida están, en esencia, preparando al robot de WorkFusion para que las sustituya más adelante.

Otro aspecto de los globots que alimentará la convulsión es el hecho de que están debilitando cierta forma de solidaridad social –una especie de «estado del bienestar» oculto. En el sector servicios es donde han encontrado empleo nuevo muchos obreros desplazados de las fábricas. Aunque muchos de los puestos de trabajo obtenidos no son tan buenos como los que perdieron, al menos parecen estar a salvo de la automatización y la competencia extranjera. La Transformación Globótica lo está cambiando.

---

[17] Entrada de blog de Workfusion.com, «Intelligent Automation. Digitize Operations with Intelligent Automation for Your Business Processes, with Solutions that Use RPA, Artificial Intelligence, Chatbots and the Crowd», welcomeai.com, 28 marzo 2018.

Cómo los globots debilitan la solidaridad social implícita

Si nos atenemos a los estándares internacionales, la mayoría de los trabajadores de los países ricos cobran más de la cuenta. En buena medida, esto sucede porque sus empleos están protegidos contra la competencia. Los economistas tienen un nombre para esto: la «maldición del coste» de Baumol, o el efecto Balassa-Samuelson. La lógica básica es sencilla.

En líneas generales, la gente cobra en función del valor de lo que produce. Todos conocemos casos de personas que cobran mucho más o mucho menos de lo que merecen según su creación de valor, pero si analizamos los centenares de millones de empleos de nuestras economías, la norma se cumple en la mayoría de los casos. Las inmensas diferencias internacionales en cuanto a sueldos y salarios se explican por las diferencias en la creación de valor por hora.

Por lo general, los trabajadores de los países ricos producen más valor por hora que los de los países pobres, pero esta diferencia puede deberse a dos factores: la productividad y el precio. En algunos casos, los trabajadores de los países ricos están produciendo más unidades por hora y el precio no es muy distinto. En otros, su productividad no es mucho mayor, pero el precio sí. En numerosos sectores de servicios, se trata de una cuestión de precios, no de productividad. Veamos un ejemplo.

Alemania es una economía hipercompetitiva, pero no son hipercompetitivos todos los alemanes. Una de las maneras empíricamente más importantes, pero en gran medida inadvertida, en que los tan competitivos alemanes ayudan a los alemanes que no lo son tanto es pagando «demasiado» por sus servicios. No obstante, esto supone algo más que transferir ingresos desde los ganadores de la globalización a los perdedores.

Este extraño truco del capitalismo actual ayuda a los trabajadores poco competitivos a salir a flote. Hablando sin rodeos, muchos trabajadores no cualificados de los países ricos «cobran demasiado» según los estándares internacionales, pero desde una perspectiva social «merecen» su paga mensual. Funciona como sigue.

Los trabajadores alemanes de la industria automovilística son muy competitivos. Tienen salarios elevados en comparación con, pongamos, los polacos, pero son rentables porque producen mucho más por hora. Por eso las empresas alemanas de coches todavía contratan a trabajadores en Alemania: la superior productividad compensa el mayor sueldo de sobra.

En cambio, «hipercompetitivos» no sería la manera más adecuada de calificar a los camareros alemanes. Los camareros alemanes realizan más o menos las mismas tareas, y de la misma forma, que los camareros polacos, pero cobran muchísimo más. ¿Cómo es que pasa esto en un mundo tan globalizado como el nuestro?

La clave está en que el sector de la hostelería no se ha globalizado, sino que está protegido de un modo natural. Los bármanes alemanes de Fráncfort no están compitiendo directamente con los bármanes polacos de Varsovia. La gente de Fráncfort quiere ir a restaurantes de Fráncfort, lo cual requiere camareros en dicha ciudad –los de Varsovia no pueden atender una mesa en su ciudad y servir copas en otra.

Para atraer a camareros, los restaurantes de Fráncfort han de pagar salarios elevados, toda vez que han de competir –al menos indirectamente– con empresas de los hipercompetitivos sectores de la banca, las farmacéuticas o la industria. Los camareros no ganan tanto como los banqueros, desde luego, pero los salarios altos de los trabajadores alemanes muy competitivos empujan al alza toda la escala salarial. El elemento final de este extraño truco es que los alemanes pueden pagar –y están dispuestos a ello– precios altos en los restaurantes precisamente porque ellos ganan mucho.

Las prestaciones sociales implícitas que subyacen a los servicios «con sobreprecio»

Si pensamos en lo que está pasando aquí, es fácil ver que se trata de una especie de sistema redistributivo que funciona en empleos poco cualificados de sectores protegidos. En esencia, los precios y salarios elevados en los restaurantes son un mecanismo mediante el cual aquellos alemanes que son globalmente competitivos pagan un «impuesto» que a continuación se redistribuye directamente para aumentar los ingresos de quienes no lo son.

Este mecanismo de «compartir y atender» –que funciona en muchos sectores de servicios– no equivale exactamente al de Robin

Hood de quitar a los ricos para dar a los pobres. Es más bien un método en virtud del cual los ricos crean puestos de trabajo para que los pintureros integrantes de la banda de Robin Hood no tengan que robar para vivir. Es una manera indirecta de conseguir que los ciudadanos más competitivos creen empleos que permitan a los menos competitivos tener unos ingresos decentes. Además, acaba siendo algo mucho más aceptable que la caridad, tanto para los donantes como para los receptores.

En cierto modo, en un sector terciario no competitivo los empleos han constituido una importante «escotilla de emergencia» para los trabajadores de los países ricos. Es probable que surjan problemas cuando los globots cierren esta salida o bien a través de la competencia salarial directa de los telemigrantes, o bien a través de la destrucción directa de empleos mediante *software* y *hardware* robótico.

Cuando los globots asuman esta especie de empleos del sector servicios, los trabajadores desplazados de dicho sector empezarán a experimentar algunas de las adversidades que han tenido que afrontar los trabajadores de cuello azul desde la década de 1980.

Una marea de descontento por la convulsión

A los diecinueve años, Alfred Perry se trasladó desde una ciudad fabril en declive a otra que vivía un auge fruto de la alta tecnología. Tenía muchas esperanzas y un título de secundaria en la mano: «Era como un arco iris conduciendo una olla de oro», decía.[18] Tras haber vagado por una serie de empleos mal pagados y sin futuro del sector servicios, a los veintiuno vivía en la calle. Si Perry sigue la trayectoria habitual de los trabajadores norteamericanos con su grado de cualificación, su futuro acaso le depare momentos muy sombríos.

Durante la Transformación de los Servicios, la automatización y la globalización eliminaron buenos empleos de trabajadores con poca formación. Era el comienzo de lo que cabría denominar «la rueda dentada precaria». El empleo industrial bajaba un diente en las recesiones y lo recuperaba en los períodos de mejora, pero el va-

---

[18] Citado en Shawn Donnan y Sam Fleming, «America's Middle-Class Meltdown», *Financial Times*, 11 mayo 2016.

lor máximo de la recuperación era cada vez inferior al pico previo. Desde 1979, el número de empleos industriales estadounidenses está cayendo por una pendiente llena de baches. La desindustrialización también ha subido el valor de la educación.

Muchos hijos de trabajadores fabriles desplazados se sacaron títulos superiores y se formaron para empleos del sector servicios. Los propios trabajadores salieron adelante con gran esfuerzo, pero hasta las dos últimas décadas muchos de ellos podían confiar en que los sindicatos, la experiencia y la antigüedad les permitirían llegar a la jubilación. Y gracias al New Deal, muchos pudieron vivir dignamente de su pensión. El cierre de fábricas planteó otra serie de problemas relacionados con la geografía local.

Desde la revolución industrial, la industria ha tendido a agruparse. Buena parte de ella se ha concentrado cerca de áreas metropolitanas, como las de Nueva York o Londres, pero algunas fábricas se emplazaron en ciudades más pequeñas, sobre todo del Medio Oeste en los Estados Unidos, o de las Tierras Medias (Midlands) en Inglaterra. Esto fue una bendición para la economía local cuando la industria vivió su apogeo, pero una maldición cuando el empleo industrial comenzó a descender. La clausura de una sola planta podía hacer caer en picado a toda una comunidad, desenlace que dio origen a la expresión «cinturón de óxido».

Y luego están las «muertes por desesperación».

Muertes por desesperación. Anomia en acción

La falta de buenos empleos –con buenas pólizas de seguro médico y otros beneficios, capacitación y expectativas de ascenso– también conllevó más dificultades para los trabajadores desplazados de las fábricas que querían casarse. Mientras la mayoría de los trabajadores blancos con bajas cualificaciones nacidos en la década de 1950 se habían casado a los treinta años, la cifra bajó a la mitad entre los nacidos en 1980.[19] Sin la estabilidad del matrimonio, aumentó la inestabilidad personal y social. Este grupo de norteamericanos sufre peor salud

---

[19] Anne Case y Angus Deaton, «Mortality and Morbidity in the Twenty-First Century», artículo de BPEA, 23 marzo 2017.

física y mental, y en su seno hay más aislamiento social, obesidad, divorcios y suicidios.

El índice de mortalidad de los norteamericanos blancos de entre cuarenta y cinco y cincuenta y cuatro años con nivel de estudios de secundaria –tanto hombres como mujeres– se ha incrementado notablemente desde finales de la década de 1990. «Hay medio millón de personas muertas que no deberían estar muertas», escriben Angus Deaton, economista ganador del Premio Nobel, y Anne Case, profesora de economía en la Universidad de Princeton. Las denominan «muertes por desesperación», que, a su juicio, han estado creciendo de un lado a otro de los EE.UU. a medida que han ido aumentando los niveles de urbanización.

Las causas inmediatas del superior índice de mortalidad están claras –drogas, alcohol y suicidio–, pero para Case y Deaton todo es lo mismo: «En cierto modo, siempre se trata de suicidios, con independencia de si se llevan a cabo de forma rápida (con un arma, por ejemplo) o lenta (drogas o alcohol)». Case y Deaton creen que los índices más elevados de desempleo, el menor número de matrimonios y la peor salud física y mental de los norteamericanos provocan indirectamente el superior índice de mortalidad. Y ello se debe a la desaparición de los respaldos sociales y económicos que solían ayudar a la gente a superar las épocas difíciles.

La opinión de Case-Deaton se hace eco de la teoría del «suicidio anómico» de Durkheim. La anomia –a saber, una desconexión con respecto a la sociedad, una sensación de no pertenencia y una cohesión social debilitada– puede hacer que la gente se sienta tan alienada que llegue a suicidarse.[20] En 1897, Durkheim sostenía que la anomia predomina especialmente en épocas caracterizadas por convulsiones socioeconómicas y políticas que originan cambios rápidos y radicales en las comunidades, las personas y su vida cotidiana.[21]

Case y Deaton refundieron la teoría en términos modernos. Para ellos, las muertes son el resultado de «desventajas acumuladas».

---

[20] Véase pasaje de Robert Alun Jones, *Emile Durkheim: an Introduction to Four Major Works* (Beverly Hills, CA, Sage, 1986), 82-114.
[21] Émile Durkheim, *Suicide: A Study in Sociology* (1897, repr., Nueva York, The Free Press, 1951) (hay trad. cast., *El suicidio*, Madrid, Ediciones Akal, 2014).

Desventajas acumuladas

Case y Deaton consideran que las personas reciben varias «cargas» a lo largo de su vida. Cuanto más pesada es la carga y más tiempo hay que acarrearla, más difíciles se ponen las cosas. Y desde la década de 1970, en este grupo las cargas se han ido amontonando.

Resultó que la vida no era aquello que les habían dicho que sería. Cuando el Sueño Americano acabó siendo finalmente el Espejismo Americano, fue arraigando una sensación de desesperanza. La gente empezó a comer demasiado y a consumir alcohol y drogas en exceso. Ya no recurría a las organizaciones sociales de siempre, como las iglesias tradicionales, el matrimonio o la familia; y sin estas estructuras sociales estabilizadoras, las cosas podían descontrolarse –lo que sucedía a menudo. Tal como dice Deaton: «Estamos intentando decir que, tras un período largo de tiempo, unos ingresos bajos y la escasez de oportunidades laborales destruyen el tejido social. Es el tejido social lo que impide que te suicides».[22]

Esta tendencia es sobre todo un fenómeno norteamericano ya que, en los EE.UU., el capitalismo social de mercado acabó siendo mucho más «mercado» y mucho menos «social» que antes de que el presidente Reagan se pusiera a desmontar el New Deal. Los europeos y japoneses de mediana edad y escasa formación han padecido los mismos efectos de la automatización y la globalización, pero tenían el respaldo de un tejido social cohesivo y redes públicas de asistencia social. Sus gobiernos proporcionan por norma apoyo económico, atención sanitaria, manutención infantil y pensiones que libran a la gente de buena parte de las desventajas acumuladas.

Las mujeres y los hombres olvidados de Roosevelt estaban siendo olvidados de nuevo. En vez de reducir el impacto doloroso de la automatización en los trabajadores industriales, el sistema político norteamericano empeoró las cosas. Medio siglo después del New Deal, las políticas del gobierno volvían a estar impulsadas en gran medida por el dinero y el poder político del «1 %» –exactamente igual que en la Gran Bretaña del siglo xix.

---

[22] Alana Semuels, «Is Economic Despair What's Killing Middle-Aged White Americans?», *The Atlantic*, 23 marzo 2017.

Se rebajaron los impuestos a los ricos mientras se recortaban los servicios de asistencia social para los norteamericanos en apuros. En un cambio político especialmente importante, los ciudadanos vieron limitadas a cinco años las prestaciones sociales en principio indefinidas. Los que llegaban a este límite se quedaban totalmente desamparados. Como parte de esta tendencia, se aprobaron medidas antisindicales a escala tanto estatal como federal, siendo el presidente Ronald Reagan un destacado defensor de esta política. Se relajaron las regulaciones del mercado laboral, disminuyó la afiliación a los sindicatos, y en nombre de las reformas a favor del mercado y los negocios, se debilitaron muchos aspectos de la red de protección social.

Desde la convulsión a la reacción de rechazo

La Transformación Globótica está jugando con fuego junto a un barril de pólvora de malestar, sobre todo en los EE.UU., donde la red de asistencia social es demasiado endeble para poder ayudar a muchas de las personas más castigadas por el trastorno que la Transformación de los Servicios ha provocado desde 1973 en el sistema.

Uno de los grandes historiadores de nuestra época, Barry Eichengreen, de la Universidad de California, Berkeley, en su libro de 2017 *The Populist Temptation: Economic Grievance and Political Reaction in the Modern Era* analizó minuciosamente la reacción de rechazo de 2016. Valiéndose de ejemplos de principios del siglo xix en adelante, lo resume así: «El populismo se activa debido a la combinación de inseguridad económica, amenazas a la identidad nacional y un sistema político indolente». Los rechazos populistas resultantes suelen ser destructivos y dañinos. «El populismo predispone a la gente contra la intelectualidad, a los autóctonos contra los extranjeros, a los grupos étnicos, religiosos y raciales dominantes contra las minorías.»

La inseguridad económica, las adversidades y la desesperación provocadas por el impacto del dúo disruptivo en las economías europea y norteamericana desde 1973 han tenido las consecuencias políticas que vimos en 2016. La inseguridad económica y las aparentes amenazas a la identidad nacional que acompañan a la Transformación Globótica parecen destinadas a originar más reacciones contrarias, toda vez que a día de hoy los sistemas políticos de los EE.UU. y

Europa no están reaccionando ante esos desafíos. Los gobiernos o bien no son conscientes de lo deprisa que están llegando los cambios, o bien se niegan a reconocer las repercusiones que están teniendo sobre la prosperidad de la clase media.

Los factores que convierten la Transformación Globótica en la *convulsión* globótica se ven con claridad y ya están en marcha. Si la historia nos enseña algo, el siguiente paso será algún tipo de rechazo, y quizá otra oleada de populismo.

Ya ha pasado antes.

8

Nueva reacción contraria, nuevo proteccionismo

La mañana del 30 de noviembre de 1999, la policía de Seattle se despertó y descubrió que se había puesto en marcha el «movimiento antiglobalización». Así de rápido. Antes del 30 de noviembre había habido «momentos» antiglobalización; el día 30, esos momentos se convirtieron en un movimiento.

La noche anterior, diez mil manifestantes habían rodeado el Paramount Theater and Convention Center, donde la pro-globalización Organización Mundial de Comercio (OMC) tenía que celebrar su ceremonia de apertura a la mañana siguiente. La policía de Seattle no lo sabía ni estaba preparada. La desobediencia civil masiva se salió con la suya, y la ceremonia fue cancelada. Pero el día no había terminado.

En otra parte de la ciudad, veinticinco mil sindicalistas iniciaron una manifestación pacífica. Cuando llegaron al centro, la combinación de ecologistas y sindicalistas llevó al límite las capacidades policiales. Los anarquistas encapuchados aprovecharon la oportunidad y rompieron ventanas y quemaron coches. Al mediodía, Seattle estaba patas arriba.

Se mandó llamar a la Guardia Nacional y a unidades del ejército, y se decretó el toque de queda nocturno. Se disolvió a los manifestantes con porras y gases lacrimógenos. Fueron detenidas quinientas personas. La ciudad sufrió daños por valor de millones de dólares en lo que acabó siendo conocido como «la batalla de Seattle».

Y después aquello se propagó a escala global.

El movimiento antiglobalización irrumpió en la escena internacional a un ritmo pasmoso, pillando por sorpresa a las autoridades de muchos países. En los años 2000 y 2001 hubo manifestaciones masivas contra la globalización en Washington D.C., Praga, Niza y Gotemburgo. En Suecia se produjeron actos de violencia. Superada por el número de participantes, para controlar a la multitud la policía sueca utilizó porras, caballos, perros y al final armas de fuego, con las que disparó sobre tres manifestantes. Los radicales respondieron con ladrillos y cócteles molotov. En todo caso, la situación fue aún más extrema en la siguiente cumbre del G8, en Génova.

Trescientos mil manifestantes se congregaron frente al edificio donde se reunían los primeros mandatarios del G8, en Génova, donde se enfrentaron a miles de policías. Para proteger a los políticos, se instaló una valla de cuatro metros. Se suspendieron los servicios de avión y ferrocarril a la ciudad, se bloquearon las salidas de las autopistas y se confeccionó una lista especial de vigilancia para negar la entrada en Italia a conocidos anarquistas. Pese a todas estas medidas, estalló la violencia. Un manifestante de veintitrés años, Carlo Giuliani, recibió de la policía un disparo mortal. Hubo centenares de heridos, y centenares de detenidos. El centro de la ciudad parecía estar en guerra.

De aquí podemos extraer importantes lecciones sobre cómo la convulsión globótica puede convertirse en una reacción globótica violenta de rechazo.

Compañeros de cama del rechazo. Fusionando las furias

Una manifestación pacífica de amantes de la naturaleza se transformó en «la batalla de Seattle» debido a la inesperada fusión de insólitos compañeros de cama: ecologistas, sindicalistas y anarquistas. Un periodista del *Washington Post* escribió en su momento lo siguiente: «Lo realmente sorprendente es que personas que rechazan el libre comercio, como los Pat Buchanan y Ross Perot, los sindicatos, los ecologistas, los frikis o simplemente gente enfadada, fueran de algún modo capaces de permanecer juntos el suficiente tiempo para organizar una protesta masiva».[1]

---

[1] Joel Achenbach, «Purple Haze All Over WTO», *Washington Post*, 1 diciembre 1999.

En la década de 1990, por distintas razones la globalización puso furiosos a grupos muy distintos cuyas diferencias durante mucho tiempo les impidieron cooperar. En Seattle, las furias se fusionaron. Si la convulsión globótica estalla y provoca una reacción violenta, conjeturo que se producirá una fusión similar.

Durante décadas, millones de trabajadores de cuello azul han estado compitiendo con fabricantes chinos en el extranjero y con robots industriales en el propio país. Ninguna de las competencias les ha ido bien. La automatización y la globalización han debilitado las perspectivas económicas de los trabajadores y han provocado una seria desorientación en sus comunidades. Estos trabajadores de cuello azul pronto tendrán compañía.

Diversos expertos pronostican que los globots desplazarán a millones, decenas o cientos de millones de trabajadores profesionales y del sector servicios. Si resulta que «solo» son millones y los cambios se extienden a lo largo de muchos años, la convulsión globótica estará bajo control; pero si se trata de centenares de millones y todo sucede en pocos años, los resultados acaso sean revolucionarios en el mal sentido de la palabra. Dicho de otra manera, el trastorno ocasionado por la convulsión globótica en los empleos profesionales y del sector servicios será como tirar un cigarrillo encendido en un almacén de fuegos artificiales.

Esta combinación de votantes de cuello azul y de cuello blanco será una mezcla inestable. Es el tipo de combinación que en el pasado ha explotado. A principios del siglo xx, las persistentes dificultades económicas empujaron a muchos europeos a desear autoridad, justicia y seguridad económica, lo cual los llevó a apoyar soluciones extremas (fascismo o comunismo). Las cosas probablemente no llegarán ahora tan lejos, si bien las sensaciones no son tan distintas, sobre todo en los EE.UU.

Una base de indignación. El rechazo de 2016 que no dio nada a cambio

Patti Stroud lo sabe todo sobre el impacto disruptivo de los globots que desencadenó la desindustrialización norteamericana. Durante un cuarto de siglo, su marido tuvo un buen empleo en una planta siderúrgica de Pensilvania, que cerró solo semanas antes de las elecciones presidenciales de 2016.

La mujer, de cincuenta y seis años, que para ganarse la vida limpia casas, votó a Trump porque prometió una ruptura con el pasado. «Creí que necesitábamos un gran cambio, y vaya si lo tuvimos, amigo», dijo en marzo de 2018 en una entrevista publicada en el *New York Times*.[2] Pero no era el cambio que ella deseaba.

En 2016, los votantes de Trump y el Brexit estaban indignados, decepcionados con los políticos convencionales, que habían sido incapaces de impedir los problemas de sus comunidades, la pérdida de buenos empleos y el implacable debilitamiento de la esperanza en que las cosas mejorarían. Durante demasiado tiempo fueron los más castigados por las influencias perjudiciales del equipo comercio-tecnología. Fueron los receptores de casi todos los «perjuicios» del paquete beneficios-perjuicios que la automatización y la globalización llevan entregando a la clase trabajadora desde 1973. Votar a favor de la salida de la UE y a un turbulento intruso como presidente de los EE.UU. era una manera de decir «ya basta».

No obstante, en realidad el rechazo de 2016 ha dado muy poco a cambio. Los políticos populistas ofrecían soluciones basadas en espejismos y delirios –como un muro en la frontera con México o abandonar la UE– a problemas basados en la realidad –como la desindustrialización o la congelación salarial. Esos votantes continúan teniendo dificultades económicas, y ni Trump ni el Brexit han mejorado su situación material. El desastre económico continúa, especialmente en los EE.UU.

En esencia, la pérdida de empleos fabriles ha afectado negativamente de por vida a las perspectivas de muchos norteamericanos. No existe la menor posibilidad de que un obrero de cincuenta años desplazado de una fábrica encuentre un empleo que esté igual de bien pagado o le proporcione la misma seguridad económica. Esta realidad creó una sensación de desesperanza, de que no va a surgir ningún empleo nuevo bueno, de que los salarios de los empleos en oferta nunca aumentarán y de que las comunidades fracturadas jamás volverán a cohesionarse. Y la falta de esperanza va asociada a resultados desastrosos.

---

[2] Citas de Trip Gabriel, «House Race in Pennsylvania May Turn on Trump Voters' Regrets», *New York Times*, 2 marzo 2018.

Las cifras de los EE.UU. dan que pensar. Viven en la indigencia cuarenta millones de personas, la mitad de las cuales tienen unos ingresos inferiores a la mitad de los correspondientes al umbral de pobreza.[3] Una cuarta parte de los niños estadounidenses son pobres. El país tiene el mayor índice de obesidad del mundo desarrollado, y está situado por debajo del Líbano en cuanto al acceso a agua corriente y servicios de saneamiento. El porcentaje de la población norteamericana encarcelada es el más elevado del mundo: cinco veces superior al promedio en los países ricos.

Los hombres estadounidenses en concreto están tirando la toalla y presentan cifras récord de renuncia, sobre todo los que solo tienen estudios de secundaria. La proporción de hombres de edad intermedia (entre veinticinco y cincuenta y cinco años) que están trabajando o buscando trabajo ha ido descendiendo continuamente desde la década de 1970, con la tendencia claramente más acusada en los que han hecho solo la secundaria o ni eso. En 1974, la tasa de participación en la fuerza laboral era del 92 %; en 2015, aproximadamente el 82 %. El porcentaje de los que tenían títulos superiores también bajó, pero solo del 97 al 94.

Y el futuro no parece más prometedor para las personas más golpeadas por la desindustrialización. La movilidad económica ha disminuido paulatinamente desde la década de 1970 en los Estados Unidos El 80 % de los norteamericanos nacidos en un hogar con una renta media llegaban a tener unos ingresos superiores a los de sus padres. Los niños nacidos en 1980 en una familia media solo tienen el 50 % de posibilidades de que les vaya mejor económicamente que a sus padres. Y en los muy castigados estados del Medio Oeste, la situación es peor: existen más del 50 % de posibilidades de que los hijos de padres normales desciendan algunos peldaños en la escala económica.

Casi la mitad de los norteamericanos de mediana edad cuentan con demasiado poco dinero ahorrado para tener una jubilación digna. Según una encuesta reciente, el 40 % no disponía de cuatrocien-

---

[3] Cifras de «Income and Poverty in the United States, 2016», de J. Semega, K. Fotenot y M. Kollar, Oficina del Censo de los EE.UU., septiembre 2017, y de Índice de Desempeño Ambiental de Yale, http://archive.epi.yale.edu/epi/issue-ranking/water-and-sanitation, y https://www.vox.com/2015/4/7/8364263/us-europe-mass-incarceration.

tos dólares para una emergencia, por lo que, en este caso, debía pedir prestado o vender algo. Uno de cada cuatro debía privarse de algún tipo de asistencia médica al no poder permitírsela.

En los EE.UU., la asistencia médica sale cada vez más cara, los recortes fiscales financiados con emisión de deuda beneficiaron sobre todo a los norteamericanos más ricos, y no se ha hecho nada para ayudar a los trabajadores desplazados a adaptarse a las realidades económicas del siglo XXI. En Gran Bretaña, los servicios públicos siguen deteriorándose, y no se ha hecho prácticamente nada para ayudar a los trabajadores desplazados a reforzar las políticas de ajuste pensadas para los afectados por la desindustrialización. En ambos países, muchos votantes todavía creen que sus comunidades están amenazadas desde el punto de vista tanto cultural como económico, lo que se ha traducido en una postura cada vez más contraria a los extranjeros.

La historia está llena de ejemplos de descontento que no dieron lugar más que a una masa desorganizada de personas indignadas y frustradas. Pero esto no siempre termina así. A veces un grupo de individuos se convierte en un grupo estructurado, y el resultado cambia la historia. El proceso es confuso y no se entiende bien, como suele pasar con todos los acontecimientos sociales complejos.

¿Puede la reacción de rechazo dar pie a protestas violentas?

«Creo que la mayoría de las personas que se incorporaron a este movimiento comenzaron con una sensación difusa de que algo iba mal sin ser capaces necesariamente de identificar qué era», decía George Monbiot, columnista del periódico británico *The Guardian*.[4] Estaba hablando del proceso que convirtió muchos «momentos» antiglobalización de la década de 1990 en un gigantesco movimiento antiglobalización, aunque la cita encaja en el estado de ánimo actual. En muchas partes de los EE.UU., Europa y otros países ricos, existe una sensación generalizada de vulnerabilidad, explotación e injusticia, pero no una idea clara de a quién hay que echarle la culpa.

---

[4] Citas de Mike Bygrave, «Where Did All the Protesters Go?», *The Observer*, 14 julio 2002.

Una «sensación imprecisa de que algo va mal» no da origen a manifestaciones masivas y violencia callejera. Los movimientos necesitan objetivos en los que centrar la indignación. El objetivo del movimiento antiglobalización resultó ser el conjunto de empresas multinacionales, pero emergió de forma orgánica.

Monbiot explica que diversos activistas «tenían la impresión de que el poder iba desapareciendo de sus manos, y de estar gradualmente mejor informados, a menudo en ámbitos muy específicos». Al principio parecía haber pocas conexiones. Había «algunas personas muy preocupadas por la agricultura, otras muy interesadas en el medio ambiente, las condiciones laborales, la privatización de los servicios públicos o la deuda del Tercer Mundo». Lo que conectaba todos los puntos eran las grandes corporaciones: «Estos intereses se enlazaban, y el lugar donde confluían era el tema del poder empresarial», escribía Monbiot.

Las multinacionales, sobre todo las grandes empresas tecnológicas, quizás acaben siendo el objetivo del rechazo globótico si efectivamente es global y sale a la calle.

¿Quién podría ser el objetivo del rechazo?

Las grandes empresas tecnológicas, como Facebook, Amazon o Google, estaban justo empezando a ser vapuleadas en el «terreno de juego» de la opinión pública cuando este libro entró en imprenta. A principios de 2018, Mark Zuckerberg, director ejecutivo de Facebook, tuvo que declarar ante el Congreso de los EE.UU. y el parlamento europeo sobre un escándalo relativo al uso incorrecto de datos de los usuarios.

Esos tipos constituyen objetivos perfectos para los populistas indignados. Para empezar, son extraordinariamente ricos. Zuckerberg tiene una fortuna estimada de más de setenta mil millones de dólares; en comparación, el presupuesto anual del Cuerpo de Marines de los EE.UU. es solo de veintisiete mil millones. Además, son muy conocidos por la gente y algunas de sus empresas están involucradas en la automatización de empleos de cuello blanco y en la actividad *free lance online*. Otro aspecto que los convierte en objetivos-para-oportunistas es la vaga sensación de que estos hombres (porque todos son hombres) y sus empresas están explotando, para su beneficio personal, la más humana de las tendencias: la necesidad de compartir y comunicar.

Hasta ahora, una línea de ataque ha subrayado la naturaleza manipuladora de estos servicios. «Hablamos de adicción y solemos pensar "bueno, esto está pasando solo por casualidad"», decía Tristan Harris, que fue director ejecutivo y cofundador de una empresa emergente que Google compró en 2011 antes de convertirse en especialista en ética del diseño y filósofo de productos en Google. «La verdad es que esto está pasando en virtud de cierto diseño. Hay un montón de técnicas que están siendo utilizadas para mantener a los chavales enganchados.»[5]

Harris quiere ante todo concienciar sobre el problema con una campaña contra la adicción digitecnológica dirigida a cincuenta y cinco mil escuelas norteamericanas. Otros son más críticos: «Los mayores superordenadores del mundo están dentro de dos empresas, Google y Facebook», señala Chamath Palihapitiya, inversor de capital de riesgo y antiguo empleado de Facebook. Las empresas están «apuntando al cerebro de la gente, a los niños». El resultado, sostiene, es «la rotura del tejido social, del funcionamiento adecuado de la sociedad». Los impulsores de esta postura parecen contemplar las cosas de una manera no muy alejada del celo mostrado por el Movimiento por la Templanza de la década de 1910, que en 1930 desembocó en una enmienda constitucional contra el alcohol.

Las alegaciones de codicia y maldad podrían convertirse en el eje central (o punto de convergencia) de la protesta. El ex primer ministro de Bélgica, Guy Verhofstadt, planteó la cuestión directamente a Zuckerberg, director ejecutivo de Facebook, cuando este declaraba ante el parlamento europeo: «Usted ha de pensar en cómo quiere ser recordado. Como uno de los tres gigantes de Internet, junto con Steve Jobs y Bill Gates, que han enriquecido el mundo y la sociedad, o como el genio que creó un monstruo digital que está destruyendo la sociedad y la democracia».

Esta clase de afirmaciones tienen poco que ver con los efectos de los globots en el desplazamiento de empleos, desde luego, pero, como

---

[5] Citado en David Mogan, «Truth About Tech Campaign Takes on Tech Addiction», CBSNews.com, 5 febrero 2018.

vimos con el movimiento antiglobalización, los objetivos de cualquier movimiento suelen hallarse en un fuego cruzado de personas de diferentes tendencias. No obstante, otra fuente de probable resistencia se centra en atacar a las grandes empresas tecnológicas por lo que constituye su mina de oro: sus datos.

Mercados radicales y quién controla nuestros datos

En 2018, dos expertos de la Universidad de Chicago, Eric Posner y Glen Weyl, publicaron un libro según el cual nadie había pensado bien en la «economía de los datos» antes de que sucediera todo. En *Mercados radicales: cómo subvertir el capitalismo y la democracia para lograr una sociedad justa,*[6] sostienen que la economía basada en los datos se desarrolló inadvertidamente, sin ninguna reflexión sistemática sobre sus consecuencias. Su única motivación fue la codicia y, tal vez, la curiosidad humana. El resultado, a su entender, es ineficiente e improductivo amén de injusto, por lo que hacen falta soluciones radicales.

Las soluciones que proponen podrían fácilmente formar parte de una reacción contraria a los globots.

Los autores hacen hincapié en que actualmente los datos están regidos por la idea de «datos como capital». Tan pronto damos nuestros datos a estas empresas, los guardan. Y los utilizan cuanto quieren y en lo que quieren. Es como si hubieras donado un libro a una biblioteca pública, y a partir de ahí el bibliotecario decidiera qué hacer con él. Posner y Weyl proponen una solución radicalmente nueva, a la que denominan «datos como trabajo». Según esta idea, los datos son generados por los usuarios y, por tanto, les pertenecen. Si las grandes empresas tecnológicas quieren utilizarlos, han de pagar por ellos a los usuarios. Imaginemos las radicales repercusiones de este simple cambio en la propiedad de los datos.

Si entendiéramos los datos como trabajo, las empresas digitecnológicas deberían pagar a la gente por los datos que generan. Supongamos que los parlamentos de todas las economías avanzadas aprobasen leyes que obligaran a Facebook (por poner un ejemplo) a pagar a cada uno de sus usuarios cien dólares al año por el derecho a utilizar

---

[6] Publicado en lengua castellana por Antoni Bosch Editor (2019). (N del E)

sus datos. Esto daría lugar a una distribución más amplia de la renta y fomentaría la «dignidad digital».

La ley digital de los EE.UU., el Reglamento General de Protección de Datos, es un paso en esta dirección. Protege y da poder a los ciudadanos norteamericanos cuando lo que está en juego es la privacidad y la propiedad de sus datos. Ya está remodelando la manera en que las empresas interaccionan con los usuarios de internet.

John Thornhill, columnista del *Financial Times*, lo expresa así: «Los consumidores deberíamos darnos cuenta de nuestro papel como trabajadores digitales y –en términos marxistas– desarrollar "conciencia de clase"». Propone la creación de «sindicatos de datos» que luchen por nuestros derechos colectivos. Con cierta ironía, pronostica que sabremos que esto va en serio cuando la gente empiece a «formar piquetes digitales en las redes sociales». Incluso tiene un lema para la pancarta: «¡Ningún *post* sin pagar!».

Esta solución de los «mercados radicales» es radical, en efecto. Y está claro que puede encontrar aliados entre los camioneros, los abogados y los oficinistas, cuyos empleos pasarán a manos de robots de cuello blanco y telemigrantes.

Si la convulsión globótica y el subsiguiente rechazo pasan a ser generales y potentes, veremos un proceso como el que dio origen al movimiento antiglobalización. Pero, ¿qué rige esta clase de procesos? ¿Qué hace que un grupo de individuos dispares se convierta en un grupo estructurado? Las respuestas, hoy por hoy imprecisas, provienen de la sociología.

Desde el individuo a la acción colectiva

Según un célebre sociólogo innovador, Émile Durkheim, las personas tienen dos niveles de existencia, dos personalidades, por así decirlo. En un nivel –el obvio la mayor parte del tiempo–, los individuos se ocupan de sí mismos y de sus seres queridos. En el otro, sepultan su personalidad. Actúan como si sus intereses y los del grupo fueran los mismos. Aceptan las acciones del grupo y obedecen a la dirección del mismo incluso cuando esto no conviene a sus intereses personales.

Según Durkheim, estos dos niveles coexisten constantemente con nosotros, si bien no funcionan a la vez. Esto acaso genere un comportamiento aparentemente paradójico. Por ejemplo, un hombre puede hacer trampa con sus impuestos para ahorrarse un poco de dinero. Pero, en otras circunstancias, el mismo hombre puede estar dispuesto a morir por el país al que ha estado estafando.

Hay una pregunta crítica: ¿qué provoca el salto entre niveles? ¿Por qué las personas pasan de funcionar en el nivel individual a hacerlo en el nivel grupal? Jonathan Haidt, autor del influyente libro *The Righteous Mind: Why Good People Are Divided by Politics and Religion*, tiene un nombre para esto: «interruptor de la colmena». Si le das al interruptor de la colmena, el yo se cierra y el instinto de grupo asume el mando, con lo cual la persona siente que forma parte de algo mayor que ella misma.

Haidt sostiene que haber pulsado un interruptor así fue un aspecto decisivo de la reacción de rechazo de 2016, sobre todo en el caso de la elección de Donald Trump. Los rasgos autoritarios de Trump atrajeron a muchos norteamericanos que estaban reaccionando como miembros de comunidades amenazadas, no solo como individuos que afrontaban dificultades económicas. Según Haidt, muchos estadounidenses «perciben que el orden moral está desmoronándose, que el país está perdiendo su coherencia y su cohesión, que está aumentando la diversidad y que nuestro liderazgo mundial parece cuestionable». En tales situaciones, un porcentaje considerable de la población busca por instinto soluciones autocráticas. «Es como si se pulsara un botón y en su frente se leyera "en caso de amenaza moral, cierren las fronteras, expulsen a los diferentes y castiguen a los moralmente pervertidos"».[7]

La transformación globótica no será tan obvia como la desindustrialización que lleva décadas fastidiando a la clase media norteamericana. La automatización del trabajo administrativo no obligará a cerrar todos los edificios de oficinas. Los globots irán colándose poco a poco. La transformación se parecerá más a la llegada de los iPhone que a los cierres de fábricas en Janesville, por eso a la gente le costará identificar esta tendencia. No obstante, siempre habrá populistas dispuestos a señalar con el dedo y a hacer afirmaciones exageradas como estrategia para aumentar su poder.

---

[7] Jonathan Haidt, «The Key to Trump is Stenner's Authoritarianism», The Righteous Mind (blog), 6 enero 2016.

En los EE.UU., un populista de estos ya ha sido declarado candidato para las elecciones presidenciales de 2020. Se llama Andrew Yang, el aspirante que ya apareció en la introducción. En su página web de campaña, Yang lo deja meridianamente claro:[8] «Los empleos buenos están desapareciendo. Las nuevas tecnologías, como los robots y la IA, son fabulosas para los negocios, pero pronto desplazarán a millones de trabajadores norteamericanos. En los próximos doce años, una tercera parte de los trabajadores estadounidenses correrán un riesgo permanente de perder su empleo, una crisis mucho peor que la Gran Depresión».

Yang entrelaza a la perfección los infortunios de los trabajadores de cuello azul con los de cuello blanco afectados más recientemente por los globots. «Ya está en marcha una enorme crisis de empleo [...] La inteligencia artificial, la robótica y el *software* pronto van a sustituir a millones de trabajadores. Esto no es una hipótesis, está pasando ya.» Hay, afirma, una amenaza muy real para decenas de millones de norteamericanos, desde camioneros a abogados pasando por contables o trabajadores de centros de llamadas.

Y predice una respuesta violenta: «Para desestabilizar la sociedad, solo necesitas coches autónomos. Vamos a tener a un millón de camioneros en el paro. Solo esta innovación bastará para provocar disturbios en las calles.»

Yang adopta la postura típica del «populista como intruso». Alguien que se alza en favor de las personas (que son puras) y en contra de las élites (que son corruptas). «No soy un profesional de la política, sino un emprendedor que entiende la tecnología y el mercado laboral, y sé que las cosas van a ir muchísimo peor de lo que el poder establecido está dispuesto a admitir.»

Sus soluciones, sobre las que escribe en su libro de 2018 *The War on Normal People: The Truth about America's Disappearing Jobs and Why Universal Basic Income Is Our Future*, no son revolucionarias. No se trata de un nuevo «ismo» como el del fascismo o el comunismo. Sin embargo, estamos atravesando un período inestable, y sería fácil que las cosas se nos fueran de las manos. Yang no se anda con rodeos: «Tenemos dos opciones: podemos seguir por el mismo camino y dejar que millones de diligentes norteamericanos acaben desempleados y deses-

---

[8] Página web «Andrew Yang for President», www.yang2020.com.

perados; o podemos afrontar el problema juntos y crear una sociedad en la que la humanidad tenga tanto valor como el mercado».

La aparición de populistas como Yang es muy previsible habida cuenta del carácter disruptivo de la globótica. Sus temas seguramente serán más convencionales a medida que se acerquen las elecciones de 2020. En cualquier caso, es imposible precisar la cronología de un estallido así.

Según los psicólogos sociales, como mejor se entiende una protesta violenta de este tipo es considerándola como algo irracional, algo emocional que suele activarse debido a cierta sensación de injusticia.[9] Un ejemplo clásico de esto se produjo un par de años después de la batalla de Seattle. En 1992, cuatro agentes blancos de la policía de Los Ángeles que habían golpeado a un conductor negro, Rodney King, tras una persecución a gran velocidad, fueron absueltos de agresión. Un vídeo del incidente convenció a mucha gente de la ciudad de que se trataba de un caso inequívoco de brutalidad policial, por lo que la absolución provocó una gran indignación emocional con el resultado de cinco días de movilizaciones violentas. Se declaró el toque de queda desde el atardecer al amanecer. Se mandó llamar a la Guardia Nacional. Murieron más de cincuenta personas, hubo miles de heridos, y más de un millar de edificios quedaron parcial o totalmente destruidos. Los globots que desplazan a trabajadores no desencadenarán esta clase de alborotos repentinos, pero lo anterior ilustra lo emocionales y violentas que pueden llegar a ser las manifestaciones de rechazo.

Como ponen de manifiesto algunos estudios sociales recientes, en un proceso que añada rabia a la indignación no hay nada fácil ni previsible.

La injusticia compartida añade rabia a la indignación

En un fascinante estudio sobre la «dinámica de la indignación», el premio Nobel Daniel Kahneman y varios colegas suyos llevaron a cabo experimentos mediante juicios con jurado «simulados» que im-

---

[9] Samantha Reis y Brian Martin, «Psychological Dynamics of Outrage against Injustice», *The Canadian Journal of Peace and Conflict Studies*, 2008.

plicaron a más de tres mil personas y quinientos miembros de los jurados. Se trataba de ver si el hecho de que los jurados hablaran entre sí sobre la injusticia llevaba al grupo, en su conjunto, a castigar más o menos agresivamente que los miembros individuales del jurado antes de tales deliberaciones. En otras palabras, ¿actúa el grupo (el jurado) de manera más radical que cada jurado individual por separado?

A jurados de seis personas se les mostraban pruebas de un caso simulado de lesiones personales, y luego se les preguntaba –uno a uno– cuánto creían que la parte culpable debía pagar a la víctima. Luego, los seis individuos hablaban sobre el caso entre sí para decidir el castigo adecuado.[10] Los resultados son útiles para entender por qué cuesta tanto predecir el momento en que las convulsiones sociales van a volverse violentas.

Cuando el miembro típico del jurado sentía que el delito «fingido» era de veras atroz, el jurado como grupo se mostraba más severo. En otras palabras, el hecho de que el crimen fuera indignante hacía que el grupo actuase de forma más extrema que el promedio de los individuos que decidían por su cuenta. Una expresión para eso sin mucho rigor científico sería «mentalidad de grupo». Las cosas indignantes lo parecen más cuando compartes tu sensación de indignación con otros. Por otro lado, pasaba algo parecido en la dirección contraria: cuando se trataba de delitos simulados que parecían banales o técnicos, el grupo en su conjunto actuaba con más benevolencia tras haber deliberado.

Aquí la cuestión clave es que este tipo de dinámica grupal convierte la indignación social en algo muy inestable e imprevisible. En un artículo reciente, Cass Sunstein analizaba el papel crucial que desempeñó la sensación de injusticia en la difusión rápida del movimiento #MeToo. Y subrayaba el hecho de que las causas de las reacciones indignadas dependen de dinámicas inesperadas. «Con pequeñas variaciones en los puntos de partida, la inercia [...] la indignación puede desvanecerse o crecer.»[11]

Otro elemento clave –que refuerza la idea de que el rechazo globótico supondrá una fusión de furias de cuello blanco y cuello azul– es

---

[10] Cass R. Sunstein, David Schkade y Daniel Kahneman, «Deliberating about Dollars: The Severity Shift», *Law & Economics Working Papers*, n.º 95, 2000.

[11] Cass Sunstein, «Growing Outrage», en *Behavioral Public Policy*, 2018 (en prensa).

que, por lo general, la indignación surge de una oleada de descontento que viene de lejos. El extremismo y las penurias económicas son viejos compañeros de viaje.

Los historiadores económicos han observado que las conmociones económicas graves y prolongadas tienen consecuencias políticas. Una vez extraídas diversas enseñanzas de la historia política de veinte países –remontándose hasta 1870–, un equipo de historiadores económicos advirtió de que, tras impactos económicos graves (en concreto las crisis financieras), las democracias tienden a cambiar y adoptar políticas de extrema derecha.[12] Los porcentajes de voto a la extrema derecha aumentaron, en promedio, aproximadamente un tercio en los cinco años siguientes a la crisis. Para colmo, y quizás alimentando la tendencia, gobernar se volvió más difícil. Disminuyeron las mayorías parlamentarias y aumentó el número de partidos en las cámaras. Como consecuencia de ello, una acción política firme y decidida llegó a ser más difícil justo cuando más necesaria era.

Los impactos de las conmociones económicas no se limitaron a los resultados electorales. Hubo impactos económicos negativos como resultado de las movilizaciones de rechazo. Después de las conmociones económicas importantes, había un 30 % más de probabilidades de que se convocaran huelgas generales, el doble de que se produjeran disturbios y el triple de que se organizaran protestas contra el gobierno.

Lo importante no solo es la magnitud de la conmoción. Otro conjunto de historiadores, encabezados por el profesor de Berkeley Barry Eichengreen y el de Oxford Kevin O'Rourke, observaron que los problemas económicos duraderos estaban especialmente vinculados a un aumento en el porcentaje de votos de los partidos de extrema derecha.[13] Cuanto más crecía el respaldo a los partidos populistas de extrema derecha, más tiempo duraban las adversidades económicas– lo que ha sucedido en Norteamérica en las décadas recientes.

Así pues, ¿virará el rechazo globótico hacia el extremismo y la violencia? No es una pregunta a la que se pueda responder con se-

---

[12] Manuel Funke, Moritz Schularick y Christoph Trebesch, «The Political Aftermath of Financial Crises: going to Extremes», portal político de CEPR, VoxEU.org, 27 febrero 2012.

[13] Alan de Bromhead, Barry Eichengreen y Kevin O'Rourke, «Right-wing Political Extremism in the Great Depression», VoxEU.org, 27 febrero 2012.

guridad. Aunque no es seguro que vaya a producirse una reacción violenta, sí es una posibilidad que cabe contemplar. De lo que no cabe ninguna duda es de que habrá al menos una forma más leve de rechazo que se denomina «proteccionismo».

El proteccionismo evoca el tipo de medidas políticas que la gente desea no para detener el progreso pero sí para proporcionar un poco de «protección contra la tormenta». De hecho, esto ya ha comenzado. Grupos políticamente poderosos que se sienten amenazados por la digitecnología están pidiendo y consiguiendo una protección que ralentice o haga retroceder el comercio entre naciones.

Mejor apuesta de rechazo

En febrero de 2016, ocho mil conductores de los emblemáticos taxis negros de Londres paralizaron el centro de la ciudad con una manifestación en forma de marcha lenta. Protestaban contra lo digitecnológico; para ser más exactos, contra Uber. Uber se ha quedado con millones de viajes que habrían sido para los taxis negros. Al oponerse a Uber, Steve McNamara, presidente de la asociación de taxistas, no hacía hincapié en la competencia económica, sino en aspectos relacionados con la injusticia y la inseguridad. «Desde que llegó a nuestras calles, Uber ha infringido la ley, ha explotado a sus conductores y se ha negado a asumir responsabilidades con respecto a la seguridad de los pasajeros.»[14]

Uber no es un robot de cuello blanco ni un telemigrante, pero ha hecho que los taxis pasen de ser un sector protegido a ser un sector abierto –lo mismo que están haciendo los globots en muchos ámbitos de los servicios. Y, como ocurrió con los telares mecánicos del norte de Inglaterra en 1811, la tecnología parece escandalosamente injusta. Muchos trabajadores cualificados han visto de repente que sus ocupaciones están abiertas a la competencia de trabajadores menos cualificados, menos regulados.

La protesta en forma de marcha lenta es un ejemplo típico de cómo los trabajadores reaccionarán cuando sus medios de vida y sus comunidades sufran la amenaza de la tecnología (o la globalización),

---

[14] Cita de Sarah Butler y Gwyn Topham, «Uber Stripped of London Licence Due to Lack of Corporate Responsibility», *The Guardian*, 23 septiembre 2017.

NUEVA REACCIÓN CONTRARIA, NUEVO PROTECCIONISMO

sobre todo cuando se considera que las cosas son injustas. Los taxistas querían un poco de protección contra la sacudida, y en otoño de 2017 la consiguieron.

A instancias de un alcalde de izquierdas, London Transport retiró la licencia a Uber con el argumento de que la empresa no cumplía los requisitos de «idoneidad». La seguridad de los pasajeros era una cuestión importante, y London Transport señaló que Uber no había informado a las autoridades sobre diversos delitos cometidos por determinados conductores, entre ellos un caso de agresión sexual. Pero el razonamiento basado en la seguridad no era el único motivo, quizá ni siquiera el más importante, para oponerse a Uber. Los taxistas corrían con casi todos los costes de la nueva tecnología, y la prohibición era una manera de compartir los perjuicios y frenar la inevitable integración de la tecnología tipo Uber en el sector. La decisión de London Transport fue contestada: cuarenta mil taxistas de Uber y ochocientos mil de sus clientes firmaron una solicitud *online* en la que se pedía su revocación. La prohibición se ha extendido a otras ciudades (Uber la ha recurrido ante los tribunales) con desigual resultado.

Las regulaciones sobre salud, seguridad, medio ambiente y –sobre todo– privacidad son los métodos obvios para ralentizar el impacto del dúo disruptivo en los medios de vida. Esto será más fácil en sectores que ya están muy regulados –como el de la banca o el del taxi–, pues imponer normas en, por ejemplo, los robot-periodistas requeriría toda una infraestructura reguladora nueva con mecanismos de vigilancia y ejecución. Establecerla sería posible, pero exigiría más tiempo que la denegación de licencia a Uber.

Un buen ejemplo de proteccionismo en acción es el modo en que los camioneros norteamericanos están haciendo campaña a favor de una regulación que los proteja de los vehículos autónomos.

Proteccionismo regulador

Un globot mató a Joshua Brown, o eso dicen algunos. En mayo de 2016, su Tesla chocó contra un camión. Murió en el acto. Pese a los problemas de seguridad planteados por este y otros accidentes, los estados norteamericanos están impulsando leyes que acelerarán el progreso de los vehículos impulsados por *software* robótico. En diciembre de 2016, por ejemplo, Michigan permitió las pruebas y el uso de coches autónomos en vías públicas, incluyendo el uso compartido y las flotas de camiones pegados unos a otros. La ley de Michigan no exige que haya un ser humano al volante de un vehículo. Esto preocupa a los camioneros, y su sindicato ya está haciendo algo al respecto.

El sindicato, la Hermandad Internacional de Camioneros, tiene más de un siglo de antigüedad, pues se formó cuando un «camionero» era alguien que conducía una manada de caballos. James Hoffa, el jefe de la organización, decía: «Me preocupa la seguridad en carretera. Me preocupan los puestos de trabajo. Me preocupa que estemos moviéndonos demasiado deprisa en una zona muy estratégica en la que hemos de asegurarnos de hacer las cosas bien teniendo en cuenta que hay vidas de por medio [...] Es fundamental que el Congreso garantice que cualquier tecnología nueva sirva para que el transporte sea más seguro y efectivo». Según Hoffa, los verdaderos responsables de este proceso son las grandes empresas, cuyo objetivo es «sacar a los conductores de los asientos y ganar más dinero [...] Si alguien gana cien mil dólares por conducir un camión, ¿dónde va a conseguir un empleo así?». Pero Hoffa no quiere que se le considere un Ludita moderno, y añade: «No podemos parar el progreso, como es lógico».[15] Esta actitud ha encontrado respuesta: dos *lobbies* de Nueva York, Upstate Transportation Association e Independent Drivers Guild, presionaron para conseguir la prohibición de los vehículos autónomos y evitar así la pérdida de miles de empleos en el ramo del transporte.

Los trabajadores salieron bien parados de esta batalla entre las grandes empresas y la fuerza laboral. La Cámara de Representantes de los EE.UU. aprobó una ley sobre vehículos autónomos que, en términos generales, era favorable a la automatización con una excepción notable: los camiones. El borrador, que aún no era ley cuando este libro llegó a la imprenta, permite que en todo el país se hagan pruebas con hasta cien mil vehículos sin certificado de seguridad, pero excluye explícitamente los de carácter comercial.[16]

[15] Véase «Union Cheers as Trucks Kept Out of U.S. Self-Driving Legislation», de David Shepardson, Reuters.com, 29 julio 2017.

[16] Keith Laing, «Senators Drop Trucks from Self-Driving Bill», *Detroit News*, 28 septiembre 2017. La versión de la Cámara de la ley había sido aprobada cuando este libro entró en la imprenta; la del Senado estaba pendiente; Chris Teale, «US Senate Considers 'Different Possibilities' to Pass AV START Act», SmartCitiesDive. com, 14 junio 2018.

Como el accidente de Joshua Brown involucraba un coche conducido por un robot y un camión conducido por un ser humano, está claro que una ley que permite los robots en los coches pero no en los camiones no tiene que ver solo con la seguridad vial. Seguramente es importante el hecho de que una introducción rápida de vehículos conducidos por robots podría desplazar, en los EE.UU., a más de cuatro millones de trabajadores, de los cuales los taxistas, los conductores de autobús y los camioneros serían los primeros de las listas.[17] Puede haber influido lo suyo que el gremio de camioneros tenga muchos afiliados en los estados del Medio Oeste, que serán decisivos en las elecciones de 2020.

Los motivos quedaron más claros en las conversaciones de enero de 2018 entre la empresa gigante de transporte UPS y los representantes sindicales de sus doscientos sesenta mil trabajadores. Los conductores piden a UPS que se comprometa a no sustituirlos por drones o vehículos automatizados. Nada de esto tiene un carácter explícitamente antitecnológico; la idea central parecer ser la de proteger a grupos concretos. Así lo expresó en televisión Malcolm Gladwell: «No sé si estamos al principio de un largo período de rechazo en este país [...] donde, frente a cambios abrumadores en muy poco espacio de tiempo, lo que la gente dice básicamente es: "Basta. Ya está bien"».[18]

Los vehículos dotados de IA son tal vez el objetivo más obvio del proteccionismo, pero la tendencia está propagándose a otros ámbitos. El Congreso de los EE.UU. ya ha dado los primeros pasos hacia una regulación más amplia. En diciembre de 2017, diversos senadores y congresistas presentaron una propuesta de ley para la creación de un comité asesor federal que evaluase el impacto más general de la IA en la economía y la sociedad norteamericanas. «Ha llegado el momento de ser proactivos en cuanto a la inteligencia artificial», dijo el representante John Delaney. «Los grandes trastornos también crean nuevas necesidades políticas, por lo que hemos de empezar a trabajar ahora para que la IA sea aprovechada de tal modo que beneficie a la sociedad, a la economía y a los trabajadores.»

---

[17] «Stick Shift: Autonomous Vehicles, Driving Jobs, and the Future of Work», Center for Global Policy Solution, marzo 2017.
[18] Citado en «Anxiety about Automation and Jobs: Will We See Anti-Tech Laws?», James Pethokoukis, www.AEI.org (blog).

Estos políticos tienen buenas razones para ser proactivos. Según algunos sondeos de opinión recientes, los votantes estadounidenses respaldan regular a fondo los globots. En 2017, el Centro de Investigaciones Pew analizó la opinión de los norteamericanos sobre la transformación globótica –o como suele decirse, el mundo donde «los robots y los ordenadores sean capaces de realizar la mayoría de los trabajos que hoy realizan los seres humanos». Más de tres cuartas partes de los encuestados creían que el escenario en el que los robots y los ordenadores se encargan de muchos trabajos actualmente llevados a cabo por los seres humanos era realista.

La encuesta también puso de manifiesto un firme apoyo al proteccionismo.[19] Casi seis de diez norteamericanos pensaban que el gobierno debía imponer límites al número de empleos que las empresas pueden ocupar con máquinas. Solo para el 40 % estaba justificado que los negocios sustituyeran a seres humanos por máquinas simplemente porque los robots costaban menos. Más de ocho de cada diez estaban a favor de que las máquinas se limitaran a «llevar a cabo sobre todo las actividades que son peligrosas o poco saludables para los seres humanos».

Tomadas en conjunto, estas opiniones dan a entender que el electorado de los EE.UU. está listo para el proteccionismo. Los votantes están preparados para la adopción de medidas políticas que ralenticen el desplazamiento de empleos, al menos en abstracto. Otro ejemplo de una política existente que frena el citado desplazamiento es la ley aprobada por la Unión Europea para abordar la migración real, no la telemigración.

Dumping *social en Europa*

«Este es un paso importante para crear una Europa social que proteja a los trabajadores y garantice que hay una competencia justa», decía Agnes Jongerius, miembro del Partido Laborista holandés del parlamento europeo. La diputada estaba reaccionando ante algo parecido a la telemigración pero sin la partícula «tele», a saber, el trabajo temporal realizado por trabajadores de un país de la UE en otro.

---

[19] Citas de Luke Muelhauswer, «What Should We Learn from Past AI Forecasts?», Open Philanthropy Project, septiembre 2016.

Si hablamos del mundo laboral, en principio la UE es un mercado único, lo cual significa que las empresas de un país miembro de la UE pueden llevar consigo a sus propios trabajadores si se instalan en otros países de la Unión. Por ejemplo, una constructora polaca puede utilizar a trabajadores polacos en obras en Alemania –pagándoles salarios polacos y abonando cotizaciones polacas. Los trabajadores siguen pagando impuestos polacos aunque estén trabajando en Alemania. De aquí cabe extraer enseñanzas con respecto a la probable reacción de los trabajadores norteamericanos y europeos a medida que la telemigración vaya ganando popularidad.

La citada costumbre de utilizar a trabajadores extranjeros peor pagados provocó la indignación de los trabajadores alemanes. Esta clase de competencia desleal tiene incluso un nombre, «*dumping* social», que conlleva el empeoramiento de las condiciones laborales en el país anfitrión debido a la creciente competencia de trabajadores con regulaciones laborales menos estrictas, y salarios y/o impuestos más bajos. Esta situación se parece mucho al concepto de *dumping* usado en el comercio internacional. Este concepto se refiere a la exportación de mercancías a precios que están por debajo de su coste de producción. La parte «social» se añade para indicar que las mercancías han sido fabricadas en países con poca protección social. Esta práctica originó un rechazo y la imposición de una forma de proteccionismo regulador denominada Directiva sobre Circulación de Trabajadores.

La manera en que surgió este tipo de proteccionismo procura una buena ilustración de la dinámica imprevisible de la indignación y la convulsión social. Aunque la migración libre dentro de la UE ha sido una realidad desde la década de 1990, la preocupación por el *dumping* social fue bastante marginal durante años. Pero de pronto el movimiento cobró impulso. Las grandes diferencias salariales y fiscales en Europa, además de la ralentización del crecimiento posterior a 2008, dieron lugar a la circulación de un mayor número de trabajadores y a cierto rechazo social. Tal como declaró en 2014 el presidente de la Comisión Europea Jean-Claude Juncker, «en nuestra Unión, el mismo trabajo en el mismo lugar debería ser remunerado de la misma manera».[20] En este sentido, la Directiva sobre Circulación

---

[20] Jean-Claude Juncker, «A New Start for Europe», discurso inaugural en la sesión plenaria del parlamento europeo, 15 julio 2014.

de Trabajadores limita a doce meses la duración de los empleos de los trabajadores europeos migrantes. Después, han de ser pagados y contratados con arreglo a las leyes locales.

El crecimiento de la telemigración provocará una reacción similar. Los trabajadores locales seguramente acabarán considerando que la telemigración es «*dumping* social», o sea, una violación del contrato social implícito entre empresarios y trabajadores. Y pedirán algo parecido a la Directiva mencionada, que ponga límites al tiempo que los telemigrantes pueden ser utilizados por las empresas y establezca cuánto han de cobrar.

En estos ejemplos de proteccionismo no hay nada nuevo. El proteccionismo tiene una larga historia de protección a diversos sectores económicos, sobre todo a aquellos con gran influencia política.

Proteccionismo histórico: leyes bandera roja y colchón de seguridad

En el siglo xix, la amenaza para millones de empleos no eran los coches autónomos, sino los coches conducidos por seres humanos. En los sectores del ferrocarril y de los carros de caballos, los vehículos motorizados hacían peligrar los medios de vida de muchísimos trabajadores. En Gran Bretaña, estos sectores contraatacaron con regulaciones reaccionarias conocidas como «leyes bandera roja», que se propagaron por algunos estados norteamericanos y fueron tan ridículas como efectivas para frenar la automatización.

La más famosa, la Ley de Locomotores de 1865, imponía condiciones muy duras a «todo locomotor propulsado por vapor o cualquier otro medio distinto de la fuerza animal». Exigía que fueran contratadas «al menos tres personas para llevar o conducir ese vehículo». El nombre «bandera roja» deriva del segundo requisito: «Una de estas personas [...] precederá al locomotor a pie a no menos de sesenta yardas, y llevará una bandera roja que mostrará constantemente para avisar a quienes conducen carros o montan a caballo de que se acerca uno de estos locomotores».

Lo que hacía que la nueva tecnología no fuese competitiva era el límite de velocidad: «No será legal conducir uno de estos locomotores por ningún camino de peaje ni ninguna carretera pública a una velocidad superior a cuatro millas por hora», la velocidad al caminar, «o por ninguna ciudad grande o pequeña o ningún pueblo a una velocidad superior a dos millas por hora». Estas leyes ahogaron la industria automovilística de Gran Bretaña durante tres décadas (fueron derogadas en 1896).

Haciendo honor a estos momentos en que «la realidad supera a la ficción», en 2018 San Francisco prohibió los bots autónomos de reparto en la mayoría de las aceras. Los bots permitidos solo podían desplazarse a menos de cinco kilómetros por hora y debía haber un operario humano a menos de diez metros durante las pruebas. En lo que es o bien un homenaje sutil al proteccionismo histórico, o bien una simple coincidencia, los bots de reparto de las aceras de Washington D.C. van provistos de banderas rojas para avisar a conductores y transeúntes.

La automatización en la manipulación de la carga generó un tipo distinto de regulación reaccionaria, como sucediera en el paso de los motores accionados con carbón a los diésel. Lo que se conoció como «colchón de seguridad» obligaba a las empresas a seguir pagando a los trabajadores cuyos empleos se habían vuelto obsoletos debido a la automatización, algo que parece destinado a ser copiado en el proteccionismo futuro.

Desde la década de 1960, el transporte en contenedores supuso un gran impulso para el comercio y la industria. Los costes de transporte se redujeron drásticamente gracias a los contenedores estandarizados que podían cargarse y descargarse directamente desde trenes o camiones mediante grúas enormes. No obstante, la tecnología de ahorro de tiempo y mano de obra hundió también la economía de los trabajadores portuarios bien pagados conocidos como estibadores, que cargaban y descargaban los barcos utilizando métodos tradicionales.

En última instancia, la cuestión era quién pagaba la factura del cambio tecnológico: los trabajadores o las empresas. En los EE.UU., los estibadores estaban sindicados, por lo que, como controlaban un cuello de botella económico vital, tenían un gran poder negociador, del que se valieron para conseguir cierta protección contra la tecnología. Tras una serie de huelgas costosas y de bloqueos portuarios, las empresas de transporte y los puertos resolvieron el problema manteniendo en nómina a los trabajadores desplazados aunque no tuvieran mucho que hacer. Esto recibió el nombre de «colchón de seguridad».

En el ferrocarril, la situación fue parecida y duró hasta la década de 1970. Cuando la tecnología propició el paso del carbón al diésel, los sindicatos se las ingeniaron para obligar al ferrocarril a seguir contratando «fogoneros» pese a que en un tren accionado por diésel no había fuego. Las leyes y los contratos que negociaban los representantes sindicales tenían nombres como «leyes de plantilla completa», en virtud de las cuales se requería un número mínimo de trabajadores por tren; «leyes de vagones de tren», que limitaban el tamaño de los convoyes; o «leyes de protección del empleo», según las cuales había que indemnizar a los empleados que fueran despedidos o transferidos a otras tareas.

Más recientemente, la legislación sobre privacidad ha protegido al sector financiero suizo contra la deslocalización. Suiza tiene unas leyes de privacidad muy estrictas para su sector bancario. Revelar deliberadamente secretos de clientes puede acarrear tres años de cárcel. Las violaciones involuntarias del secreto bancario pueden suponer multas de hasta doscientos cincuenta mil dólares. Como es lógico, esto apaga el entusiasmo de los bancos suizos para el tipo de externalización de las actividades *back office* tan habitual en los bancos de los EE.UU. y el Reino Unido. Aunque la regulación no estaba diseñada para proteger los empleos *back office*, tuvo inevitablemente este efecto. Ralentizó sin querer la transformación globótica y defendió a algunos trabajadores suizos contra los globots.

Es evidente que estas leyes de privacidad de datos se habrían podido utilizar de forma parecida para dificultar el uso de telemigrantes en muchos ámbitos de los servicios. Los sectores de la medicina, la contabilidad o el almacenamiento de datos podrían estar sometidos a nuevas regulaciones justificadas por motivos de privacidad pero en realidad motivadas políticamente en gran medida por el proteccionismo.

Aunque estas reacciones tan específicas son inevitables, no frenarán sustancialmente el ritmo general de la pérdida de empleos. Esto podría conseguirlo un conjunto de medidas políticas muy diferentes. Muchos países ricos tienen normas, regulaciones y leyes exhaustivas que establecen cómo y por qué un trabajador puede ser despedido: se conoce como Legislación de Protección del Empleo.

Regulación para frenar en buena medida la Transformación Globótica

Micaela Pallini dirige una empresa de ciento treinta y siete años de antigüedad que va muy bien gracias a uno de los principales puntos fuertes de Italia: su cultura gastronómica. En el verano de 2012, rechazó la posibilidad de duplicar su volumen mediante una empresa conjunta de riesgo compartido (*joint venture*). «A nosotros no nos podía interesar. Si la iniciativa fracasaba, las leyes italianas prácticamente nos impedían recortar la plantilla para ajustar los costes.»[21]

Los niveles italianos de proteccionismo laboral serían algo inaudito en los EE.UU., pero son muy habituales en Europa y otras economías avanzadas. El objetivo político de estas leyes es proteger a los trabajadores. O, para ser más exactos, garantizar que los trabajadores no son los únicos que pagan la factura de los cambios. En algunos países, como Gran Bretaña, las leyes se han considerado un asunto de justicia elemental. Los trabajadores no pueden ser despedidos arbitrariamente y, en términos generales, si se da el caso, han de recibir algún tipo de indemnización.

En el sur de Europa, las leyes tienen la finalidad de crear un sistema de empleo para toda la vida, de modo que es muy caro, lento y difícil despedir a un trabajador. Las sentencias judiciales suelen tardar años en dictarse. El ejemplo de Pallini explica por qué la mayoría de los economistas se oponen a estas aplastantes restricciones. Tal como señalaba Pallini, si es difícil despedir, es difícil contratar. Cuando en las décadas previas a 1973 se producía un crecimiento notable, en realidad esta clase de leyes no afectaban mucho. Como las ventas aumentaban, casi todas las empresas crecían y contrataban. Sin embargo, ahora que los índices de crecimiento son mucho menores, una Legislación de Protección del Empleo estricta tiene efectos perniciosos en el aumento de la productividad. Las leyes no ayudan mucho a las empresas a adaptarse a las nuevas tecnologías, a variaciones de la demanda y cosas por el estilo, pero el caso es que este tipo de ajuste laboral es la única manera de mantener el crecimiento de la productividad. El progreso requiere cambio, y el cambio provoca dolor. Los países necesitan encontrar fórmulas para compartir el dolor, pero

---

[21] Citas de Liz Alderman, «Italy Wrestles With Rewriting Its Stifling Labor Laws», *New York Times*, 10 agosto 2012.

para combatir el dolor no podemos impedir el cambio, pues en tal caso provocaríamos una parálisis.

Pero, ¿y si ralentizar el progreso fuera crucial para evitar las reacciones violentas y la agitación social? La manera más evidente de frenar el avance de los globots sería conseguir que para las empresas fuera más difícil, lento o caro despedir a los trabajadores. En teoría, esto se podría limitar a los despidos provocados por los globots, pero en la práctica sería muy difícil y requeriría mucho tiempo.

Añadir estas desavenencias a la economía probablemente saldría caro en términos de crecimiento de la productividad, y sin duda ralentizaría su progreso. No obstante, si los políticos deciden que hace falta frenar la velocidad de las pérdidas de empleo, la Legislación de Protección del Empleo es un método adecuado. De hecho, como la mayoría de las economías más avanzadas fuera de los EE.UU. ya cuentan con importantes instituciones reguladoras para afrontar los despidos de trabajadores, esta opción política se podría poner en práctica con bastante rapidez.

Del rechazo a la resolución

Hacer predicciones espectaculares sobre el futuro viene de lejos; se remonta al menos hasta la antigua Grecia, cuando el famoso pastor de Esopo gritó que venía el lobo. Sin embargo, vale la pena recordar cómo termina la fábula: hubo unas cuantas falsas alarmas, pero al final el lobo apareció. Mientras los aldeanos pasaban por alto tranquilamente los gritos del pastor, el lobo aniquiló todo el rebaño. Fue su momento «vaca sagrada» (aunque quizá considerasen que era su momento «oveja sagrada»).

Cuando este libro llegó a la imprenta, no se apreciaban señales de que la digitecnología fuera a provocar reacciones violentas. Visualizar linealmente el futuro parecería indicar que este se mantendría invariable y que los cambios iban a llegar despacio. También es posible que un proteccionismo generalizado y una regulación reaccionaria ralenticen el impacto del desplazamiento digitecnológico de empleos de tal manera que se permita a la creación de puestos de trabajo seguir su ritmo. En cualquier caso, es importante tener presente que, si los globots originan caos y confusión en cientos de millones de vidas, las cosas se nos pueden ir de las manos.

Con predicciones espectaculares o sin ellas, el futuro llegará. Las habilidades de los robots dotados de IA y el talento de los trabajadores *free lance* extranjeros –cuando se combinen con su bajo coste– se encargarán de muchas de las tareas que hacen actualmente los seres humanos en los países ricos. Las regulaciones reaccionarias, o unas revueltas más violentas, acaso aminoren el ritmo de la tendencia, pero es improbable que la aplacen por tiempo indefinido. La situación tendrá una resolución. Si lo conseguimos, a largo plazo probablemente acabaremos viviendo en una sociedad mucho mejor.

9
Resolución globótica: un futuro más humano, más local

Amelia, el robot de cuello blanco que apareció en el capítulo 1, pone y quita empleos. Un empleo delirante creado por Amelia fue para Lauren Hayes, la mujer real en la que se basa el avatar de Amelia. Como a Amelia la conocen millones de personas, Hayes –una modelo de veintitantos años– es una celebridad de una manera un tanto extraña. Un ejecutivo de una importante aseguradora que utiliza los servicios de Amelia dijo a Hayes que sus sesenta y cinco mil trabajadores la adoraban. Por su parte, la propia Hayes no era de entrada una entusiasta natural de Amelia.

«Fue de veras sobrecogedor», decía Lauren. «No imaginaba que sería tan realista. No sabía que hablaba o tenía movimiento.» Cuando la modelo humana tuvo su primera sesión de fotos para la modelo digital, Hayes llegó a la conclusión de que ser el rostro humano de un robot de cuello blanco debía ser un trabajo muy raro. «En ese momento», dijo Lauren, «era como decir… eso no se parece a nada que haya hecho antes. No es un trabajo para Gap».[1] Para capturar imágenes en 3D y posturas corporales y expresiones faciales naturales, en la sesión fotográfica se utilizó algo parecido a la Estrella de la Muerte de *La guerra de las galaxias* pero vuelto del revés.

De este empleo tan singular se pueden extraer enseñanzas. El empleo de Hayes dependía de su condición humana. Por pura lógica, muchos de nuestros trabajos del futuro se parecerán a ese empleo más de lo que nos imaginamos.

---

[1] Citas de Sarah Kessler, «Inside the Bizarre Humans Job of Being a Face for Artificial Intelligence», Quartz.com, 5 junio 2017.

Pocos norteamericanos y europeos serán capaces de competir con los globots. A su vez, esto significa que no lo haremos. Los globots harán lo que puedan hacer, y nosotros haremos el trabajo que ellos no sean capaces de hacer.

No tiene sentido pensar en cuáles serán esos empleos. Si la historia nos enseña algo, estarán sobre todo en sectores que aún no hemos imaginado, tal como señala el economista David Autor.[2] Sin embargo, aunque no sabemos el nombre de estos empleos, sí podemos intuir cómo serán estudiando las cosas que los seres humanos hacen mejor que los robots y los telemigrantes. Lo mejor es comenzar con una mirada profunda a las capacidades únicas de la humanidad.

¿Cuándo supone la condición humana cierta superioridad con respecto al *software* robótico?

Los seres humanos tienen ventajas especiales con respecto a los ordenadores dotados de IA en cuestiones como la capacidad de evaluación, la empatía, la intuición o la comprensión de interacciones complejas entre equipos de humanos. Los psicólogos lo denominan «cognición social», que tenemos por razones muy específicas y muy arraigadas. Ha procurado una ventaja evolutiva.

En comparación con otros animales grandes, los *Homo sapiens* son particularmente decepcionantes en lo relativo a los dientes, las garras o los músculos. No obstante, somos nosotros los que hemos dominado el planeta, tras eliminar, domesticar o encerrar a un montón de especies que, en una pelea uno a uno, nos propinarían una paliza tremenda. Este éxito rotundo como especie se debe a nuestra brillantez social.

Los seres humanos estudiamos a los chimpancés que viven en jaulas y no al revés porque los primeros pueden unirse para hacer cosas asombrosas. La cognición social es la llave que abre la puerta de esta destreza tan humana. «Cognición social» significa ser capaz de conceptualizar lo que está pasando en la mente de los demás, de comprender lo que está pasando en tu propia cabeza, y, en un viaje de ida

---

[2] David Autor, «Why Are There Still So Many Jobs? The History and Future of Workplace Automation», *Journal of Economics Perspectives* 29, n.° 3 (verano 2015), 3-30.

y vuelta, captar lo que los otros piensan sobre lo que estás pensando tú. Esto ha sido crucial para la supervivencia de la especie humana. Como dice Michael Tomasello en su innovador libro *Los orígenes culturales de la cognición humana*, la cognición social permitió a los seres humanos vivir en grupos relativamente grandes donde la supervivencia activaba la capacidad de los individuos para cooperar y manipular a los demás en un complejo entramado de relaciones en el que cabían la confianza, la afinidad y la dominación. Las herramientas para esto están instaladas en el cerebro de cada uno. Un elemento de esta instalación recibe el nombre de «espejo social».

Cuando interaccionamos con los demás, comunicamos intenciones y sentimientos junto a una información más formal. Contextualizamos los hechos mediante gestos, expresiones faciales, posturas corporales, etcétera. Una parte del cerebro –las «neuronas espejo»– está dedicada a esta interacción social. Más que mecanismos de imitación del tipo «el mono ve, el mono hace», son del tipo «la persona ve, la persona siente».

Marco Iacoboni, que tiene el largo título de profesor de psiquiatría y biología del comportamiento, lo explica así: «Cuando te veo sonreír, mis neuronas espejo de la sonrisa también se activan, lo que inicia un torrente de actividad neural que suscita la sensación que normalmente asociamos a una sonrisa». Esto significa, añade, que «no necesito sacar ninguna conclusión de lo que tú estás sintiendo. Yo experimento de inmediato y sin esfuerzo (de una manera más moderada, desde luego) lo que estás experimentando tú».[3] Todo esto es instantáneo y fácil, y casi nunca somos conscientes de ello, aunque a menudo vemos hablar a personas que de manera inconsciente sincronizan los movimientos para asentir con la cabeza, cruzar los brazos, hacer gestos con la mano y cosas así. Los más sensibles pueden llegar a sentirse físicamente mal cuando ven a otros sufrir episodios de violencia o emociones fuertes. Si escuchamos una historia triste nos sentimos tristes, tal vez incluso lloremos, aunque le haya sucedido a alguien lejano hace mucho tiempo. Las neuronas espejo convierten las ondas sonoras en emociones.

---

[3] Citas de Jonah Lehrer. «The Mirror Neuron Revolution: Explaining What Makes Human Social», Mind Matters (blog), ScientificAmerican.com, 1 julio 2008.

En resumen, una gran parte del cerebro humano está programada para la inteligencia social. No todos somos igual de competentes en cognición social, igual que no somos igual de hábiles con el álgebra. Pero resulta que los ordenadores se desenvuelven mucho mejor con el álgebra que con la cognición social, lo cual proporciona a los seres humanos una ventaja para seguir siendo competitivos en empleos que comportan una fuerte dosis de interacción social.

Por qué los ordenadores dotados de IA tienen dificultades con la cognición social

Algunos ordenadores provistos de IA son capaces de evaluar con bastante precisión las emociones de los seres humanos con los que interaccionan de modo individual. En el capítulo 6 ya conocimos uno, Ellie, el robot-terapeuta con IA. Incluso existen robots que han aprendido a provocar emociones en seres humanos, como la confianza o la compasión. Un robot terapéutico llamado Paro, por ejemplo, que parece una cría de foca, lleva desde 2012 procurando compañía y bienestar a ancianos japoneses. No obstante, aún le queda mucho para comprender la dinámica grupal.

Para entender lo que pasa en un grupo hace falta entender cómo se siente cada miembro. Los psicólogos tienen para esto un nombre bastante extraño, «teoría de la mente», con el que hacen referencia a la capacidad para identificar sentimientos, creencias, intenciones, deseos o falacias en los demás partiendo de un modelo de la mente de las otras personas que tenemos en nuestra propia mente. Piensa simplemente en cómo sabes lo que tu madre, cónyuge o hijo piensan sobre algo que tú tienes intención de hacer. Tú «sabes» cómo reaccionarán porque cuentas, remetido en algún sitio entre tus oídos, con un modelo de cómo piensan. En este proceso hay numerosos bucles y niveles: es algo parecido al *thriller* de ciencia ficción de Hollywood de 2010 titulado *Origen*.

El primer nivel es el de comprender lo que los demás están pensando o sintiendo. El segundo es el de entender cómo nos sentimos con respecto a cada miembro del grupo y cómo se sienten ellos con respecto a nosotros. Si el grupo ha de prosperar, por lo general hemos de saber cómo se siente cada integrante en relación con los demás. Este es el tercer nivel. Los miembros de equipos y los gestores realmente exitosos suelen ir bastante adelantados en lo referente a conocer lo que los otros saben sobre el conocimiento de cada uno. Desde el punto de vista computacional, este es un problema que se vuelve cada vez más complicado a medida que la cifra aumenta. La rama de las matemáticas que estudia estas cosas se llama «combinatoria».

La cuestión clave es que el número de posibles combinaciones aumenta muy deprisa en función del número de personas que se pueden combinar. Veamos un caso de tres personas. Usando solo el primer nivel de cognición social, la señora 1 necesita comprender dos cosas: qué piensan el señor 2 y el señor 3. Pero supongamos que lo que piensa el señor 2 depende de lo que cree que están pensando la señora 1 y el señor 3. Entonces la señora 1 también ha de conocer la opinión del señor 2 sobre lo que piensan la señora 1 y el señor 3, y muy probablemente el pensamiento del señor 3 sobre lo que piensan la señora 1 y el señor 2. Cuando se requieren niveles superiores de cognición social, la cantidad de pensamiento social se dispara, sobre todo cuando se incrementa el número de miembros del grupo, y la gama de posibles ideas se amplía.

Pese a la complejidad, muchos podemos hacer esas mates sociales al instante y sin pensamiento consciente. Los niños normales, por ejemplo, llegan al primer nivel hacia los cuatro años, y al segundo hacia los seis.

Este tipo de brillantez social es uno de los regalos evolutivos que debemos a cientos de miles de años de selección natural en un mundo en el que los seres humanos eran considerados comida por parte de especies más capaces desde el punto de vista físico. Nuestra ventaja con respecto a los robots de cuello blanco es la adopción innata de prácticas habituales en la creación de equipos, como la equidad, la reciprocidad, la empatía o el control de los impulsos. En realidad, la mayoría lo pasamos bien trabajando de forma cooperativa. Resumiendo, los seres humanos son genios de las matemáticas sociales; los ordenadores, no.

Una segunda destreza laboral crítica que resultó de la presión evolutiva es la capacidad para detectar las trampas y otorgar confianza.

La cooperación social se puede deslizar rápidamente hacia la explotación social y el parasitismo. Si te preocupas por ti cuando a todos los demás les preocupa el bien común, es probable que prosperes si los otros no son capaces de detectar tu engaño. Pero la verdad es que muchos tenemos capacidades mentales increíbles en el ámbito de la detección de falsedades. Contamos con medios muy afinados, aunque inconscientes, para saber si alguien está mintiendo. Una parte integrante de todo esto es un aborrecimiento muy arraigado de la explotación, por un lado, y un aborrecimiento de la exclusión social, por otro. Esta pareja genera una conducta social que favorece la cooperación y la confianza mutua.[4]

El aprendizaje automático tiene problemas con este tipo de cognición por diversas razones. La primera es que, incluso en la actualidad, los ordenadores no tienen la potencia suficiente. La segunda es que no contamos con el conjunto de datos apropiado. La tercera es más especulativa. Las técnicas de aprendizaje automático son una imitación superficial de la biología del pensamiento y el aprendizaje humanos, por lo que, si las máquinas han de competir con las personas en la mayoría de las habilidades humanas, quizás haga falta un enfoque totalmente nuevo de la ciencia informática.[5]

Los algoritmos son demasiado simples y demasiado escuetos para una cognición social

Como ya hemos visto, la principal tecnología de IA que está impulsando la automatización del sector servicios es el aprendizaje automático. Uno de los principales enfoques utilizados se denomina «red neuronal artificial», consistente en neuronas artificiales, conexiones entre ellas y los pesos relativos adjudicados a las diversas conexiones. Cabe considerar cada neurona como un ordenador diminuto que aborda una parte diminuta del problema objeto de estudio, pongamos, el reconocimiento de una canción o un rostro. Las conexiones y los pesos son esenciales, pues coordinan la solución del problema general; funcio-

---

[4] Para una exposición canónica de estos conceptos de la psicología social, véase Graham M. Vaughan y Michael A. Hogg, *Social Psychology*, 7.ª ed. (Londres, Pearson, 2013).

[5] Véase Brenden M. Lake, Tomer D. Ullman, Joshua B. Tenenbaum y Samuel J. Gershman, «Building Machines That Learn and Think Like People», *Behavioral and Brain Sciences* 40 (2017).

nan más o menos como el cerebro humano, pero solo más o menos, y sus dimensiones son muchísimo menores.

En 2017, una red neural típica tenía a lo sumo varios millones de neuronas artificiales.[6] Un cerebro humano típico tiene mil veces más neuronas y varios centenares de billones de conexiones entre ellas. Además, las redes neurales artificiales tienen conexiones fijas entre las neuronas, mientras que en el cerebro humano las conexiones se adaptan a las necesidades cognitivas. En las redes artificiales, los mensajes son en forma digital; *on/off*, sí/no. Las redes neurales biológicas son más sutiles.

El neurocientífico Christopher Chatham lo expresa así: «Los modelos biológicos precisos del cerebro deberían incluir unos 225.000 billones de interacciones entre tipos de células», amén de una lista de bits cerebrales sonoros. «Como el cerebro no es lineal, y además es mucho mayor que todos los ordenadores actuales, parece probable que funcione de una manera completamente distinta.»[7]

En el cerebro humano, se transmiten mensajes cuando las células nerviosas (neuronas) «se activan». Aquí «activarse» significa hacer pasar una pulsación eléctrica desde un extremo de la célula nerviosa al otro. En todo caso, el mensaje transmitido depende de la velocidad de la «activación» y de la sincronía con que se activan grupos de neuronas. Además, el cerebro humano procesa muchísimo en paralelo en el sentido de que resuelve muchos problemas al mismo tiempo (la mayoría de forma inconsciente). En cambio, las redes neurales artificiales son modulares y funcionan en serie. Por ejemplo, se introduce una fotografía en el ordenador, y este determina si en la imagen hay una cara.

La clave de esto es que la inteligencia social es algo que resultará fundamental en la competencia con los robots de cuello blanco. Muchos de nosotros somos competentes desde el punto de vista social. Mejor aún: desde una perspectiva de estabilidad social, no son forzosamente los más instruidos los que tienen estas capacidades.

---

[6] Sean Noah, «Machine Yearning: The Rise of Thoughtful Machines», Knowing Neurons (blog), KnowingNeurons.com, 11 abril 2018.

[7] Chris Chatham, «10 Important Differences Between Brains and Computers», ScienceBlogs, ScienceBlogs.com, 27 marzo 2007. Para un análisis más reciente, véase Lance Whitney, «Are Computers Already Smarter Than Humans?», *Time Magazine*, 29 septiembre 2017.

¿Qué más no puede aprender al aprendizaje automático?

En realidad, la IA solo es reconocimiento de patrones partiendo de datos, y el reconocimiento de patrones no es inteligencia. Por tanto, la IA no es inteligencia en el amplio sentido de la palabra que utilizan los psicólogos. Los robots de cuello blanco entrenados por la vía del aprendizaje automático no tienen capacidad para pensar; no pueden razonar, planificar ni resolver problemas que no hayan visto antes; y no son capaces de pensar en abstracto ni asimilar ideas complejas que sean algo más que patrones en datos.

A la larga, los científicos informáticos quizá descubran fórmulas para suministrar a los robots de cuello blanco inteligencia general, pero esto aún queda muy lejos –y desde luego no es un problema evidente ni acuciante para la clase media europea y norteamericana.

Una limitación clave son los datos. El reconocimiento de patrones por parte de la IA suele basarse en datos estructurados –datos donde las preguntas y las respuestas están claras. En muchas situaciones sociales, sin embargo, no están claras ni las respuestas ni las preguntas. Es por eso por lo que hablamos de «sentimientos» más que de «pensamientos», lo cual es importante toda vez que los ordenadores dotados de IA son extraordinariamente efectivos en el reconocimiento de patrones, aunque solo si son concretos. Por eso, cuando Amelia y los de su clase no encuentran la solución, pasan el caso a alguien que tenga inteligencia real.

Los seres humanos son –y seguramente seguirán siendo– mejores que los robots de cuello blanco en actividades que incluyan situaciones en que los problemas no están claros, cuesta definir lo que se considera un éxito o los resultados son confusos. Del mismo modo, como la IA no es capaz de aprender sin grandes cantidades de datos, es probable que también las tareas en las que hay pocos datos permanezcan en manos humanas. En cambio, la IA pronto será un importante competidor en aquellos aspectos de nuestros empleos que se puedan codificar mediante un conjunto masivo de datos.

La informatización de las actividades humanas presenta dos limitaciones más profundas. La primera se denomina «problema de la caja negra», es decir, la responsabilidad por las decisiones tomadas.

Responsabilidad personal. Problemas de la caja negra

Un futurista, el multimillonario Vinod Khosla, pronosticó con atrevimiento que «los ordenadores sustituirán el 80 % de lo que hacen los médicos» porque serán más baratos, más precisos y más objetivos que los profesionales corrientes. Esto era en 2012, y la predicción no tiene buena pinta.

Partiendo de diversos análisis y tendencias recientes, el contabilizador de empleos de los EE.UU., la Oficina de Estadísticas Laborales, prevé que el número de empleos para médicos aumentará un 14 % anual hasta 2024. Hace poco, Khosla dijo: «Teniendo en cuenta la cantidad de datos oncológicos que poseemos, no me cabe en la cabeza cómo un oncólogo humano vaya a añadir valor». Cree que, en el espacio de cinco años, la IA habrá eliminado a todos los radiólogos humanos.[8] Bueno, a lo mejor; pero hay un problema.

Cuando un robot de cuello blanco hace algo inteligente, como identificar una cara, está utilizando un modelo estadístico complejo para encontrar patrones en los datos que le hemos proporcionado –en este caso, una foto–. Los programas de IA no calculan; hacen conjeturas fundadas. La IA no busca una respuesta exacta como la que daría si le pidieras que calculara el número de días que llevas vivo. Los programas de IA formulan hipótesis. Estos algoritmos son parecidos a los modelos que usan cada día los meteorólogos, que introducen un gran número de factores climatológicos, tras lo cual el modelo informático suelta una conjetura sobre el tiempo más probable. Esta característica predictiva explica por qué Facebook se equivoca a veces al identificar a las personas que aparecen en tus fotos. Seguramente también es el motivo de que los programas dotados de IA –como Poppy y Henry, que aparecieron en el capítulo 4– parezcan mucho más «humanos» que las hojas de cálculo de Excel, pese a que unos y otras son *software* y nada más.

Una importante limitación, denominada «problema de la caja negra», es que los algoritmos que generan las conjeturas no pueden explicar cómo llegan a sus conjeturas. Los modelos estadísticos no están concebidos para explicarse a sí mismos. Por ejemplo, cuando

---

[8] List Clark, «Vinod Khosla: Machines Will Replace 80 Percent of Doctors», wired.com, 4 septiembre 2012.

Watson, de IBM, intervino para salvar la vida de la paciente japonesa de leucemia, era imposible saber exactamente por qué llegó a cierta conclusión. Asimismo, cuando el Traductor de Google hace su «cometido», no es capaz de explicar por qué usa una palabra y no otra.

Esto es importante en muchos entornos, pues significa que numerosos empleos no pueden ser sustituidos por un algoritmo informático que ofrezca hipótesis, ni siquiera uno que ofrezca hipótesis mejores que las del ser humano promedio. Por ejemplo, seguramente no permitirías que un médico-ordenador de máxima precisión decidiera amputarte la pierna derecha si no fuera capaz de responder a preguntas del tipo de «¿es esto necesario?». Este rasgo denota que, en muchos casos, los sistemas dotados de IA funcionarán junto a humanos que asumirán la responsabilidad de sus decisiones.

Al final, esto significa que será muy difícil informatizar empleos donde alguien deba rendir cuentas de las decisiones tomadas, o donde los seres humanos que utilizan las conclusiones del programa requieran conocer el razonamiento subyacente a las mismas. Esto probablemente sea una cuestión que mantendrá a muchos profesionales de alto nivel en activo, aunque serán menos. Si se trata de decisiones relacionadas con el diseño arquitectónico, la medicina o la selección de obras de arte, la gente querrá saber «por qué», no solo «qué». Y querrá pedir responsabilidades si las decisiones han sido malas.

Una segunda, y profunda, limitación del aprendizaje automático es algo muy conocido por los economistas en un escenario distinto.

La crítica de Lucas sobre los algoritmos dotados de IA

El economista y premio Nobel Bob Lucas explicó a la perfección por qué los modelos económicos keynesianos, que habían funcionado bien en la década de 1960, dejaron de hacerlo en la de 1970, cuando repuntó la inflación. Su idea –la denominada «crítica de Lucas»– era que los modelos no estaban describiendo el verdadero modo de funcionar de la economía, sino solo cómo funcionaría mientras siguieran manteniéndose ciertas correlaciones no explicadas. Aquí los detalles concretos no son importantes; la cuestión básica, sí.

Ciertos algoritmos solo son válidos siempre y cuando sigan manteniéndose las correlaciones que existían en los datos de capacitación. Si cambia algo fundamental, y esto cambia las correlaciones, las conjeturas basadas en estas últimas se vuelven absurdas.

Tomemos un ejemplo hipotético. Supongamos que has dotado a un *software* robótico de capacidad para distinguir entre chicos y chicas en fotos escolares de la década de 1950. Uno de los factores que el algoritmo casi seguro que detectaría es la longitud del cabello, pues en esa época casi todas las chicas llevaban el pelo más largo que casi todos los chicos. Obsérvese que la importancia del peinado no sería explícita –probablemente si siquiera estarías seguro de si la longitud del cabello estaba incluida en el algoritmo. En las décadas de los sesenta y los setenta cambió algo fundamental que empujó a muchos chicos a llevar el pelo más largo y a muchas chicas a llevarlo más corto. Por tanto, el algoritmo de los cincuenta habría clasificado erróneamente a muchos alumnos.

Aquí lo más importante es que los robots dotados de IA no entienden el mundo, sino solo los patrones observados en los conjuntos de datos de su capacitación. Esta dependencia de la correlación más que de la causalidad dará lugar inevitablemente a errores muy sistemáticos cuando cambien los factores que los condicionan.

Esta es otra razón por la que es improbable que a los robots con IA se les puedan confiar tareas clave. No hay peligro en dejarlos que identifiquen a tus amigos de Facebook; sí habría verdadero peligro si les encargásemos tareas más esenciales. Durante largo tiempo habrá demanda de seres humanos para tomar decisiones.

Así pues, ¿qué supone esto para el futuro del trabajo? ¿Qué tipo de trabajo estará, por naturaleza, a salvo de la competencia de la IA? Dada la enorme diversidad de ocupaciones, son preguntas difíciles de contestar. Para avanzar, hemos de simplificar.

¿Qué actividades estarán protegidas frente a la automatización dotada de IA?

Todas las ocupaciones incluyen un número de tareas. En algunas de estas tareas los robots son eficientes; y en otras, inútiles. Los expertos de Oxford, autores del estudio más influyente sobre la automatización, Carl Frey y Michael Osborne, sostienen que los cometidos más difíciles para los robots de cuello blanco tienen que ver con la inteligencia creativa y, como hemos visto, con la inteligencia social. La inteligencia creativa hace referencia a ser capaz de concebir ideas y soluciones nuevas y buenas. Para Frey y Osborne, la inteligencia social hace referencia a ser consciente de las reacciones de las personas ante los acontecimientos y ser capaz de actuar de la forma adecuada. Las tareas típicas del lugar de trabajo que se valen de la inteligencia social son la negociación (conseguir que las personas colaboren y concilien diferencias) y la persuasión (lograr que las personas se pongan de acuerdo sobre ideas, maneras de hacer las cosas, etcétera). Esto también es importante en tareas de asistencia y cuidado de personas, de apoyo emocional y cosas por el estilo. En los años venideros, los aspectos de cada empleo que dependen mucho de la inteligencia creativa y social probablemente permanecerán a salvo de los robots.

En un importante estudio de 2017, *A Future that Works: Automation, Employment, and Productivity*, los expertos de la consultora McKinsey incluyeron un apartado sobre «qué empleos estarán protegidos de los robots». Se centraban en lo que hacemos nosotros en nuestro trabajo más que en lo que se hace en un empleo concreto.

El enfoque constaba de varios pasos. En primer lugar, los autores encasillaban, en dieciocho «capacidades» en el ámbito laboral, todas las cosas que los trabajadores han de hacer en todos los empleos (capacidades que ya vimos en el capítulo 6). Después, evaluaban la eficiencia de la IA actual en cada una. Para ello, clasificaban todas las tareas laborales en siete actividades «básicas»: actividades físicas previsibles, procesamiento de datos, recogida de datos, actividades físicas imprevisibles, interacción con partes interesadas, aplicación de conocimientos, y gestión y desarrollo de personas. Para evaluar la importancia de cada una de estas siete actividades, calculaban cuánto tiempo se dedica a cada una en el conjunto de los puestos de trabajo norteamericanos. En la figura 9.1 aparecen los resultados en barras claras. Por ejemplo, el 18 % del tiempo –contando a todos los trabajadores y todos los empleos de los EE.UU.– corresponde a actividades físicas previsibles.

El último paso consistía en cruzar las dieciocho capacidades con las siete actividades para ver hasta qué punto son automatizables. Los resultados, que se visibilizan en las barras negras de la figura 9.1, ponen de manifiesto la proporción en que se puede automatizar cada actividad básica. Así pues, ¿qué nos revelan los cálculos de McKinsey?

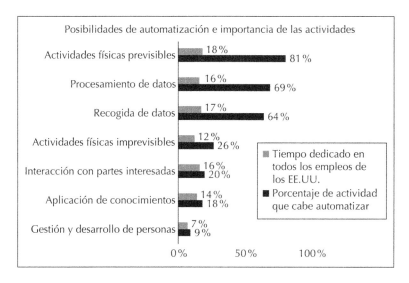

Figura 9.1. Posibilidades de automatización de actividades en el ámbito laboral y su importancia en el trabajo.
FUENTE: Elaboración del autor a partir de datos publicados por el Instituto Global McKinsey, documento E3. «A Future That Woks: Automation, Employment, and Productivity», enero 2017.

La actividad menos automatizable –un 9 %– es «gestión y desarrollo de personas», que corresponde aproximadamente al 7 % de todas las horas trabajadas en los Estados Unidos. Esto concuerda bastante con las ventajas de la condición humana. En este ámbito hacen falta destrezas emocionales y sociales así como capacidad de gestionar grupos de personas. Como los ordenadores son ineficientes tanto en una cosa como en la otra, los empleos que exigen un grado elevado de supervisión y atención a personas son susceptibles de verse a salvo de la automatización.

La siguiente actividad menos automatizable es «aplicación de conocimientos». De nuevo, esto encaja con habilidades en las que los seres humanos presentan cierta ventaja con respecto al *software* informático –aunque sea de manera sutil. Es cierto que el *software* informático ya es muy eficiente en el control de grandes cantidades de datos; pensemos en la capacidad de Amelia para aprenderse un manual de doscientas páginas sobre procedimientos bancarios de SEB para abrir cuentas, o en bots jurídicos capaces de revisar y clasificar sentencias. No obstante, saber cosas y aplicar el conocimiento son cuestiones diferentes.

En realidad, los bots dotados de IA en estos casos son algo parecido a una enciclopedia parlante; puedes formularles preguntas y obtener respuestas geniales, claras, basadas en datos históricos, pero no son capaces –por sí mismos– de saber qué preguntar. La cuestión clave es que aplicar conocimientos conlleva identificar problemas y patrones imprecisos en casos nuevos. Los empleos que incluyan la aplicación de conocimientos basados en la experiencia estarán a salvo. Los empleos amenazados son los de los seres humanos que en la actualidad están ayudando a estos expertos. Otro aspecto de la IA que refuerza esta conclusión son los problemas de la caja negra y la responsabilidad personal. La IA no puede asumir responsabilidad, pero en muchos casos las personas que piden consejo quieren estar seguras de que pueden pedir responsabilidades si el consejo no funciona. Y no solo en lo relativo a los clientes; la ley querrá estar segura de que se rinden cuentas.

La siguiente actividad, «interacción con partes interesadas», es automatizable solo en un 20 %. Este tipo de actividad aprovecha la brillantez social de los seres humanos y se contrapone a los puntos fuertes cognitivos de los robots de cuello blanco dotados de IA. Estos puestos de trabajo «blandos», con lado humano, son seguramente algunos de los que quedarán a salvo del desplazamiento rápido de empleos, aunque es probable que algunos seres humanos locales sean sustituidos por humanos *online* en virtud del teletrabajo a distancia.

El cuarto ámbito difícil de automatizar es el de las «actividades físicas imprevisibles», que incluye cosas tan diversas como la odontología o el cultivo de bonsáis. Aunque en última instancia algunas de estas tareas pueden ser realizadas por robots accionados por seres humanos remotos (denominados «telerrobots»), da la impresión de que en los próximos años muchos de estos empleos estarán protegidos.

Las otras tres esferas, «actividades físicas previsibles», «procesamiento de datos» y «recogida de datos», son muchísimo más automatizables. En el futuro inmediato, muchos empleos que incluyan muchas de estas actividades se perderán. La actividad más «en peligro» es la que requiere una actividad física y el manejo de maquinaria en entornos previsibles. En más del 80% de las horas dedicadas a esos cometidos se utilizan destrezas que pueden ser automatizadas por robots dotados de IA. Aunque no se sustituirán todas las tareas de todos los empleos, es el tipo de actividad que sufrirá.

En este caso, «automatizable» se refiere a la actividad que, desde el punto de vista técnico, se podría automatizar. Es mucho más difícil contestar a la pregunta de cuándo llegará dicha automatización en la práctica. Eso se debe a que lo que ocurra dependerá de las decisiones empresariales, que, a su vez, dependen de lo que cada empresa cree que van a hacer sus competidores. Es precisamente este tipo de comportamiento gregario lo que dificulta todo pronóstico cronológico. Pero esto también significa que, en cuanto comience la automatización, la carrera por reducir costes acelerará muchísimo el proceso.

Este análisis de las actividades automatizables es esclarecedor, aunque no plenamente satisfactorio. Es fantástico saber que muchos de nosotros estaremos trabajando en empleos que aún no existen y saber qué clase de cosas haremos en esas actividades. Pero lo que nos preocupa es el trabajo que tenemos hoy; todos queremos saber si nuestra ocupación se verá afectada. Por eso es instructivo representar gráficamente las capacidades de IA con respecto a las ocupaciones reales. McKinsey lo ha hecho por nosotros.

¿Cuáles son las ocupaciones más protegidas?

McKinsey clasificó todos los empleos en diecinueve sectores diferentes. A continuación, los expertos se valieron de sus estimaciones sobre la «automatizabilidad» de capacidades para generar un cálculo aproximado de la proporción de horas que se pueden automatizar en cada sector. Centrándonos solo en los dieciséis servicios enumerados, los resultados aparecen reflejados en la figura 9.2.[9]

---

[9] Junto al porcentaje de trabajo automatizable, aparecen las tres categorías omitidas de empleos: manufacturas (60%), minería (51%) y agricultura (57%).

Figura 9.2. Porcentaje de trabajo automatizable en las ocupaciones del sector servicios.

FUENTE: Elaboración del autor a partir de datos publicados por el Instituto Global McKinsey, «A Future That Works: Automation, Employment, and Productivity», enero 2017.

¿Cómo hemos de entender estas estimaciones? Evidentemente, hay muchos empleos en, por ejemplo, el sector de «hospedaje y servicios alimentarios» que no se automatizarán porque incluyen actividades en las que los ordenadores no son eficientes. No obstante, de una manera aproximada, esto da a entender que una proporción considerable –hasta un 73 %– de las horas trabajadas por los seres humanos en este sector serán asumidas en los próximos años por robots. Es decir, un montón de empleos.

En el bando protegido, son automatizables menos de la mitad de las tareas en esferas como la educación, los profesionales liberales (abogados, contables, arquitectos, etcétera), la gestión o los servicios médicos y sociales. Suelen ser empleos que conllevan un alto grado de evaluación, inteligencia emocional y afrontamiento de situaciones inesperadas.

Los profesores Frey y Osborne, de Oxford, adoptan un enfoque algo distinto aunque llegan a conclusiones bastante parecidas. Entre las ocupaciones más protegidas se incluyen los gestores de servicios de alojamiento; los profesores de jardín de infancia y primaria; los dietistas y nutricionistas; los terapeutas ocupacionales; los dentistas;

los médicos generalistas, de familia y especialistas; los jefes y oficiales de bomberos; los técnicos dentales; los audiólogos y los patólogos del habla y el lenguaje; los patronistas textiles; los fabricantes de artículos de cuero y piel; y los guías recreativos y deportivos al aire libre.

Para la mayoría de las personas, la lista es a la vez fascinante e inútil. Al fin y al cabo, ¿cuántos jefes de bomberos habrá en el mundo? En todo caso, el sentido de la lista no es resaltar empleos concretos sino más bien dar una idea del tipo de empleos –muchos de ellos todavía inimaginables en la actualidad– en los que se contratará a más gente. De un modo más general, entre los sectores en los que al menos el 40 % de las ocupaciones están protegidas frente a la IA se incluyen la gestión, la educación, las profesiones liberales, los ámbitos científico y técnico; los medios de comunicación, las artes y los espectáculos; la administración pública y la política; y los servicios públicos.

Si combinamos las estimaciones de McKinsey y de Frey-Osborne, la respuesta general a la cuestión de «qué empleos estarán protegidos» está bastante clara: los empleos protegidos serán los que hacen hincapié en las características más humanas: atender, compartir, entender, crear, empatizar, innovar y gestionar.

Esta «ventaja humana» natural, ¿durante cuánto tiempo procurará amparo frente a los globots? Las cuestiones señaladas antes sobre los límites generales del aprendizaje automático dan a entender que la protección durará bastante tiempo. Los expertos de McKinsey han aportado estimaciones más precisas.

¿Cuándo aprenderán los ordenadores las habilidades más humanas?

Las máquinas no han tenido mucho éxito a la hora de adquirir destrezas sociales; sin embargo, la IA está avanzando con rapidez. Si empleos y actividades han de quedar a salvo de la automatización, hemos de hacer previsiones sobre cuándo estas máquinas alcanzarán la capacidad de tener las destrezas humanas que aún no tienen. Otra vez los expertos de McKinsey han contribuido de manera singular.

En este asunto, el equipo A de McKinsey consta de economistas, estrategas de negocios y científicos de IA. Haciendo uso de una amplia gama de conocimientos, entre ellos los que los ayudaron a cuantificar la capacidad actual de la IA, intentaron poner fecha al momento en que los robots de cuello blanco adquirirán habilidades como las de los seres humanos. Desde la perspectiva de la estabilidad social, lo que descubrieron es alentador.

En lo relativo a las tareas más humanas –sobre todo las que conllevan cognición social–, indican que, por ahora, las destrezas de IA permanecerán por debajo de la media humana. Estiman que harán falta unos cincuenta años para que la IA alcance una capacidad similar a la de los humanos de máximo nivel en las cuatro tareas sociales que son útiles en el lugar de trabajo: razonamiento social y emocional, coordinación con muchas personas, actuación adecuada desde el punto de vista emocional, y percepción social y emocional.

Para hacer predicciones tan a largo plazo hay que ser valiente. Como ha de ser valiente la sociedad para tomar decisiones cuyos efectos durarán décadas, por ejemplo, sobre el sistema educativo y regulador. Igualmente, las empresas deben tomar decisiones a largo plazo sobre contratación de personal y estrategia de negocio. La conclusión es que las habilidades sociales muy probablemente permanecerán protegidas de la competencia de la IA durante gran parte de nuestra vida. Cabe decir casi lo mismo de otras destrezas que no resulta fácil codificar. La figura 9.3 asigna números a estas conjeturas.

En la figura 9.3 apreciamos el año estimado en el cual la IA alcanzará las capacidades humanas de nivel máximo en las dieciocho destrezas laborales descritas. Es llamativo que en tres de las seis destrezas mentales, la IA ya es más capaz que el ser humano promedio, si bien en las otras está previsto que los humanos conserven cierta ventaja durante mucho tiempo. En «el razonamiento lógico y en la resolución de problemas desconocidos», los seres humanos deberían ser superiores durante otros cuarenta años. En cuanto a la creatividad, hablamos de cincuenta años, y en lo relativo a «generar ideas nuevas o clasificar situaciones nuevas en categorías nuevas», los años serán veinticinco.

Muchas de las limitaciones de la IA tienen que ver con la programación social del cerebro humano. Los telemigrantes, como son humanos, no presentan estas carencias. Los telemigrantes cuentan con el mismo tipo de inteligencia social, emocional y creativa que los humanos del propio país; no obstante, tienen sus limitaciones. En el lugar de trabajo, hay determinadas tareas que requieren la presencia de personas reales en el mismo espacio y al mismo tiempo. Pero esto nos conduce a una serie de consideraciones diferentes.

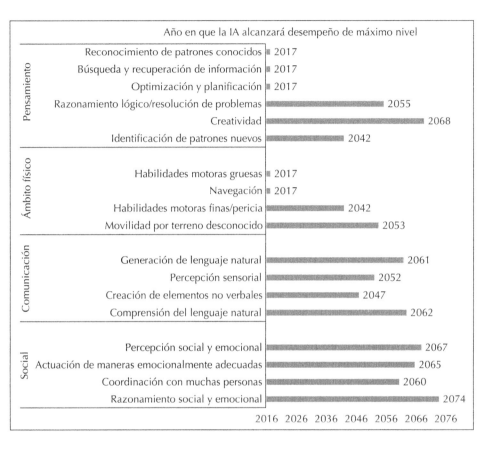

Figura 9.3. El año en que la inteligencia artificial (IA) alcanzará el desempeño humano de máximo nivel en habilidades en el centro de trabajo. *FUENTE:* Elaboración del autor a partir de datos publicados por el Instituto Global McKinsey, «A Future That Works Automation, Employment, and Productivity», enero 2017.

¿Cuándo es una ventaja ser del mismo país?

Al buscar el tipo de empleos que estarán a salvo de los telemigrantes de una manera natural, hemos de reflexionar seriamente sobre por qué es importante la comunicación cara a cara. Como en la actualidad la comunicación verbal es casi gratuita, un buen punto de partida es la comunicación no verbal. Se trata de un área fascinante que ha sido muy estudiada por los psicólogos.

Comunicación no verbal

La comunicación es algo más que palabras. Cuando las personas coinciden físicamente en el mismo espacio, numerosos experimentos psicológicos indican que menos del 30 % de la información intercambiada procede de las palabras pronunciadas –algunos investigadores bajan la cifra hasta el 7 %. El resto es no verbal. Pensemos en lo extraño de esta trivialidad.

¿Por qué ha de ser tan importante que mires a alguien mientras lo escuchas? La respuesta es tan simple como profunda. Tiene que ver con el papel clave desempeñado por la comunicación en la evolución humana y con el hecho de que los seres humanos y los miembros de nuestra especie ancestral se comunicaban de una forma no verbal, prácticamente como lo hacen hoy en día los simios. Un asunto de lo más interesante.

La comunicación no verbal es mucho más antigua que la comunicación oral. La evolución la ha cocido a fuego lento en nuestros circuitos cerebrales por la sencilla razón de que los humanoides no llevan tanto tiempo hablando: comenzaron a hablar en algún momento situado entre doscientos mil y cincuenta mil años atrás (según algunos, antes), pese a que los seres humanos se separaron de los otros grandes simios hace unos seis millones de años (millón arriba, millón abajo; no viene de aquí).

Durante millones de años, ser locuaz no conllevó hablar mucho. Lo mejor que se podía hacer era usar la comunicación no verbal. Los humanoides «hablaban» mediante expresiones faciales y otras modalidades de lenguaje corporal, y así sigue siendo para la mayoría de los simios no humanos. De hecho, si alguna vez te has fijado en los monos del zoo, te das cuenta de que realmente entiendes un poco lo que están «diciéndose» unos a otros. Comparten con nosotros algunas expresiones faciales (¿o es al revés?).

Aquí la cuestión clave es que la capacidad para enviar y recibir mensajes no verbales fue un elemento importante para la «supervivencia de los más aptos» mucho antes del lenguaje hablado. Por ese motivo nuestro cerebro está programado –cableado– para la comunicación no verbal, lo cual tiene consecuencias importantes para la telemigración.

Las señales no verbales que mandamos son más auténticas, y por tanto más fiables, precisamente porque son más innatas y están incrustadas mucho más profundamente en el cerebro que las palabras. Por ejemplo, aunque las lenguas difieren mucho de un lado a otro del planeta, la comunicación no verbal es bastante universal. Diversos estudios en distintas partes del mundo han identificado seis expresiones básicas que se comprenden de manera general: repugnancia, miedo, alegría, sorpresa, tristeza y enfado. Algunas son tan innatas que los niños nacidos ciegos también las usan. Y seguramente las utilizamos inconscientemente cuando hablamos por teléfono.

Una cuestión crucial es que la comunicación no verbal proporciona un «diccionario» de expresiones muy variado. Estos mensajes sin palabras incluyen mucho más que una cara, si bien la cara es el componente esencial. En el rostro humano hay más de cuarenta músculos (una proporción sorprendentemente elevada en comparación con los seiscientos o así del conjunto del cuerpo). Con cuarenta músculos con los que jugar, las posibles combinaciones son casi innumerables.

También hemos de tener presente que buena parte del procesamiento de información relacionado con la interpretación de estas expresiones tiene lugar sin que nosotros lo sepamos. A diferencia de nuestro cerebro consciente (lo que antes hemos denominado Sistema 2), el cerebro inconsciente (Sistema 1) es de veras efectivo en las multitareas. Es capaz de procesar grandes cantidades de datos visuales y de audio casi en el acto y sin esfuerzo. Este tipo de pensamiento es lo que genera «reacciones instintivas» e «intuición» sobre la fiabilidad y las verdaderas intenciones de la gente. Nuestro cerebro lo resuelve sin pedirnos permiso.

La falta de pensamiento consciente es una de las razones por las que probablemente no hemos pensado demasiado en por qué, por ejemplo, las videollamadas con seres queridos son mucho más satisfactorias que las llamadas de voz. O en por qué es más fácil decir que no a alguien por correo electrónico que en persona.

Los mensajes no verbales que no se hacen patentes en las videollamadas convencionales se conocen como «microexpresiones», nombre que obedece al hecho de que solo duran 1/25 de segundo. Estos cambios faciales de fracciones de segundo procuran importantes pistas acerca de si una persona está ocultando una emoción, de modo consciente o inconsciente.

Las microexpresiones son uno de los motivos por los que, en general, las reuniones cara a cara generan más conocimiento y confianza que las llamadas telefónicas o incluso Skype. Los equipos habituales de las videoconferencias no tienen una resolución lo bastante buena para que la gente vea las microexpresiones. Si alguna vez has visto una película en sus versiones SD y 4K, habrás observado que las expresiones faciales son mucho más «locuaces» cuando la resolución es tan vívida como en el caso de la 4K.

Descodificador social programado en los seres humanos

El otro lado de la comunicación inconsciente es igualmente importante para comprender el significado del cara a cara. La descodificación de los mensajes no verbales está programada en nuestros circuitos cerebrales, como también lo está su envío. Los mensajes salen rápida e inconscientemente, y de maneras que son difíciles de controlar.

Si alguna vez has intentado actuar, y no eres Meryl Streep o Benedict Cumberbatch, te habrás percatado de lo que cuesta fingir que sientes emociones que en realidad no sientes. Pasa lo mismo pero al revés si quieres fingir que una noticia impactante no te afecta. Mentir con palabras es fácil; cara a cara, resulta más difícil. Y es precisamente este aspecto inconsciente de los mensajes lo que nos impulsa a darles tanto crédito. Es por eso por lo que tendemos a confiar más en las personas cuando nos hablan a la cara.

Diversos investigadores han identificado cinco clases de comunicación no verbal: lenguaje corporal (quinesia), tacto (háptica), calidad de la voz (vocálica), proximidad física y posición relativa de hablantes y oyentes (proxémica), y tiempo (cronémica, por ejemplo, cuánto tiempo hablan los distintos interlocutores).

El lenguaje corporal está entre las más conocidas, y es una razón clave por la que hablar en persona acaba siendo una forma mucho más efectiva para crear confianza y asegurar cooperación. El lenguaje corporal abarca cosas como los gestos, los movimientos de la cabeza, la postura, el contacto visual o las expresiones faciales. Estos movimientos son muy valorados porque envían señales importantes. No obstante, hay algunas sutilezas que nos ayudan a pensar en por qué los intercambios reales cara a cara son más efectivos.

Una evaluación crucial que hacemos todos cuando nos relacionamos con otras personas es la que nos permite saber si podemos confiar en ellas. La forma de hacerlo depende mucho de las señales no verbales. Las personas pueden «leer tu cara» en busca de pistas sobre si estás intentando engañarlas o confundirlas, o sobre si tus palabras reflejan fielmente tus intenciones. Pero no es solo la cara; cuando los niños mienten, por ejemplo, lo que suele delatarlos son los movimientos de su cuerpo.

A este desajuste, los psicólogos que estudian las mentiras lo llaman «filtración». Es decir, cuando las personas intentan engañar, tienen dificultades para conseguir que todas sus señales verbales y no verbales «digan» lo mismo. A menudo su verdadera intención «se filtra» mediante la quinesia: en la expresión facial (interrumpiendo el contacto visual), los gestos (tocándose la cara, cruzando los brazos, balanceando las piernas) o el tono de voz.

De todos modos, esto no tiene nada de rutinario ni automático. No existe un músculo «estoy mintiendo» que se contraiga nerviosamente cada vez que sueltas una bola. En vez de ello, los expertos buscan conjuntos de expresiones y microexpresiones que señalen que está produciéndose alguna filtración. Esto indica que el mensaje verbal no refleja lo que pasa realmente en la cabeza del hablante.

Incluso a los buenos embusteros les cuesta evitar las «microexpresiones»; las más importantes conllevan movimientos pequeños y rápidos de los labios, las cejas y los párpados, así como arrugas en torno a la nariz y otros músculos faciales.

Las microexpresiones son decisivas para entender cómo los telemigrantes pueden integrarse en la oficina, por lo que conviene detenerse en esto un poco más. Merece la pena ver algunos de los numerosos vídeos de YouTube que analizan microexpresiones de rostros de famosos cuando cuentan mentiras. Ver un vídeo de cinco minutos te convencerá más que leer un capítulo entero sobre el tema (debido al poder de la comunicación no verbal, por supuesto). En mi vídeo favorito salen imágenes a cámara lenta de Lance Armstrong cuando este, en una entrevista en televisión, negó haber tomado drogas para mejorar su rendimiento.

Según diversos estudios, a los mentirosos les resulta más fácil controlar las expresiones faciales que los brazos, las piernas o la postura, de modo que la cara solo es una parte de la ecuación. Varios investigadores han observado que las expresiones faciales son las más fáciles de controlar, por lo que, de las múltiples formas de lenguaje corporal, también son las menos fiables. Tus movimientos corporales son menos controlables, y tu voz lo más incontrolable de todo. Por eso para muchos oradores resulta más cómodo esconderse tras un atril o un escritorio –así no tienen que preocuparse de controlar los mensajes enviados por la parte inferior de su cuerpo.

Otra ventaja evidente de las personas locales sobre las remotas es el conocimiento local. Esto no es inmutable.

Conocimiento local

Andrew Marantz quería un empleo en un centro de llamadas. El primer paso del proceso era un curso de formación de tres semanas pensado para neutralizar su acento indio y prepararle para evitar palabras y expresiones exclusivas del inglés de la India. El segundo paso era un curso de inmersión en la cultura local; esta fase incluía cosas que iban desde memorizar modismos y capitales de estados de los EE.UU. a ver *Seinfeld* y comer hamburguesas y *pizza*.

La formación de Marantz para las conversaciones telefónicas ilustra el importante hecho, por lo demás obvio, de que es más fácil entenderse y confiar en personas que comparten tu cultura. Esto es en parte pura mecánica. A la gente de los EE.UU. le cuesta mucho entender a la mayoría de las personas de Glasgow; en cierta medida, esto influye sobre la confianza. En Suiza, por ejemplo, los extranjeros que hablan el dialecto suizo-alemán generan más fácilmente confianza entre los suizos de habla alemana, pues el dialecto presupone una infancia pasada en una cultura donde se conocen y respetan las reglas. También cabe rastrear esta especie de exclusividad, de tribalismo, hasta sus raíces evolutivas –razón por la cual es tan predominante y manifiesto en el mundo actual.

La importancia del conocimiento local no es igual en todas las tareas. Cuando se trata de recibir instrucciones sobre, pongamos, recuperar tu disco duro de Dropbox, la cultura local no es una prioridad: la capacidad técnica y la paciencia van antes. Pero para un psicoterapeuta, un elemento clave de su trabajo es conocer realmente al paciente, por lo que es de gran ayuda tener un conocimiento avanzado del entorno donde aquel se educó.

¿Qué empleos estarán a salvo de los telemigrantes?

Habida cuenta de la inmensa ventaja salarial que tienen los trabajadores extranjeros con respecto a los afincados en los EE.UU., Europa, Japón y otras economías potentes, los empleos protegidos serán los que incluyan cosas que no sea posible hacer desde lejos. Por intuición, se trata de empleos en los que es importante estar realmente frente a un aparato concreto, compartir un espacio con otros compañeros o hallarse en un lugar determinado.

Hace una década, Alan Blinder, profesor de Princeton, clasificó los empleos con arreglo a estos criterios básicos analizando las clasificaciones del gobierno norteamericano, que vimos en el capítulo 5. Observó que, en los EE.UU., un gran número de ocupaciones debían ser llevadas a cabo en un lugar concreto y, a su entender, eran inmunes a la competencia de trabajadores remotos. Como ejemplo tenemos a los agricultores que han de estar en la granja, las niñeras que han de estar con los niños o los figurantes de Disneylandia, cuyo cometido se lleva a cabo solo si están presentes.[10]

Aunque la tecnología de las telecomunicaciones ha mejorado muchísimo desde que Blinder hizo su estudio, y muchas más personas trabajan hoy desde lugares remotos, esta característica de un empleo con «obligatoriedad presencial» todavía es un efectivo escudo protector contra la competencia *online* extranjera. Pero, ¿qué pasa con los puestos de trabajo en los que no es imprescindible estar presente pero ser local supone una ventaja? ¿Son empleos que pueden ser ocupados por los telemigrantes?

---

[10] Alan Blinder, «How Many US Jobs Might Be Offshorable», *World Economics*, 2009.

Blinder se juntó con su colega de Princeton Alan Krueger para examinar con más detalle los empleos más y menos expuestos a la competencia de los telemigrantes. A tal fin, lo que hicieron fue encuestar a personas de los EE.UU. para averiguar si creían que su trabajo se podía hacer desde la distancia. Y descubrieron que mucha gente pensaba que, en efecto, su empleo podía ser externalizado.

Los sectores donde menos del 20 % de las tareas podían ser realizadas por telemigrantes eran sobre todo del tipo de «obligatoriedad presencial»: trabajos en hoteles y restaurantes, almacenaje y transporte, construcción, ocio, educación, y salud y asistencia social. Los sectores más vulnerables a los telemigrantes eran los profesionales, científicos y técnicos; las finanzas y la industria; y los medios de comunicación. Blinder y Krueger estimaron que más de la mitad de los empleos de estos sectores podrían afrontar una competencia salarial internacional directa.

Tras analizar qué tipos de tareas son susceptibles de escapar de la automatización de los robots de cuello blanco, por un lado, y tras examinar las tareas que estarán protegidas de los trabajadores remotos, por otro, nos tenemos que preguntar: ¿qué tareas estarán a salvo tanto de los ordenadores cognitivos como de los trabajadores *free lance* extranjeros?

¿Qué empleos estarán protegidos tanto de la IA como de la IR?

El índice Frey-Osborne de automatizabilidad creado por los profesores de Oxford nos ayuda a ver dónde la IA no llega. El índice de externalizabilidad desarrollado por el profesor de Princeton Alan Blinder hace lo mismo con respecto a los telemigrantes. Si combinamos los dos, observamos qué ocupaciones actuales son susceptibles de ser inmunes a ambos integrantes del dúo disruptivo: la automatización y la globalización.

En concreto, cogí una lista de todas las ocupaciones consideradas externalizables por Blinder: se trata de los trabajos con pocas probabilidades de verse amenazados por la inteligencia remota (IR). No obstante, dadas las capacidades actuales de la IA, algunas de las ocupaciones de esta lista protegida de la IR son muy automatizables.

Si quitamos estas ocupaciones expuestas a la IA de la lista inmune a la IR, obtenemos un índice muy interesante para el futuro del trabajo. Las ocupaciones que permanecen en la lista tienen pocas probabilidades de verse desplazadas por los robots de cuello blanco y de ser sustituidas por telemigrantes. Son los empleos actuales más susceptibles de estar protegidos en el futuro.

De las aproximadamente ochocientas ocupaciones, unas doscientas se consideran «protegidas» de la IA y la IR. Una vez más, es útil señalar que la mayoría de los empleos del futuro corresponderán a ocupaciones que no están en ninguna de las listas actuales, pero la lista sí destaca los tipos de empleos que la globótica pasará por alto. De una manera más indirecta, es fuente de inspiración para pensar en cómo pueden ser los nuevos, y desconocidos, empleos.

La categoría más amplia se compone de empleos de gestión. La lista refleja el hecho de que, por lo general, la gestión conlleva conseguir que la gente haga las cosas bien y deprisa. Normalmente, esto también supone hacer que las personas trabajen unas con otras –todas las cosas que incluyen inteligencia social, en las que la IA es poco efectiva, y el establecimiento de compenetración personal, confianza y motivación, en lo que la IR es poco competente.

Muchas ocupaciones relacionadas con especializaciones científicas y profesionales también aparecen bastante protegidas. Aquí incluimos a los responsables de hacer cumplir las leyes, los analistas financieros, los consultores administrativos, los organizadores de eventos, los paisajistas o los ingenieros civiles. De nuevo, todas abundan en tareas que suponen niveles elevados de percepción y manipulación, inteligencia creativa o inteligencia social. Muchos tipos de ingenieros se encuadran en estas categorías, pues en general los ingenieros intentan hacer funcionar las cosas.

Entre los profesionales, para estar protegido el requisito clave es ser eficiente en el contacto humano cara a cara, o ser capaz de afrontar situaciones inestables o desconocidas. Aquí incluimos a los abogados, los jueces y trabajadores afines, así como a muchos profesionales de la asistencia sanitaria. Entre las ausencias notorias de la lista destacamos a los contables y a los editores.

Casi por definición, los científicos lidian con cuestiones que son desconocidas, o se conocen poco, por lo que están a salvo de la IA. Muchos de estos científicos han de trabajar en equipo, y su labor abarca las tareas innovadoras que salen mejor cuando todo el mundo está en la misma estancia.

Las ciencias sociales –al ser ciencias de la gente– tienden a estar protegidas, al menos en el caso de las que conllevan la interacción con grupos de personas. Entre los empleos protegidos se cuentan muchas clases de psicólogos. Los sociólogos, los planificadores urbanos y regionales, los antropólogos y los arqueólogos, y los politólogos también presentan unos índices de protección elevados. Los proveedores de servicios sanitarios están muy protegidos porque se centran en tareas personales, que suelen ser imprevisibles (pues las personas son imprevisibles).

Una tercera clase de ocupaciones protegidas corresponde a la educación. Como proveedores de servicios de salud, los trabajadores educativos suelen estar implicados en la provisión de servicios personalizados en situaciones donde el contacto visual es importante para la eficacia de la prestación. Entre estos profesionales se cuentan toda clase de docentes de educación primaria, secundaria y especial, así como de enseñanza superior.

Las artes, los espectáculos y el ocio también ofrecen mucho empleo protegido, pues el contacto personal es con frecuencia un aspecto esencial del servicio proporcionado. Aquí incluimos ocupaciones como las de los artistas plásticos; los diseñadores florales, de interior y de exposiciones; los preparadores personales y los cazatalentos. También abarcamos a profesionales de las artes escénicas, como los bailarines, los coreógrafos, los actores, los músicos y los cantantes.

Como hemos mencionado, esta lista debería observarse como un simple esbozo de los empleos del futuro. La mayoría de nosotros trabajamos en empleos que se les parecen, pero no son realmente lo mismo. En 1850, por ejemplo, el futuro del trabajo estaba claro en líneas generales, pero no en cuanto a los detalles. En los EE.UU. el 60 % de las personas trabajaban en el campo, y no había duda de que este porcentaje bajaría sustancialmente. También era indudable que los empleos nuevos se crearían en la industria y los servicios, si bien no estaba del todo claro cuáles serían exactamente las nuevas ocupaciones.

Aunque no conocemos los nombres de los millones de empleos futuros que se crearán para sustituir los asumidos por la IA y la IR, sí podemos pensar en el tipo de economía a la que darán lugar los nuevos puestos de trabajo.

Hacia una economía más local, más humana y más basada en la comunidad

Sherlock Holmes, el detective victoriano de ficción, decía: «Cuando hayas descartado lo imposible, lo que quede, por improbable que sea, ha de ser la verdad»: este es el principio que deberíamos utilizar al pensar en cómo será nuestra vida tras la Transformación Globótica. Los empleos del futuro dependerán mucho de destrezas de las que los globots carecen.

La competencia salarial directa no es un método viable para combatir la pérdida de empleos. Los robots de cuello blanco aceptan no cobrar, y muchos trabajadores remotos extranjeros están dispuestos a aceptar un salario muy bajo. No podemos pesar en mantener los empleos que pueden ser asumidos por los globots. Los puestos de trabajo que queden –y la gran cantidad de empleos nuevos resultantes del ilimitado ingenio humano– corresponderán a ámbitos protegidos de los robots. Esto transformará vidas, reestructurará economías y comunidades.

Cuando la gente se desplazó desde el campo a las fábricas, y luego desde las fábricas a las oficinas, las comunidades cambiaron. Volverá a pasar lo mismo. A mi juicio, esto desembocará en una sociedad mejor, y lo digo basándome en tres pistas. En primer lugar, los empleos que queden serán los que requieran contactos cara a cara. Esto volverá las comunidades más locales, y seguramente más urbanas. Si has de ir a la oficina cada día, vivir cerca del lugar de trabajo tiene grandes ventajas.

Segundo, los empleos que prosperen pese a la competencia de la IA serán los que recalquen las grandes ventajas del factor humano. Como las máquinas no han tenido mucho éxito a la hora de adquirir inteligencia social, inteligencia emocional, creatividad, espíritu innovador o capacidad para afrontar situaciones desconocidas, los empleos humanos del futuro incluirán cosas en las que la condición humana suponga una ventaja.

Tercero, en cuanto consigamos la transición a nuevos empleos y sectores, los globots nos volverán más ricos. Como las cosas fabricadas por los globots serán más baratas, estaremos mejor desde el punto de vista material. La revolución globótica podría suponer que un gran aumento de la productividad financiara un nuevo nirvana, una sociedad mejor que ofreciera trabajo gratificante y fomentara actitudes más ligadas a «cuidar y compartir». Pensemos en *Downtown Abbey*, donde todos los criados son robots. Si añadimos a la mezcla los logros en medicina y bioingeniería, nuestra vida también podría ser más larga y más saludable.

La combinación de esta serie de conjeturas sobre el futuro sugiere, a su vez, otra serie de conjeturas. El resultado podría ser un nuevo localismo, una tendencia que debería fortalecer los lazos sociales locales, familiares y comunitarios. Para comprender este salto lógico hace falta una inmersión rápida en la antropología social, disciplina que estudia por qué las diferentes sociedades difieren tanto.

El punto de partida es el denominado «dilema social». Los individuos tienden a ser individualistas, pero para obtener resultados que sean buenos para todos hace falta, por lo general, que reduzcamos nuestro egoísmo. Joshua Green, profesor de psicología de Harvard, califica esta dicotomía como «el problema fundamental de la existencia humana».[11] Nuestro éxito y nuestra felicidad requieren la búsqueda de intereses colectivos, pero la evolución tiende a recompensar a los individuos egoístas que se aprovechan de la comunidad. Las principales directrices de las sociedades están concebidas para resolver el problema fundamental. Las sociedades exitosas son aquellas en las que el tejido social y la organización institucional «cuadran el círculo» cuando afrontan este problema de «yo frente a nosotros».

Según Green, existen dos formas básicas de «sistemas de parentesco» que procuran dos soluciones muy diferentes al problema fundamental. Varias sociedades resuelven el problema con mucho «grupalismo». En el extremo, esto significa grupos muy organizados, cohesionados, con densas redes sociales. Pensemos en los vecinos de los pueblos, donde todos se conocen; esta es la solución «amigos y familiares». Otras sociedades resuelven el problema imponiendo límites con el fin de coordinar y reconducir el individualismo. Entre ellos se incluye la censura de la conducta antisocial basada en la religión, la moralidad o las leyes formales.[12] La mayoría de las sociedades confían en una mezcla de las soluciones de los «amigos y familiares» y los «límites externos».

---

[11] Joshua Green, *Moral Tribes: Emotion, Reason and the Gap Between Us and Them* (Londres, Atlantic Books, 2014).

[12] Para pruebas sobre esto, véase Benjamin Enke, «Kinship Systems, Cooperation and the Evolution of Culture», Documento de Trabajo NBER, n.º 23499, 2017.

Una sociedad más local, más humana, que parece ser el resultado de la convulsión globótica es una en la que la solución de los amigos y familiares cobra mayor importancia en comparación con la de los límites externos. La cuestión clave es que los intercambios frecuentes, en persona, ayudan a crear vínculos de parentesco. En esta misma línea, otra conjetura es que la riqueza adicional hará que sea más fácil para todos prosperar. Una sociedad en la que el bienestar material es general es una sociedad que ha limado muchas de las aristas del dilema «yo frente a nosotros».

Si extrapolamos esta idea hacia el futuro, observamos que nuestros lugares de trabajo más locales y humanos favorecerán la aparición de unas comunidades más cohesionadas y solidarias. En este conjunto de supuestos, el último tiene que ver con las preferencias por lo local. Podría aumentar la tendencia a «comprar localmente». La nueva riqueza material y el nuevo localismo de las comunidades podrían crear lo que cabría llamar una «economía artesanal». Ya estamos advirtiendo una preferencia por las cosas de fabricación local –al menos entre las personas que pueden permitírselas. La cerveza artesanal, por señalar un producto para el que el localismo es básico en los EE.UU., refleja esta tendencia. La gente paga más por la cerveza artesanal local precisamente porque está hecha de una manera «ineficiente». Pequeñas cantidades fabricadas sin automatización, con ingredientes caros y recurriendo a la creatividad humana dan como resultado unas bebidas extrañamente atractivas.

Tomadas conjuntamente, estas cuestiones explican por qué soy optimista a largo plazo, por qué creo que la economía futura será más local y humana. Los sectores protegidos del futuro serán los ámbitos donde las personas deberán estar realmente juntas haciendo cosas para las que el factor humano sea una ventaja, no un inconveniente. Esto significará que en nuestra vida laboral habrá más tendencia a cuidar, compartir, entender, crear, empatizar, innovar y gestionar, todo ello con personas que estarán físicamente en el mismo espacio. Se reforzará la sensación de pertenencia a una comunidad, y la gente se apoyará mutuamente.

Todo esto son especulaciones descabelladas, desde luego, aunque no me parece descabellado sugerir que, a la larga, la Transformación Globótica alterará nuestro modo de vida tan profundamente como la Gran Transformación afectó a la gente en los siglos XIX y XX.

¿Cómo hemos de prepararnos, y cómo hemos de preparar a nuestros hijos, para los empleos y puestos de trabajo que al parecer tienen probabilidades de prosperar en la Transformación Globótica?

10
El futuro no concierta citas: preparación para los nuevos empleos

En junio de 2017, en un acto promocional en Nueva York, Amelia se encontró cara a cara con Lauren Hayes, el modelo humano en el que se basa el avatar de Amelia. Mejor dicho, fue un «cara a pantalla», pues Amelia es una pieza de *software* que vive solo dentro de un equipo informático.

En un conmovedor truco publicitario, Chetan Dube, el fabricante de Amelia, organizó un concurso de preguntas y respuestas entre Hayes y Amelia; ganó el ser humano. Hayes contestó fácilmente a preguntas generales más deprisa que Amelia y con un lenguaje más natural. Como es lógico, el concurso habría transcurrido de modo muy distinto si las preguntas hubieran sido en sueco y los temas hubieran girado en torno a la apertura de cuentas bancarias.

El concurso se puede entender como una metáfora de la Transformación Globótica. En los años venideros, las empresas organizarán competiciones entre seres humanos y globots. Unas veces ganarán los humanos; otras, los globots. En este caso, la victoria de Hayes se basó en una de las principales ventajas de la condición humana: inteligencia general y capacidad para lidiar con situaciones nuevas.

Ahora vienen algunas pistas importantes sobre cómo hemos de prepararnos para la era de la globótica.

Las normas viejas apuntan al problema viejo

Cada transformación económica crea triunfos para quienes son capaces de aprovechar las oportunidades, y tragedias para los demás.

La preparación es esencial. Una manera muy evidente de avanzar es volviendo al análisis de las capacidades de la inteligencia artificial (IA) y de la inteligencia remota (IR) mientras tenemos presentes las ventajas de contar con seres humanos reales en la misma estancia. En pocas palabras, la preparación debería centrarse en potenciar los puntos fuertes humanos en ámbitos en los que ni la IA ni la IR son fuertes, y en evitar grandes inversiones en destrezas donde la IA y la IR pronto supondrán una competencia tremenda.

Esto nos lleva a la primera regla fundamental para prosperar en la era de la globótica: las normas viejas no funcionan.

De entre las normas viejas, la más destacada era una simple máxima: «Hay que tener más destrezas, educación, formación y experiencia». Esto constituía la columna vertebral de muchas estrategias nacionales y del pensamiento de muchas familias preocupadas por las perspectivas de futuro de sus hijos.

La vieja norma sí tenía sentido antes de la digitecnología. Se basaba en el hecho fundamental de que los impactos preocupantes de la automatización y la globalización se limitaban a sectores en los que se hacían cosas: industria, agricultura y minería. En cambio, los servicios estaban, por naturaleza, a salvo de la automatización y la globalización, pues los ordenadores no eran capaces de pensar y era muy difícil comerciar con la mayoría de los servicios a través de las fronteras internacionales.

Teniendo en cuenta esto, la vieja norma funcionaba por una razón muy simple. Con destrezas y estudios superiores era más probable conseguir un empleo en el sector de servicios protegido, más que en un sector de producción de mercancías expuesto a la automatización y la globalización. La vieja norma ayudó a la gente a evitar la competencia de los robots industriales en el país y de la competencia de la China. Y la ayudó a aprovechar las oportunidades ofrecidas por las Tecnologías de la Información y la Comunicación (TIC) en el sector servicios.

Si tenías más destrezas, era más probable que consiguieras un empleo en el lado ganador del «giro de las aptitudes». Las TIC produjeron un tipo de automatización que era un buen sustituto de las personas que trabajaban con las manos, mientras proporcionaba mejores herramientas para las personas que trabajaban con la cabeza. La vieja norma era la mejor manera de tomar una senda que condujera a un trabajo donde las TIC fueran beneficiosas, no perjudiciales.

Hasta que despegó la revolución digitecnológica, sobre todo el aprendizaje automático, la mayoría de los empleos profesionales y del sector servicios estaban protegidos de la automatización, pues los robots industriales no eran capaces de hablar, escuchar, leer, escribir o echar una mano de alguna manera en la oficina. Asimismo, la competencia de los trabajadores de servicios del extranjero era un problema, pongamos, para tareas *back office*, como el procesamiento de gastos o la actualización de las cuentas de los clientes, pero, habida cuenta de las limitaciones de las telecomunicaciones y la dificultad para coordinarse con equipos remotos, la gama de empleos externalizables resultó bastante restringida. En pocas palabras, una titulación superior era el salvoconducto para escapar de los sectores en que se fabricaban cosas y entrar en el sector servicios o terciario. Esto ya no será así nunca más.

La revolución digitecnológica acabó con la vieja realidad en la que se basaba la vieja norma. Muchos empleos del sector terciario antes protegidos son ahora la «zona cero» de la Transformación Globótica, lo cual significa que el consejo de «tener más destrezas» es demasiado genérico y simple para el mundo de hoy. Solo con más habilidades y una formación superior no podrás abandonar el camino destructor de empleos de la IA y la IR. Los aspectos nocivos de la revolución de los globots están centrados plenamente en los empleos terciarios que antes estaban a salvo. El ritmo explosivo de la tecnología digital está haciendo que los robots de cuello blanco ayuden cada vez más en la oficina y sean capaces de asumir muchas de las tareas ahora llevadas a cabo por personas que trabajan con la cabeza.

La digitecnología también está volviendo cada vez más fácil incorporar a trabajadores remotos a equipos locales. Hasta ahora, el principal resultado ha sido permitir a los trabajadores locales trabajar a distancia; sin embargo, poco a poco los mismos cambios posibilitarán la inclusión de trabajadores remotos extranjeros en equipos del país. El inevitable resultado es que los trabajadores nacionales afrontarán una competencia nueva por parte de extranjeros preparados afincados en otros países y dispuestos a aportar sus habilidades por poco dinero. Esto hará que muchos trabajadores del sector servicios de las economías avanzadas se enfrenten a una competencia salarial directa por parte de trabajadores de economías emergentes.

Es por eso por lo que las reglas viejas ya no funcionan. Los globots están amenazando empleos del sector servicios, donde se ganan la vida tres cuartas partes de nuestros ciudadanos. La preparación para la Transformación Globótica requerirá una manera de pensar diferente.

Tres reglas para prosperar en la era de los globots

Cuando se trata de cambios radicales, no hay nada nuevo: crean más oportunidades para unos y más competencia para otros. Todo se reduce a estar preparado. Tres reglas nos ayudarán a prepararnos, y a preparar a nuestros hijos, para la revolución globótica. Son puro sentido común. Primera, busca empleos que no compitan directamente con robots de cuello blanco (IA) o telemigrantes (IR). Segunda, procura asimilar destrezas que te permitan evitar la competencia directa con la IR y la IA. Tercera, ten en cuenta que la condición humana es una ventaja, no un inconveniente. En el futuro, tener buen corazón quizá sea tan importante para el éxito económico como lo era tener una buena cabeza en el siglo xx o unos brazos fuertes en el siglo xix.

La primera regla nos dice que debemos prescindir de las habilidades que utilizan solo el reconocimiento de patrones basado en la experiencia, pues la IA es cada vez más eficiente en este tipo de cosas. El aprendizaje automático ha empujado la capacidad de automatización informática hacia un territorio cognitivo que antes era una zona prohibida para los ordenadores y los robots de cuello blanco. Si es posible recopilar un conjunto de macrodatos sobre una tarea concreta, esta pronto será asumida por *software* informático dotado de IA. Procura mantenerte alejado de empleos donde esto ha pasado, pasa o pasará pronto.

Del mismo modo, deberíamos acercarnos a destrezas que nos ayuden a tratar con personas reales que han de mantener un contacto personal frecuente, pues esto es algo que los telemigrantes no son capaces de hacer. La tecnología digital –sobre todo las tecnologías de comunicación avanzadas, la traducción automática y las plataformas *online* internacionales *free lance*– está facilitando que los trabajadores de talento y baratos ubicados en el extranjero emprendan muchas tareas en nuestras oficinas. ¿Qué tareas son estas? Algunas muy obvias son las que actualmente realizan ciudadanos nacionales mediante teletrabajo a tiempo parcial o completo. Intenta mantenerte al margen de los empleos y las tareas en los que no has de compartir espacio con otros: son las tareas y los empleos en los que pronto estarás compitiendo con extranjeros instruidos capaces de llevar un estilo de vida de clase media por diez dólares la hora.

En lo relativo a la formación, podemos invertir en la creación de habilidades emocionales o interpersonales, también llamadas «blandas», como la capacidad de trabajar en grupo y ser creativo, socialmente consciente, empático y ético. Estas serán las destrezas laborales más solicitadas, pues en esto los globots no son eficientes.

Esto no puede equivaler al cien por cien de las habilidades blandas, desde luego. Tendremos que desenvolvernos mejor desde el punto de vista técnico –aunque esto ya es así en el caso de casi todas las personas con una edad inferior a treinta años. Un aspecto que suele faltar en el debate público es tan sencillo como obvio: la mayoría de la gente que se beneficie de la Transformación Globótica será porque *utilice* los globots, no porque los *diseñe*. Unos cuantos expertos en IA y telecomunicaciones ganarán muchísimo dinero, pero en el mundo laboral esto es intrascendente. Hablando en plata, si no quieres ser sustituido por globots, probablemente deberás aprender a utilizarlos como herramientas en tu trabajo.

La flexibilidad y la adaptabilidad seguramente serán importantes en el cambiante mundo laboral futuro. En cambio, las destrezas lingüísticas no supondrán una ventaja tan clara como antes de que la traducción automática mejorase tanto.

Veamos un ejemplo de cómo debido a los globots ha cambiado el significado de «éxito» en la profesión de abogado. Hasta hace poco, un título de derecho y una actitud positiva eran una garantía para acceder a la prosperidad de la clase media. En la actualidad, los abogados jóvenes están compitiendo con robots de cuello blanco: los que sepan hacer uso de las nuevas tecnologías quizá prosperen; los que no, acaso deban cambiar de oficio.

El ejemplo de los empleos jurídicos

Berwin Leighton Paisner es un bufete de abogados británico especializado en pleitos sobre propiedad inmobiliaria. En el pasado, metían en una habitación a varios pasantes con documentos de cientos de páginas de los que en principio debían extraer datos cruciales. Esto suponía semanas de trabajo para jóvenes abogados en su fase de formación. Hoy en día, el bufete se vale de un sistema de IA que obtiene la misma información en cuestión de minutos.

Christina Blacklaws, directora de innovación en otro despacho del Reino Unido y presidenta del Colegio de Abogados de Inglaterra y el País de Gales, señala que los estudiantes de derecho precisan habilidades tecnológicas, no solo jurídicas: «La mayoría de las universidades siguen enseñando el programa de estudios tradicional, que estaba muy bien hasta hace unos años, pero tal vez no estén preparando a los jóvenes como es debido». Los estudiantes de derecho deberán formarse por su cuenta.

En el consejo de Blacklaws también hay indicios de la regla número tres (el factor humano es una ventaja, no un inconveniente). Los robot-abogados no se dirigen a sí mismos. Son para los abogados de mañana lo que es un arado para los agricultores de hoy: una herramienta útil que amplía tu eficacia si sabes emplearla. Los abogados humanos saben hacer muchas cosas inalcanzables para los robot-abogados; no obstante, para convertir esta percepción en ingresos hace falta invertir en formas concretas de conocimiento.

Otro caso analiza el modo en que las empresas modernas están creando el futuro del trabajo.

El ejemplo de los equipos ágiles

En las empresas actuales está pasando algo muy importante: muchos lo llaman «disrupción digital». Como la tecnología y la competencia van aceleradas, las empresas del sector servicios están pasando a tener modelos organizativos más flexibles, lo cual significa acuerdos más flexibles con los trabajadores. Están combinando empleos presenciales con IR e IA de manera que permitan a los empleados ser «ágiles», y se sirven de esta ventaja para desestabilizar a las empresas tradicionales que siguen contando con trabajadores *in situ* para hacer la mayoría de las cosas.

En un futuro no muy lejano, la IA y la IR permitirán a equipos de generalistas inteligentes, comprometidos, flexibles y ubicados en el mismo edificio dirigir equipos mucho más numerosos de telemigrantes y robots de cuello blanco. Esta combinación de trabajadores presenciales, remotos y sintéticos posibilitará que los equipos reaccionen con rapidez ante oportunidades nuevas y rectifiquen enseguida los errores. La palabra de moda para esto es «ágil».

Según los especialistas en gestión Darrell Rigby, Jeff Sutherland e Hirotaka Takeuchi,[1] «las metodologías ágiles –que incluyen valores, principios, prácticas y beneficios nuevos y constituyen una alternativa radical a la gestión del estilo «mando y control»– están propagándose por una amplia variedad de sectores. Cuando se presenta un nuevo reto, las empresas que usan el enfoque de los equipos ágiles crean un equipo de entre tres y nueve personas que cuentan con el necesario surtido de habilidades para aprovechar la oportunidad. Los equipos ágiles son autónomos, pero rinden cuentas de todo lo que hacen. Los principales triunfadores de la Transformación Globótica serán los integrantes de estos equipos inteligentes, entregados y presenciales. Para ellos, los globots serán instrumentos nuevos, no otra competencia.

Estas conjeturas son acerca de cómo puede prepararse la gente. Una cuestión aparte es qué pueden hacer los gobiernos para ayudar.

Preparación para la convulsión. Proteger trabajadores, no empleos

El cambio es difícil, sobre todo cuando viene rápido y parece injusto: si la convulsión provoca reacciones radicales o violentas, será debido a la velocidad y la injusticia de los acontecimientos. Para que estas reacciones sean menos probables, los gobiernos deben ayudar a los trabajadores a adaptarse a cambiar de empleos, a promover la sustitución de empleos y, si el ritmo resulta demasiado elevado, ralentizarlo con nuevas regulaciones.

La ley de hierro de la globalización y la automatización es que el progreso significa cambio, y cambio significa dolor. Así lo expresa Pascal Lamy, un hombre que se pasó años lidiando con el rechazo a la globalización como director general de la OMC: «El comercio funcio-

_____
[1] Darrell Rigby, Jeff Sutherland e Hirotaka Takeuschi, «Embracing Agile», *Harvard Business Review*, mayo 2016.

na porque es doloroso, y es doloroso porque funciona».[2] Es aplicable exactamente lo mismo a la globótica. Una dosis adicional de dificultad política se debe al hecho de que la globalización y la automatización suelen favorecer a quienes ya están favorecidos. La mejor manera de abordar este problema es reforzando aquellas medidas que ayuden a las personas a adaptarse. Los gobiernos que quieran evitar rechazos explosivos han de encontrar la manera de mantener el respaldo político a los cambios. Deberán descubrir fórmulas para repartir los perjuicios y los beneficios.

Aunque las políticas redistributivas serán sin duda parte de la solución, supondrán un arreglo solo temporal teniendo en cuenta el modo en que la vida y la pertenencia de las personas a las comunidades están definidas por sus empleos. Las políticas de flexiguridad en Dinamarca son una buena inspiración para lo que es posible.[3]

La flexiguridad danesa se basa en un triángulo de políticas. La primera consiste en permitir a las empresas despedir y contratar con facilidad. La segunda es una red de seguridad integral para los trabajadores que han perdido el empleo. Las prestaciones por desempleo son generosas, pero solo hasta niveles moderados; sustituyen aproximadamente el 90 % del salario pero solo hasta un máximo de unos dos mil dólares mensuales. La última son las políticas de «activación», que incluyen todo lo que puede ayudar a los trabajadores desplazados a encontrar un nuevo empleo. Estas políticas van desde la asistencia en la búsqueda de trabajo y el asesoramiento hasta el reciclaje profesional.

Se podría decir mucho más sobre las políticas del gobierno, pero, a mi juicio, no hace falta añadir nada nuevo. Las transformaciones económicas han estado obligando a la gente a cambiar de empleo desde la Revolución Industrial. Diferentes gobiernos han intentado distintas combinaciones para ayudar a los ciudadanos a adaptarse a esas transformaciones. A algunos países les ha ido bien –los del norte de Europa y Japón son buenos ejemplos–, pero a otros no.

No veo que la Transformación Globótica aporte nada nuevo a las soluciones requeridas –salvo que ahora todo vendrá mucho más de-

---

[2] Pascal Lamy, «Looking Ahead; The New World of Trade», discurso en la conferencia ECIPE, Bruselas, ECIPE.com, 9 marzo 2015.

[3] Para más detalles, véase Torben Andersen, Nicole Bosch, Anja Denle y Rob Euwals, «The Danish Flexicurity Model in the Great Recession», VoxEU.org, 8 abril 2011.

prisa, por lo que la conveniencia de políticas de ajuste del mercado laboral conforme al estilo danés será aún mayor en el futuro de lo que lo fue en el pasado.

Supongo que los países que tuvieron más éxito a la hora de afrontar las conmociones sufridas desde 1973 serán los mismos que consigan evitar las convulsiones extremas durante la convulsión globótica. Me preocupa especialmente que la actitud norteamericana tan individualista produzca resultados muy buenos para los ciudadanos ricos pero no tanto para los ciudadanos normales.

Comentarios finales

La tecnología y los mercados internacionalmente más abiertos pueden producir resultados excelentes o pésimos; es sobre todo una cuestión de velocidad. Como el pasado proporciona importantes pistas sobre cómo podemos conseguir buenos resultados y evitar que estos sean malos, vendrá bien un repaso rápido de la experiencia histórica.

El impulso tecnológico subyacente a la Gran Transformación fue la energía de vapor. El vapor sacó al caballo de los caballos de potencia y puso los caballos de potencia al servicio de la fuerza de trabajo. Era como suministrar a la gente unos músculos enormes. Esto permitió a los seres humanos controlar y concentrar cantidades de fuerza antes inconcebibles. Pero, más que nada, creó mejores herramientas para las personas que trabajaban con las manos. Un siglo después, el vapor puso en marcha la globalización moderna.

Este impulso lanzó la economía a un viaje de tres siglos muy accidentado que abarcó dos guerras mundiales, la Gran Depresión y el ascenso del fascismo y del comunismo. Después de que ciertos líderes populistas, como FDR en los EE.UU. o Clement Attlee en el Reino Unido, implantaran los programas de bienestar social conocidos como «New Deal», la Gran Transformación empezó a ser importante para la mayoría. Disminuyó las desigualdades de renta.

Un impulso tecnológico muy distinto dio inicio a la Transformación de los Servicios a partir de 1973 aproximadamente. La miniaturización de los ordenadores supuso el pistoletazo de salida para un sinnúmero de innovaciones que hicieron más fácil y rápido el proceso de transmisión de información.

Esta revolución de las TIC tuvo dos efectos muy diferentes en el mundo del trabajo. Primero, sacó la «mano» de la manufactura (del latín *manus*, mano, y *factura*, hechura) al permitir que las «manos» de los robots hicieran cosas que antes podían hacer solo los seres humanos. Segundo, puso herramientas útiles en manos de personas que trabajaban con las manos, lo cual multiplicó muchísimo su «musculatura» mental. Esto permitió a los oficinistas controlar y procesar cantidades de información previamente inimaginables. Dos décadas después, las TIC pusieron en marcha la «Nueva Globalización», en virtud de la cual las empresas llevaron sus conocimientos al extranjero y los combinaron con mano de obra barata, lo que debilitó aún más la situación económica de los trabajadores fabriles.

El impulso de las TIC lanzó la economía a un viaje muy desigual. La desindustrialización resultante y el paso a los empleos terciarios tuvieron un efecto devastador para algunos y estupendo para otros. Las personas que trabajaban con las manos observaron que la tecnología les quitaba su valor añadido; a las personas que trabajaban con la cabeza les pasaba lo contrario. Aumentó las desigualdades de renta.

Desde que este equipo comercio-tecnología empezó a afectar a la economía de una manera muy diferente a la de 1973, se extendió una sensación general de vulnerabilidad e incertidumbre. Los cambios incidieron con más fuerza en las formas de empleo y en la economía; ya no era cuestión de sectores ni de grupos de habilidades. Los cambios tenían lugar en las fases de los procesos de producción e incluso en los empleos individuales.

La Transformación Globótica partió de una tecnología digital que difería de las TIC en aspectos sutiles pero importantes. Resumiendo, las TIC sustituyeron a quienes trabajaban con las manos y premiaron a quienes trabajaban con la cabeza. Siguiendo con nuestra simplificación, la digitecnología está sustituyendo a los que trabajan con la cabeza y premiando a los que trabajan con el corazón.

Los globots se encargarán de tareas que consisten en la manipulación rutinaria de información, pero no asumirán funciones en las que la condición humana sea una ventaja ni se ocuparán de cometidos en los que sea esencial estar en la misma habitación: en el mundo laboral futuro, estas tareas estarán a salvo de la automatización y la globalización.

El paso a empleos de servicios y profesionales protegidos recompensará un conjunto de destrezas muy diferente del favorecido por las TIC. A la larga, la inteligencia artificial volverá a todo el mundo más inteligente en términos de coeficiente de inteligencia (CI), entendiendo por inteligencia la capacidad de reconocer patrones y regularidades. El cambio será revolucionario para la gente corriente, aunque mucho menos para los que son muy listos ya de entrada.

Utilizando «cabeza» con el sentido de «cerebro», la IA dará más «cabeza» a las personas con gran corazón, pero no un corazón adicional a los de mucha cabeza. En mi opinión, este giro de las aptitudes del siglo XXI tendrá repercusiones inesperadas sobre la desigualdad de la renta. Si damos por sentado que la distribución de destrezas «del corazón» entre la población no tiene básicamente nada que ver con la distribución de destrezas «de la cabeza», no hay motivo alguno para que este nuevo giro en las aptitudes favorecidas deba provocar una mayor desigualdad salarial. A largo plazo, quizá debería incluso reducir las diferencias.

El reto es alcanzar este futuro de forma oportuna y feliz. Existe un riesgo muy real de que el paso de empleos no protegidos a empleos protegidos del sector servicios se produzca demasiado deprisa. El peligro es que las comunidades se sientan abrumadas y se opongan de manera destructiva. Si el enojo de los trabajadores desplazados de cuello azul se fusiona con el de los de cuello blanco a punto de verse desplazados, el resultado pueden ser reacciones violentas como las de la década de 1930.

De todos modos, no hay nada inevitable al respecto.

Depende de nosotros

Los ordenadores, el transporte aéreo y la apertura del comercio mundial desde la posguerra transformaron nuestras sociedades, pero los cambios se extendieron a lo largo de décadas. Cada cambio zarandeó comunidades y sociedades enteras al crear nuevas oportunidades para unos y una competencia nueva para otros. Cada uno trajo consigo tensiones sociales y económicas, pues, en términos generales, las oportunidades nuevas mejoraron la situación económica de las empresas y los trabajadores más competitivos del país, si bien la competencia adicional perjudicó la situación de los menos competitivos.

En décadas recientes, las sociedades y las comunidades han tenido tiempo para adaptarse, por lo que, aunque ha habido mucho dolor y trastorno, no se han producido rechazos radicales. Hemos visto a los británicos votar a favor del Brexit, y a los EE.UU. elegir a Donald Trump, pero no han cobrado protagonismo personajes realmente radicales. No hemos presenciado el ascenso de versiones del siglo xxi de Mussolini, Hitler o Stalin en el bando lúgubre, ni de Roosevelt o Attlee en el de la esperanza. Sin embargo, no siempre ha sido así.

Las transformaciones radicales que acompañaron la revolución industrial y el paso del feudalismo al capitalismo destruyeron el tejido social que, durante siglos, se había cimentado gracias a reglas de reciprocidad y a la existencia de una poderosa jerarquía social. Como decía Karl Polanyi en su libro de 1942 *La gran transformación: crítica del liberalismo económico*, la mercantilización de la mano de obra y la migración masiva a áreas urbanas e industriales trastocaron los valores tradicionales hasta tal punto, que la gente reaccionó en contra abrazando el comunismo o el fascismo. Entonces, no obstante, tanto la acción como la reacción abarcaron varias décadas. Las revoluciones industrial y social comenzaron a acelerarse en torno a 1820, pero el comunismo y el fascismo no despegaron hasta la década de 1920.

Esta vez las cosas están moviéndose más deprisa. A mi entender, todo saldrá bien a largo plazo, pero solo si nos aseguramos de que los avances globóticos se vayan produciendo a un ritmo humano y de que el consiguiente trastorno sea considerado por la mayoría como aceptable.

Es por eso por lo que es crucial darse cuenta de que el ritmo del progreso no puede establecerlo ninguna ley natural abstracta. Podemos controlar la velocidad de los cambios; contamos con las herramientas. Depende de nosotros.

Índice analítico

Los números de página seguidos de *f* y *t* se refieren a figuras y tablas, respectivamente.

Universidad de Harvard, 35, 286
Universidad de Lausana, 52
Universidad de Northwestern, 38
Universidad de Nueva York, 10, 88, 117
Universidad de Oxford, 35, 137, 142,
178, 243, 267, 272, 282
Universidad de Princeton, 225, 281-282
Universidad de Santa Bárbara, 132
Universidad de Stanford, 199, 206
Universidad de Tokio, 144
Universidad del Sur de California, 193
Universidad Estatal de San José, 105
UPS, 247
Upstate Transportation Association,
246
Upwork.com, 7, 112, 134, 145
urbanización, 42, 66
URSS, 55

valores intangibles, 81
valores tangibles, 81
valores/activos tangibles *vs.* intangibles, 81
Van der Bellen, Alexander, 92
Van Hoecke, Jan, 198
Vardakostas, Alexandros, 190-191
Varian, Hal, 104
velocidades de procesamiento, 106-107
ventaja comparativa, 36
Verhofstadt, Guy, 236
vías férreas, 35-36, 61, 252
vías fluviales, 61
Vietnam, 55
VoxEU.org, 131-133

Walmart, 83t, 86, 187
War on Normal People, The (Yang), 240

Washington Post, 196, 230
Watson, 167, 194-195
Watt, James, 31
WayGo, 140
Welch, Jack, 22
Wenig, Devin, 240
Westlake, Stian, 81
Weyl, Glen, 237
WhatsApp, 110, 208
Whitney, Eli, 33
Wilders, Geert, 92
Willcocks, Leslie, 180-181
Williamson, Jeff, 35
Wired.com, 150
Witmart.com, 136
Woebot, 194
WordSmith, 197
Workfront, 155
WorkFusion, 220
Wrike, 155

Xchanging, 116
Xerox, 134

Yahoo, 110
Yang, Andrew, 16, 240-241
Yoon, James, 163
Your.MD, 194
YouTube, 101, 107, 141, 148, 173, 206

Zaleski, Andrew, 196
Zhu Mingyue, 136
Zhubajie, 135
Ziosk, 190
Zuckerberg, Mark, 235-236
Zume Pizza, 191